长澜文集

CHANGLAN WENJI

——大学生文学作品集萃

闫世全 主编

黄河水利出版社

图书在版编目(CIP)数据

长澜文集：大学生文学作品集萃/闫世全主编.—郑州：黄河水利出版社，2009.11
ISBN 978-7-80734-750-7

Ⅰ.①长… Ⅱ.①闫… Ⅲ.①文学-作品综合集-中国-当代 Ⅳ.①I217.1

中国版本图书馆 CIP 数据核字(2009)第 206588 号

组稿编辑：王路平 电话：0371-66022212 E-mail：hhslwlp@126.com

出 版 社：黄河水利出版社

地址：河南省郑州市顺河路黄委会综合楼 14 层 邮政编码：450003

发行单位：黄河水利出版社

发行部电话：0371-66026940、66020550、66028024、66022620(传真)

E-mail：hhslcbs@126.com

承印单位：河南省瑞光印务股份有限公司

开本：890 mm × 1 240 mm 1 / 32

印张：13.75 插页：2

字数：380 千字 印数：1—3 400

版次：2009 年 11 月第 1 版 印次：2009 年 11 月第 1 次印刷

定价：20.00 元

第十届迎新暨“长澜杯”征文颁奖大会留影

长澜文学社第五、第六届部分领导成员合影

长澜文学社第十届领导成员合影

《长澜文集》编辑委员会

文学社指导单位

共青团华北水利水电学院委员会

华北水利水电学院关心下一代工作委员会

序

《长澜文集》是华北水利水电学院大学生社团“长澜文学社”在全校开展文学活动的成果。我与文学社团有着不解之缘，回顾文学社成长的过程，往事历历在目，我怀着兴奋的心情为《长澜文集》作序。

长澜文学社的前身是“劲草诗社”，成立于1989年春(在邯郸)，距今已20年。那一年的初夏，发生了震动国内外的政治风波，许多大学生参与其中。秋季开学后，一些大学生仍没有走出那场风波的阴影，情绪低沉。在深入大学生中间做工作的过程中，我来到了“劲草诗社”的同学们中间，和他们一起切磋写作诗歌的心得，当场读了我写过的几首诗，引起同学们很大的兴趣，气氛顿时活跃起来，一致要求我作诗社的顾问。我答应了，并以一首《赠勉劲草诗社》作答：“欣逢诗社邀半翁/为学少年乐趋同/两代结谊各言志/古今佳句皆冶情/急风过后看劲草/和阳升处沐青松/世人何撰代沟论/共植沃土根自通。”那一年我56岁，已经是半老头子，和大学生属两代人，然而有中国传统文化这片沃土的滋养，我们的根和心是相通的，我不曾感到有代沟的存在。就这样，我和“劲草”一起愉快地度过两年时光。

1991年，我随学校迁到郑州，又过了两年，按规定我办理了退休手续，不久，在校党委的支持下成立了校关心下一代工作委员会(简称“关工委”)，我成为“关工委”第一批成员。新的角色使我更多地考虑到青年大学生全面发展的问题，想为他们多做些事情，于是便留意考察大学生社团建设，首先走进“大学生记者团”，和众记者们海阔天空地聊起来。欢谈之余，他们要求我为《大学生通讯》写点东西，我便写了一首藏头诗《寄语大学生记者团》：“**寄**望至高缘母念/**语**系学海导航灯/**大**志欲成踏实地/**学**业思就立颠峰/**生**花妙笔无绝穷/**记**事巧手有规凭/**者**也之乎莫守缺/**团**体协力现真功。”我刚读罢，屋子里便欢腾起来，随即话题转到文学方面，同学们一致要求说：“闫老师，快帮助我们在郑州新校也成立诗社吧，同学中不少人喜欢诗歌写作。”这也正是我的心意，于是立即敲定，很快聚起了第一批数十位社员。受社员之托，我为诗社取名“长澜”，“长澜”取自我一首诗中的一句“刊海微波卷长澜”，意指我校大学生的文学活动如黄河、长江的波浪一样连绵不绝，直至永远，诗社顾问的角色我自愿接着扮演。不久，我把过往写作保留下来的诗稿翻出来，整理选编了一番，取名《河海恋歌》，打印了数百册，拿来与社员们交流，引起热烈反响。后来，在同学们的鼓动之下，我索性把《河海恋歌》正式出版，印刷了7000册，陆续分送给大学生文学爱好者。这本诗集便成为了历届社员举行文学讨论会的选题之一，也自然是我和“长澜”密切联系交流思想和写作的媒介。

随着队伍的扩大，同学们写作的体裁也在扩展，有才气的散文、杂文、小说作品不断涌现。为了适应校园文化发展的需要，1998 年春，社团决定将“长澜诗社”更名为“长澜文学社”，让它更广更深地溶入全校大学生课余生活中，成为我校最活跃的社团之一。

说到“顾问”，当今社会上各行各业、各种团体所封顾问多如牛毛，世俗上不过是虚名而已，你不顾我不问，你问人家不一定顾，大多不顾也不问。我大概属顾问中的另类，我和“长澜”之间的关系是，无论你顾不顾我都要问，而且总要刨根问底，从社团章程到每年的活动计划，从大型活动的举办到领导骨干的组织运作，从每次征文评审到每期《长澜》的出刊，从招新生到毕业生离校，我都要过问、参与，总是婆婆妈妈，乐此不疲。好在文学社的同学们对我这种老母鸡式的做法不仅没有厌烦，而且关系越拉越近，感情越处越深，其中许多骨干成员成为我的忘年交朋友。我目睹一批一批的年轻人，经过四年学习锻炼，努力写作，成为有为的文学青年，毕业后在工作岗位上表现不凡。其中，有不少同学毕业多年仍与我保持通信联系，交流人生体验。这段顾问经历是我一生中印象最深刻的乐事之一。

光阴荏苒，转眼 20 年过去了。前几年，文学社的骨干就曾动议，我校大学生文学活动蓬勃发展到如今，该出一本文集作为阶段性成果了。经向有关部门汇报同意后，文学社负责人又找到我，邀我主持这件事，我则毫不客气地答应了。社团中组织起一个编辑小组，我们汇集起50多期《长澜》(含《劲草》)内刊，总共1200多篇诗文，以艺术性、思想性、多样性、代表性为原则，经过反复筛选讨论，从中遴选出比较优秀的作品280多篇，经校团委和“关工委”审阅，最终结集印刷成这本《长澜文集》。

要想对这本由200多位作者的作品集成的文集作出全面的评析是困难的，非我的能力所能胜任。我仅试着简单化地指出这本文集的几个特点：题材广泛，源于生活；思想活跃，紧跟时代；文风多采，不乏创新；情理交融，启发智慧。当然，其中有一些文字还显稚嫩，不够成熟，他们毕竟是青年学生，阅历尚浅，磨砺不够，不必过多指摘。我想说，如果回过头与我们老一代人的学生时期相比较，他们的思路之开阔，文风之活泼，要远高过我们。所以，编罢文集，我有一种长江后浪推前浪、世上今人胜故人之慨。

这本文集，可以成为我校学生教育的一个小小的窗口，透过它，可以窥见以工科为主的华北水利水电学院大学生文化生活之一斑；它能从一个侧面表现出华水学子的精神面貌、文化修养和思想情操；它告诉我们，大学教育在抓好专业教学的同时，重视思想文化教育，加强课余文化活动的组织引导，对于大学生全面发展、促进人才成长是非常重要的。

这篇文字为一位老年志愿者发出的心声，是以为序。

闫世全

2009年9月于郑州

目　录

散文　小说篇

【诗歌篇】

于春山 (水动 9717班)

乡 愁

在松林中觅你
在织女的晚霞中觅你
在余秋雨南国的雨巷中觅你

是想上前与你诉说曾经的情怀吧
是想偷一份温情给你的眼帘吧
但我却怀疑

海呵
海也曾吞吃十五的满月
还记得吗
二十四亭波心　冷月的回声
最是北国南望的双眸
恍惚　在梦的港湾　相逢

猛然，猛然预感四月不是失落季节
可九曲回肠的思念呦
早已蒙住远方
我的眼睛

父 亲

我只当你生来就这般弯曲，
却不曾留神那牵犁的绳索，

深深地嵌进你的肉体。
我何曾知道你是父亲啊，
我常为吃草而挤奶的牛叹息，
却不曾将半点真诚的歉意，
送向牛一样的你。

我常埋怨你赤裸的脚长年不洗，
却从未弯腰看一看，
你走过的刺蓬上沾没沾血滴。
我何曾知道你是父亲啊，
你脸贴着地在砖缝中寻觅，
纵使盲人重见光明的喜悦，
也难比你捧着那粒米的心情。

我曾鄙夷地接过你手中的硬币，
却从没想过你那滴混浊的泪水中，
包含的是屈辱还是感激。
我何曾知道你是父亲啊，
风雪也未能割断你那长长的叹息，
就算是我尝遍人生的苦果，
又怎能咣尽其中的深意。

是我真的不懂你，
还是薄情的鱼
忘记了海的哺育？
我那饱经凄风苦雨的父亲呵，
即使我的忏悔如一江春水，
满川烟草，连绵梅雨
也不及　今日你捧过的碗中那洁白的米粒。

故 宫

在中国的北方
站着一位后脑勺有辫子的老人
故宫
一只颤巍巍的木底鞋
从明清两代走出来
一路上
留下了纤夫一样疲惫的歌

故宫沉重地拉着中国五百年的历史
走进了一个耻辱的荒漠地带

那披散着头发的风沙
在夜里敲着中国缺氧的脑壳

有一天
西太后的影子在天安门上晃动了一下
像一场恶梦
一场整个民族的恶梦

故宫的红墙已经衰老，已经斑驳
当黑夜躺下去的时候
一群普通人
用他们走过雪山草地的步子
登上了天安门
后羿的子孙
又把后羿的弓重新拉开
以射日的姿态站立着

然而，人们还是要走进去的
去看那些被刮掉金子的铜缸
和用水滴计算时间的钟

故宫
后脑勺有辫子的老人呵
使一个民族知道了许多许多
知道了
从这天安门走出来
沿着长安街
走向立交桥的
是中国新的历史和具有悠久历史的中国

海　恋

尽管走来的是梦中的贝壳
尽管阳光下海还不认识我
可浓酽的黄昏里
我的目光
仍在牵挂一座又一座
朦胧的岛屿
鸥鸟翔舞时渲染的风景
日出的时候
飞出我心中的
是一朵朵浪花的笑靥
而悠悠荡漾在我诗行中的
是那银帆上灿烂着的
海风温柔的吻痕

我知道大海是一首

深邃旷达的歌
那千古不化的望夫石
把一种沧桑的冥恋
淋漓地诉说了万载的缠绵

曾经抚摸过海的波纹
然而　海却永远在远方
沉默地伫望着我的思念
曾经想读懂海潮忧欢的内涵
可心的沙滩上
只是徘徊着渴望的无言
是不是等待在我的生命里
一如葱郁着的那份美丽
是不是葱郁的美丽
也能引诱出葱郁的忧虑
漂泊何处
才能刻画出橹桨的嘱托

飓　风

走过黄河岸边
站在长城脚下
峥嵘五岳
巍巍昆仑
我骄傲
我是风
从远古到现今
从物质文明到精神文明
战争　和平
我哭过

哭干了江河
吹裂了大地
卷走了所有的迷梦
我笑过
笑绿了山川
吹来了繁荣
掀起了时代的浪涛
我挥臂
那便是雨
化作丝丝真情
融入炎黄子孙的心底
我高歌
那便是号角
响彻晴空
响彻中华大地
改革的浪潮
冲刷着我的身躯
我是一颗扬帆踏海的新星
我骄傲
我是风
东风崛起的巨龙

尹　恒

重　逢

面对朦朦天宇

潇洒斜织布细雨
我们分手道珍重

分不清
是雨水，还是泪水
从脸颊滑脱
湿润，白云般
轻盈的心

我开始喜欢高枕
做梦期望你带来无忧
打呵欠的时候
就说是你
在想我

很久很久的境迁
心还是湿漉漉的
只有重逢时
你火辣辣的目光
才能把它烘干

王　婷

无　题

还记得
那个春天

我曾回来过
望你千古如一的光洁的面庞
望你沧海桑田不会改变的忧伤
望你含着泪珠却带着微笑的眼眶
望你　你眼中的
我的模样
笑着揩去你额际的阴暗
笑着饮下你贮藏十八春的陈酿
笑着斩断你眷恋的目光
笑着　我离开了你
和无声的春江
后来啊
我便有无数个今夜
如你泪珠的星光
如你微笑的断肠

王小野　(经贸　9724 班)

我的路

没有一丝犹豫
背起父辈的期望　我的梦想
我就这样走向
有许多门的世界
没有铺路的鲜花和掌声
也没有不幸的经历做钥匙
唯一拥有的

那便是我的自信

昨天的星辰
无论多么耀眼
也照亮不了我今天的路

也许
在远行前就得明白
那本写了十九年的书
不必咀嚼十九年

昨天已成纪念碑
明天仍为一片荒漠
而今天
我必须越过
世人的目光垒起的山峰
哪怕挑剔的荆棘，碎石
划破我的脚掌
也不走别人踩出的路

就像雕刻者一样
把一个粗糙的日子
用我的心血　我的灵魂
造就一个天堂
在这明天的里程碑上
写上我的名字

秦淮河

水忘不了　风忘不了　月儿更忘不了

在文人墨客的谈笑间
那秦淮河　有着怎样的一场繁华
任谁也忘不掉的

那船儿　那桨声　那灯影
在现代文明里余韵仍未散去
物是人非了
我在你的歌声里写诗

歌声里
爱人的心是会醉的

我似乎变成了一条鱼儿
依稀回到了你的怀抱
温柔而羞涩的声音
又在清风明月中苏醒

一曲风花雪月
一直吟唱在诗词歌赋里
至今
古老的繁华随风去了

灯火阑珊之处
那斜长的背影渐渐远走
只有那歌声
依旧徘徊在月影荡漾的秦淮河上

等　待

草屋的那一盏灯火，再也寻不见扑火的飞蛾了

逐渐变黄的颜色
恰如那一种明明灭灭的心事
不知点燃的是谁的命运
也让远归的人忘记了归路有着怎样的一段漫长

窗格上的背影　短短长长
注定了一生的牵挂
夜雨中寂寞的等待
她总是一步步走近，又一步步走远
如蒙娜丽莎的微笑清晰而又朦胧

不管明天是什么季节
就让我在那玫瑰的花枝上
刻上你，再刻上一行阳光的足迹
去寻找你那会笑的眼睛
总把断续的温柔传递
那时我不再坚持
用梧桐叶覆盖我绯红的心

走出那草屋　用岁月的网
收集　你灿烂的笑语
铺满我远去的路

虞　姬

美丽的传说
总是有血的
曾记否
那四面楚歌
把一把霸王之剑

造就了一个美丽的传说

有血的
虞姬
没有分享到一个王朝的荣耀
却分享到一个王朝的覆灭
火烧阿房
浇融了你娇美的面容
楚河汉界
截断了你长长的叹息
那生离死别
乌江倒是记得的

那把曾经血战沙场的剑
没能战死沙场
却带走了一个美丽的女人
劈开了一个凄美的传说
血染的地方
飞升起一朵血溅的梅花

王永伟　(水工　9704 班)

留给父亲

留给父亲
手握亘古的长鞭

驱赶着昔日的老黄牛
留给父亲
依旧贫瘠的荒原
蹒跚耕耘
老牛眼里的鞭影
驱不动　老了的乡愁
父亲眼里布满的血丝

我走在波浪的前端
父亲留在古老的岸边
就这样　留给父亲
不变的耕耘和
一身的疲惫

是啊　父亲
我会记住您
如缕银丝的双鬓
也会记住您
深如犁沟的额皱
为您古老的耕耘
添一分收获的喜悦
也为您一生的疲惫
还一分心安理得的慰藉
不管风里雨里浪里
儿子都会
破浪前行
破浪前行

王扬平 (水工　8706 班)

岩　石

风雨是最好的雕塑家了，
岩石因此棱角突出，
有了刻入肌肤的壮观。

高原上走来的男人，
岩石支负起雄性的山，
力播种下去才孕育了风景。

开山巨斧下，
岩石生山如剑簇之花，
跟母腹阵痛后分娩婴儿一样。

母爱是一座山

——母亲重病十五年感怀

荒芜隐隐的野茅草
莫不是榨干了血液的稻禾么
十五条苦难之河抽出你满头的银丝
却把数不清的支流织成沟壑
满目枯黄抹不平

豆油灯一如你无泪的眼
手执针线把慈爱与希冀缝入行装远寄

叮咛的米酒我把它盛满酒杯敬你
却幻映出一座不寂寞的山
把儿女情家国运举过头顶

虽已满目青山你却于病床苦苦呻吟
苦笑入梦仍牵记远方的游子
怎能不回味啊母爱重于山

浸血杜鹃长岸猿啸凄风多少泪长倾
桑梓泪古道情万里盼归期
好侍候你啊母亲

丝丝忆念怎辞劳辛啊母亲
血书斑斑泪骨难碎心志不可摧
家音重托盼宽心切望脱难星

百鸟叫啊野径烛火现
春晖当报寸草心明

“云海苍松”图写意

——赠闫世全老师

山，因你的险峻，
而有山谷的博大、深沉；
松，因你的劲拔，
而有其风格的坚韧、高洁。

用你飞瀑的气势，
用你海云的胸怀，

绘一个世界如诗如画，
塑一群星斗发光发热。

要这天宽，
要这多景，
走一条攀登之路，
摘峰巅最美的一朵。

王兰若　(信工　07115 班)

假如停留

假如可以停留，天堂向左，地震向右。
假如可以停留，请删除那个明媚的午后，
纵然繁华褪尽，也不愿意看到这世界哭泣、颤抖。
假如可以停留，请让我扼紧命运的喉，
与挣扎在人间地狱的汶川人，一起搏斗。
假如可以停留，请让我紧握你伸出的手，
拭去夹杂着血腥的尘，轻道一声珍重，朋友。
假如可以停留，请让我再酹一樽家乡的酒，
这浮生若梦的谎言，一次就够。
闭眼　合十　紧捂的胸口，
我仿佛听到了血液的奔腾，灵魂的怒吼。
只因为不能停留。
那环绕的双臂，过早地让母亲显得佝偻，
佝偻下的襁褓里是另一个世界，轻声的问候。
那紧握的铅笔，是孩子们的坚守，

坚守的轨迹里却再也无法给出生命的理由。
那奔走在一线的老者，嘶哑的声音写满忧愁，
忧愁的温总理啊，您憔悴的面容怎能不被人民铭记，
怎能不被历史保留！
十指紧扣　这一刻　我们相拥而泣，
不再仰天怨咒，面朝汶川，面朝映秀，
假如停留，让我记住你坚强的臂，坚定的路，
假如停留，让我记住这不灭的精神，不垮的民族！
历史会停留，但不是担忧，
时间会停留，但不是伤口，
世界会停留，定会是民族的自救，传承的悠久，
九州一心，四海汇流，中华意志，永垂不朽！
假如停留，默念珍重，珍惜拥有！
假如停留，让我握紧你的手，
未来之路，你我铸就！
假如停留，让我们坚定信念，告诉世界——
四川不哭，中国加油！

王统邦　(地质　94 级)

山药蛋哟　我梦见了你

在这没有星星
没有月亮的晚上
我梦见了你，山药蛋哟
梦见了故土上的小山冈

梦见了场上撒粮的阿妈
梦见了老榆树下的“小撒拉”
满山遍野绿油油的
难道都是你的蔓吗
沙丘般堆在田里的，圆圆的精灵
难道就是
养活了我的家
养活了家乡亲人的山药蛋吗

怎么能不梦见呢，山药蛋哟
土黄色的皮
怎么和父母的肤色相融合了呢
白色的果肉上面
怎么偏要浸上几点父母的血汗呢
山药蛋哟
是你累弯了父母的腰
门前的老榆树啊
你闻到山药蛋的香味了吗
你怎么将我童年撒下的山药渣
撒向了祖国大地
让我这异乡的游子不得安宁

梦见了你哟，山药蛋
不在家里
没有老榆树
更没有绿油油的蔓
和白的可爱的花

王春红 (测绘 06013 班)

拥抱梦想

六月的梦
蒲公英般散乱旋转飞舞
交织成一曲彩色的旋律
唱响在大学的课堂
凝结为无数芬芳的梦想
期待着明天美丽的绽放

是雾打湿了石板路,
剪辑着串串清脆的回响
总会有人比太阳起得早
只要听听那书声琅琅
如果中间有什么声音那么悦耳
一定是梦在飞翔

阳光懒散的时候
鸟儿还在叽喳地唱
一扇扇玻璃窗下
有人在把未来畅想
梦想与汗水的撞击
是最珍贵的感想
当夕阳投以最后一缕黄昏
展示着对这里的留恋
金黄如渊的投影下
多了无数条的风景线

偶尔出现银发的脸
伴着面色怡然
亲近着茵绿花香
期待着下一个曙光

也许捍卫着一个玫瑰色的约定
也许常挂着家乡的泪容
都无法泯灭心中那个关于未来的梦
不会停止足下的征程

拥抱梦想　我们激情飞扬
拥抱梦想　我们的誓言不放
拥抱梦想　携手拼搏起航
拥抱梦想　脚步永不彷徨

没有错过的青春
没有不可爱的灵魂
只要梦想之翼不败地翱翔
生命之花终将怒放
因为只有希望的星辰
才能成为心中不落的太阳

王银威

海上帆船

我是一只
默默无闻的帆船

我热爱着我的大海
帆是我驶行的翅膀
海是我拼搏的空间
惊涛使我备受考验
骇浪让我一往无前
我不会畏惧
暴风将我的翅膀折断
我不会害怕
骤雨将我的空间贯穿
纵使有一天
岁月的磨砺
使我伤痕累累
在行进中靠不了岸
我依然可以骄傲地说
我无悔无怨

王福民

山里人

用手亲吻着大地
用脚丈量着山川
生活　一面是黄土　一面是青山
时间　在无聊的调侃中停停转转
历史　在烟雾缭绕中重演
今生的誓言
又欲泯灭在黄土和山间

用真诚体会山痛
用生命咀嚼归程
归程里的山山峰峰
成了生命的阴影
于是
冲破山峰
和生命抗争

邓小江 (经济学 9929 班)

传 说

风里没有言语
茫茫草原剩下的是尽冷的枯草
青石的刀印
古道的轮浪
镂尽英雄的伟迹
关山踏破
脚下残阳如血
任星移斗转
任剑气变成硝烟
傲笑苍穹里
衣袂飘飘中狂风未歇
可传说总是传说
历史的重心为岁月把握
千秋岁后的余温
是墓碑文字的一抹苍凉

是传说轮回后的几道冷烟

漂　流

漂流已久
把每一个温柔
埋藏在胸口
只在奔波的人群中
稍作停留

孤独轮回在夜里
泪不敢流
只怕冷漠的风
会让我停停走走

好男儿志在四方
纵然轰轰烈烈后
仍是漂流依旧
也不会
落寞回头

尘封的向往

若橘若虹若梦的是目光
如玉如泪如乐的是海浪
平淡的轮回是如此迅速
从一个空框跳入另一个空框

没有比风更长的岁月
飞天神女已逝了往日的浓妆

可总是谁携着灰白的双翼
在子夜的荒野次次哀唱

没有比泪更冷的悲凉
空空的行囊投入长长的影子
月之冷风之利夜之黑
向往如野草呼啦啦地疯长

寂寥与繁华一样如火如荼
风里渐隐现的是纸墨的忧伤
只有夜幕下的远方
在拥挤的眼中荡漾，荡漾

怎么会

总不停问自己
怎么会一见情钟
难道是那舞着红叶的秋风
还是那浅浅的一抹相逢

愁苦的脸
怎么会如此沉重
难道是你擦肩而过
还是你的无动于衷

也不停问自己
心海怎会掠过飓风
难道是你的碎步
还是你天使般的笑容

追求者

追求者总在思索
自己
得到什么　失去什么
正追求什么
追求者总爱沉默
在沉默中积蓄力量
在沉默中
刻骨执著
一步一个脚印
一心一个开拓
追求者
把岁月刻成永恒
将奋斗镌成雕塑

任洪渊

四十八种美丽　哪一个是她

那么多虞美人　宋词
也叫不住　她走过宋代
突然转过头
四十八种美丽一齐朝我走来
哪一个是她
她走出自己

四十八种美丽
四十八种轨道
同时把我射入
旋转
挑不起的抗拒与诱惑　眉的
四十八种弯度　弯曲着我
四十八种美丽也走不出
丝绸　一层东方的柔软
影子倒映在清代
十二钗又十二钗又十二钗又十二钗
一块石头打碎

哪一个是她
四十八种美丽
假如我没有四十八种雄伟
一块块再捏不出男子汉的泥土
古典成了宋瓷*

(*山西晋祠圣女殿有48尊宋塑侍女像)

任艳艳　(建筑学　9816班)

农家小院

精美小诗篇，
石板描绘着悠远，
木门刻画着记忆，
苔青衬托着小院的美丽；

炊烟缭绕着树梢，
玉米装点着屋檐，
丰收弥漫着可爱的小院；

笑容镶嵌在皱纹里，
喜悦涌动在心头上，
笑声洒满了农家小院。

刘士军

不在乎地老天荒

我要用一生去实现
心中的美好愿望
即便那是一条
没有尽头的路
走向远方
又有远方

有时　感觉自己
真像一只孤独的大雁
扇着疲惫的翅膀
望天茫茫
望水茫茫

只是从来不想改变初衷
只是从来不想埋葬向往

我不在乎地老天荒
只要能够如愿以偿

刘宏祥

写给集邮册

致你
在生命的整数开始
积攒你的友情
珍重那些
你从未曾想到
也未曾
见到过的邮吻

希冀从此开业的邮所
用邮车装
你盈盈温柔的风　吹散
那些心灵的忧云

生命的太阳　依然
光彩照人
那便是你
永恒不断的青春

刘国泰 (水工 95级)

秋 韵

从几番挂香的梦里
走出来又走进
他乡
故乡的一轮秋月
土脉相连
土脉相亲
时光如风　最能
飘零辉煌
在这个目光深沉的秋
汗水如犁亦最能
翻新
青春　迷惘　热血　奋斗
花开自谢
花谢还开
生命本是一株
结果的树

刘雪枫 (热动 0254班)

一支钢笔

有一支钢笔
笔尖已磨秃　笔壳已褪色

但我仍把它珍藏
因为　爷爷使过
在炮火纷飞的年代
它伴爷爷度过无数难忘的日子
用它学会了写字
用它写下了庄重的誓言
——忠于党

有一支钢笔
笔尖已磨秃　笔壳已褪色
但我仍把它珍藏
因为　父亲使过
在知青支边的岁月
它伴父亲度过无数难眠的夜晚
用它发表了第一篇稿件
用它写下了一生中无悔的愿望
去北大荒

有一支钢笔
笔尖已磨秃　笔壳已褪色
但我仍把它珍藏
因为　它伴我成长
六年快乐生活
三年懵懂时光
它所写的每一笔　每一画
都记载着　我的悲欢离合

有一支钢笔
笔尖已磨秃　笔壳已褪色
但我仍把它珍藏

因为　它上面沾有爷爷的鲜血
注有父亲的热情
充满我的希望
它在等我
去探索　去进取　去开拓……

紫荆花开

五千年的文明孕育了你的灵魂
九百六十万的土地塑造了你的躯体
十二万万同胞注视着
你终于绽开蓓蕾

百年的尘封只能使你更俊丽
世纪的漂泊只能使你更坚强
几多慷慨　几多悲歌
几多愁怨　几多思绪
都滓入你的根须　刻入你的经络
绽出一朵绚烂的紫荆花

你得到了长江黄河的滋润
你又盼望日月潭的清凉
漂泊许久的你都归航故里
为何他仍流浪四方

让春风捎去一粒紫荆花的种子
在日月潭边吐蕊绽放
看吧　待到紫荆花儿灿烂时
那久恒的清香
在每个人的心中飘过

华明亮　(土木　0341 班)

心弦·吟梦

梦想是人生航船顺利前行的不竭动力
因为有了它
我们便有了追求的勇气与毅力
梦想是人生道路上通向未来的指向标
因为有了它
我们便可以把自己的脚踏在心里
正是有了它的点缀
单调的生活才如此多彩
正是有了它的激励
平凡的人生才如此璀璨
漫漫人生路
没有梦的陪伴
只能徘徊在彻骨的寒冬

我向往绿色的人生
所以我也有我的梦
我梦想　我是一棵参天大树
抓牢身下的土地
任狂风骤雨
依然坚定地守护着那方希望

我梦想　我是一株柔弱细草
蓄着晶莹的露珠
在风起的时候　飘落到沙的海洋

在那里生根　茁壮
我梦想　我是一只和平鸽
衔着青色橄榄
在硝烟弥漫的地方寻觅栖息的枝头
我梦想　我是一只子规鸟
回旋在游峡上
用啼血的呼唤　守候游子杳杳的归期
我梦想　我是热情的太阳
消融掉人们心中冷冷的冰
化作温润的水　轻抚麻木的心灵
让彼此都感受到爱的气息
我梦想　我是静谧的月亮
如水般的理智溢满心扉
让踏出的脚步更踏实

人生没有梦想，就像花儿离开了阳光雨露
我们一定要有梦
因为我们要绽放在灿烂的明天。

厌　燕

父　爱

父爱——
远方的路将我从您身边拽开时，
是您威严的脸上惬意的微笑，
是您在家中悬空的心和整个的梦，

是您写在纸上一笔一画的文字。

父爱——
是您额头上刻下的年痕，
是您头上渐多的银丝，
是您伟岸身躯向反向的过渡，
是我爱的沙漠的绿洲，
是我拾阶而上的“扶力”，
是我超越自己的决心。

孙　恒　(英语　0293 班)

华水迎新赋

千载盛区，中原地府。万里平川，钟毓之属。
爽风起而摇五谷，清露降而新万物。
气韵深植，华夏文明育源地。现代转化，循序渐进改革步。
物华天宝，人杰地灵。
南有汉玉之乡，闻名四海；东居傲菊人家，六朝古都。
北绕九天之水，奔流不息；西耸五岳之中，峻极天柱。
灵秀宝地，名贤如流。
天下三分，南阳卧龙笑布八阵图；
文坛泰斗，圣才子美诗成山鬼哭；
常胜之师，岳将军文韬武略；
文成感愕，韩退之才华横出。
慕名闻闹，晚生恭谦，学府新入。
时为九月，序属三秋。

暑气消而生清风，薄云高而降紫气。
乘车而叩水院，问路而投属系。
心潮澎湃，百感交集。
默蓄志于胸襟，静敛劲于心间。
倾心硕博，仰望名师。
趁年少而历苦，待明日而有为。
畅游知识海洋，交友博才学子。
勤耕不辍，见贤思齐。
俯首览书百千卷，定当击水三千里。
今逢名校而练翼，终定化鹏驾风起。
追名师之治学，扬华水之雅望，引以至荣。
值开学佳期，感迎新盛况。
表母校殷殷之心，铭学子青云之志。
撰书以为贽，同窗共勉之。

何　雄

思　念

夜半轻轻飘近的
是南方九月透明的风
带着母亲欣喜与忧伤的泪

地平线徐徐沉下时
异乡投下了儿子的孤独的影
然而她近了
伴着浑身久盼的光彩

何卓勋 (机械设计 9915班)

含羞草

静静地长绿
一点点变高
没人挥指的世界
我没有烦恼

不明白你
呼喊的高见
深刻的内含
深潭一般
似懂非懂
我慌忙收回
迎接阳光的两只手
挡住 死命堵住
艰难的视听
只因你碰了我

兴许你笑我是含羞草
而我真的不需要
你的讪笑
只梦想 独处一方
静静地绿
一点点高

稻　秋

岁月累积的情感
由乡村流淌于笔尖
古老的弯镰
《诗经》酿造的皎月
挥就了一年收成

风中的稻
是你在放歌吧
而那憨实的颗粒
又指向哪里
向着灯光走去
田间的农人以千百年来
最殷实的弯姿
微笑生活
饮尽稻香之夜
与这杯酣淳
纵笔而歌
这稻秋

家园小路

小路太短
仅连着家和小溪
小溪可以看到家
家里盼我去嬉戏

小路又很长

延伸了我的童年
童年像小溪
欢乐击起浪花
童年是家
总是把温馨贮藏

给我一个回答
家园小路
和母亲有什么两样
梦里的召唤
怎么都牵动肝肠

吴宝生

台　阶

幼年时
妈妈说
我们有两个太阳
一个东升西落
另一个蒸蒸日上
于是　天真的我便期待着观看
　　　天上双日重叠的景象
少儿时
老师给我扎上红领巾
告诉我

这红色来源于滚烫的血浆
这血浆又喷薄于无数同一频率的心房
于是　懵懂的我便期待着自己能一身戎装
告别母亲很是豪迈地喊一声：跟我上
中学时
胸前多了枚团徽，阳光中闪闪发光
书上说
这是共产主义青年团的标志
戴上它　为了使自己更快地成长
于是青春的我　便期待着自己能快些长大
能为团徽做些什么
而现在啊
我才知道
这一切的背后都只因有个
中国共产党
有新中国　因为有共产党
有好日子　因为有这个红太阳
祖国的每一个脚步
都有她的细心规划
母亲的每一次飞跃
都是她保的驾　导的航
于是　脚步已较沉稳的我们又多了份期待
多了份希望……
哦
新一代的我们在成长中期待
新一代的我们又在期待中成长

张　华

阳　光

天气冷冷的时候
不如晒晒太阳

不管阳光以何种角度照射
脸庞　以及
臃肿的衣裳
所有思绪自觉地变得
温情而健康
宇宙的黑物质太多了
是阳光
连接起生命与太阳

远古的梦想和人的欲望
此时安静如天空一样宽广
能走天空所铺的路
这就是阳光
一切的回归是天涯
一切的抵达都是家

生命的痛楚与苍白
是为阳光
以七种不同的火焰盛开
我们保持一种为阳光闪烁的姿势
保持坚韧的承受和随时的沉默

并在
阳光生长的高度
生存

我这就去晒晒太阳

梅的无题

傲立雪原
猩红满树
满心的梅香
悄然花枝
一种心境　被风吹响
陪我于万水之内了
为何不能再陪我于千山之外
雪　飘白了夜

当初潜入我寂寞的是谁的寂寞
等烈火焚烧了灰烬
一切都是伸手可及的宁静与安然
即使没有蝴蝶双飞
今夜心花也应该烂漫
辉映　新绽的容颜

心事一遍遍折叠
谁能躲过风景呢
一朵梅花便是一个真实的人生

悲欢谱成了一剪梅的曲子
西风在哭　西风

伏在谁的眼角上　在哭
终生我所追寻的刻骨铭心的线索
到此竟成了断落

张　锋　(电气　0358 班)

飘落梧桐叶的草地

叶子由绿变黄然后恐惧
秋天在阳光明朗时来临
站在飘有梧桐叶的草地
不禁偷窥黄昏的梧桐影
才知道天际边的五彩虹
悄悄走进了秋天的深处
回望那远处的黄土堆
凉风给大地带来金辉
捧着欢悦在徘徊一刹那
树枝头那啜泣的枯叶
忽地被无情一扫而光
深秋夕阳下的落叶
飘向那不回首的岁月边缘
带着悲壮笑容与苦涩
带着我的几分愁闷
带着我的几分憔悴
听啊　叶落后南去孤雁的哀鸣
岁月令它彷徨奔波
一万八千里的留恋

心中禁不住朦胧
秋蝉鸣出凄凉的歌声
踏着枯叶沉醉在无边宁静
忘却大地已经多少的轮回
眼前落叶萧萧
那一声可悲的呼喊
岁月啊
你总把一切化作了尘埃

张卫跃

乡　愁

寂寂的秋夜
窗外淋着蒙蒙的细雨
独对一盏孤灯
静静聆听雨夜的声响
心　如那雨丝纷纷扬扬……

回到生我那遥远的大山
回到那金色的童年
那片蓝蓝的天空　曾是
孩子们眼中的摇篮
摇出童年天真幼稚的大伙儿
苦恋那美丽的天空　渴望
再次拥有
梦魂萦绕

山村那盏煤油灯
熟悉的身影　母亲
独立心间
那双勤劳的手和没有尽头的
一针一线
那一道道皱纹
是从责任田里跳上你的面颊吗
田野上那悠远的吆喝声
震憾我思乡的心灵
哦　岁月可以流逝　却
带不走那美丽的回忆
为的是那份
飘逸的情思

张文雍

给　你

来信曾问我
怎么啦
忍不住
把今天和昨天
都寄给你
邮资不足
又退给我
只好把寂寞和空旷
用泪水腌起来

咸咸地
等到见面
连同明天
一起倾诉给你，友人

张生跃 (热动 9617 班)

真情依旧

美丽的黄昏
孤单的身影
点缀它的悲凉与壮丽
我依然停留在那个熟悉的角落

风　迎面吹来
吹醒了一颗沉落的心
哦　风是你吗
你从那远方传来了深情的呼唤
炽热的心　还告诉我
凤凰树底下的那一片片的落红
如似这样的黄昏
是你为我准备的美丽
朋友　生命的渴望
让我告诉你　不变的心
正如天边那颗最亮的星

想我时就看看吧
那可是我的魂

我是南方苦楝树的一粒种子
你若是喜欢就采去吧
一生只有一次美丽
别在我凋谢的时候
将我丢弃

哦　风是你吗
你吹散我的头发
是为让我感受你的温存吗
风儿呵　转向吧
带着这份远远抹不去的情感
交付给远方等待的人儿

张冬梅　(机械设计　0039 班)

遗失了神曲

犹记
柳絮轻飞，春风十里
芳草连天四月里
烟雨若珠似缕
恍若
秋霜薄暮，层林尽染

叶红胜花十月里
我遗失了神曲

束河的音律

喊一声丽江哟
叫醒了
四方古城记写的沧海桑田
忠义木府铺就的皇天后土
弹一曲古调哟
拨动了
纳西东巴擦亮的古色丝弦
狮子山下复苏的远古意志

远古走来的岁月新宠
戴上闪光的银饰
起舞　歌唱
亘古如昔雄伟高峻的玉龙山
是纳西人父性的风骨
万年常青缠绵柔和的玉泉水
是纳西人母性的祖先
浅语低鸣的丽江神曲
遗失在昨日
听！
披星戴月的纳西人
吟唱的古城古调
是束河的音律

张军超 (经济学 0278 班)

我是雪蝴蝶

我从夏天飞来,
抖落一身阳光,
憩在秋无叶的枝头,
等待冰封的死亡。
蝶的生命只有追求阳光,
冬日的阳,
唤醒我沉睡的翅膀,
用征服的力量重新飞翔,
飞出最凄美的蝶舞,
六瓣的白“雨”,
轻轻飘在我身上,
雪在为我欢唱,
我平静幸福,
溶在雪里我有了最美的雪葬。
当雪消融,
我便去赴约,
携尘封已久的承诺,
飞到春天正在等待的地方。

张迎宾 (机械设计 0044班)

想家的感觉

异乡的眼睛
总是默默地闭着
心
却挣脱岁月的羁绊
执意飞回家
想象中
开始了疲惫
于是为它洗尽风尘
用子夜的泪水
借床头的月光
可心的颜色却只是
凸凸凹凹
看法
显得苍老

张素双 (土木 9913班)

路过维纳斯

你轻轻地闪
犹如深夜里昙花一点

你悄悄地绽开笑脸
叶儿渐绿
风儿渐暖
风车儿却不敢转

一片两片三片
花瓣儿漂在水面
笑语声中鱼儿争看
你慢慢地过
杨柳儿不敢婀娜
纱衣轻扬尘土再不敢乱
永恒却是你的伤残
伤残那无与伦比的美
纯洁的女神维纳斯啊
弹落干枯的果实与芒刺
弹落最后的一丝牵挂
注定要用一无所有的步履踏过
斑斑残雪
反复登程
往来于冬春熟悉的驿站

李付海

汇款单

从故乡的檐下
放飞

衔着
草绳搓成的纤链
绷紧了疲劳的
小屋

相聚　与它
在雨天
撑着伞
一方恬静的驿站
读了它一路辛酸

慌忙中
丢了伞
忘了雨
还有　自己

后来　才发现
手中淋湿的纸团
折横皱陷
似岁月爬满了脸
中间
流淌着期盼
注满辛与汗

终于
怯懦地挪着双脚
展平的“纸片”
遮住了脸
静静地
在梦中

跪在窗前
……

李正哲

飞越峡谷

大群的鸟类呼啸而过
我捉不到它们的羽毛
静静地观看峡谷彼端
我永远无法到达的家
召唤我

阳光分外安详
金色的峡谷被我的目光灼伤
我无法掩饰的情感
在距离面前是张望
飞越峡谷的梦想
现实回敬我一记耳光

立在峡谷边缘
我所仰望的翅膀
不停地飞翔
伸手可及有时是不可逾越的一种伪装
我所渴望的翅膀
我所眺望的故乡

底　片

抖出底片看看
你的背影早已发黄
单薄得像枝头仅存的残叶
断与不断之间
是你苦苦飘摇的梦
我不是想你
只不过偶然见到你的背影
在角落里哭泣

从昨天到今天真的只隔一夜
为什么有的花谢了有的背影
远了
有的人提起过才发现水早已　凉了
大段大段的往事被定格
压缩到透明
一眼望穿所有因果的厚度
回忆作沉思状　狠狠地笑

李永鑫　(水工　9808 班)

华表乐章

(一)古老的乐章
古城古垣归附你

青草绿地环抱你
龙头　豪情壮志的象征
玉柱　华夏强者的灵魂

千百年变幻沧桑
华表　你沉淀故事见证历史
国庆的喜悦正牵动着你的魄力

风华　撩拨着昨日激荡的情愫
秋月　映照着现场的雄壮
霜天　低吟起中华民族不屈的壮歌
红旗　正等待凌晨的天空
呼啸　歌鸣　从天地间升起
天翻地覆
华表新妆扮古老

(二)崛起的乐章

天宇　无止境的天空
多少人在企盼等待
多少人的梦想根源
都凝结在这个不平凡的日子
一九四九年十月一日

华表　一株根深叶茂的古藤
一棵欣欣向上的秧苗
不扶自直是她的本性
鹏程万里是她的理想
迎接　红旗飘扬
歌声嘹亮的日子
天安门城楼　苍天洒甘露

伟人的宣告才是华表真真正正的辉煌
中华民族　终于崛起

(三)欢乐的乐章

解放　一次心绪冀盼的解放
希望与欢乐洋溢
一年一年望穿秋水的等待
一代一代心声的信念与追求
心中总是澎湃如歌
歌颂如一簇簇鲜花绽放
喜悦　与天与地与共和国共舞

华表　镌刻记忆凝重历史
她守护脚下的每一寸土地
仰望苍穹
寄托的总是对祖国的虔诚
对华夏儿女的祝福

赤子　总要与祖国同呼吸
五十载战天斗地的岁月
华表　始终风标独立
与人民同欢乐

(四)奋进的乐章

巨龙　腾飞天际
雄鹰　翱翔蓝天
沧海桑田　不变的是一颗奋进的心
永恒地镶嵌在天地间

华表　你栉风沐雨五十载
奋进之弦
终于奏响了凯歌大典

江总书记登上了阅兵车
国际友人跨上了观礼台
壮观啊　人民的子弟兵
宏伟啊　健步走来的共和国
英雄的人民　奋进的国度

五星红旗猎猎飘扬
一曲赞歌久久回荡
小平同志的思想大放光芒
二十一世纪的中国
与华表一起奋进
与华表一起奋进

李施文　(建筑学　9607 班)

旅　程

拥挤　都市黎明的故事
所有惆怅慢慢地收藏
饰一份容颜
不再是昨天荒谬的决定
现实伴随着笑声与欢语
不再是一叶孤舟

划破了一道旅行迷雾
再次启航

踌躇不再是唯一的行囊
弥漫的是很好的阳光
每一份笑容
映着群山楼阁
写进永恒的人生
记忆的长廊
把这　摄入你不眠的梦中

李悦东

论人生

（一）

合理的并不完全存在
存在的也未必完全合理
人生存在
？！
没有过去的
没有发生的
意味着爆发
全部流入奋斗之神

冲破理智的海水
转入感情的海湾

接近改朝换代了
并发生了雷鸣般的掌声
振颤的嘴巴
充满了钞票
跪着的活着
站着的也活着
流露的并不是感情
是花白的头发

(二)

沿着起伏的脸滑动
慢慢地堆积在胡子旁
守候在那里的皱纹
带着光秃秃的岁月
就白了少年头
登上珠峰
漂流长江
跳动　激励生命的泉
超跃　灵魂的动力
奋斗就是不止的风
吹起的仍是春天的热血
喷洒的仍是血红的黎明
历史碾成的粉末
塞在我的耳朵里
打倒了的又多么伟大
然而　伟大乎
真正的不能做假
迈着沉重的步履
踩下去的　只有几滴血迹
几滴泪水

李莉莉 (水工 9706 班)

既然这样

我不想会怎样结束
既然 已拉开序幕
就要愉快地演出

我不想海有多宽
既然 已扬起风帆
就要勇敢地驶向彼岸

我不想冬天有多么冷酷
既然 春天在冬的背后招手
就要无畏地面对严冬

我不想人生有多么艰难
既然 已来到这个世上
就要活得灿烂

李彩莲 (会计学 0175 班)

秋 思

故乡的鸟鸣，

溅湿我远眺的目光，
那头老黄牛，
一生只一个姿势，
耕耘着农家的希望。
那一垄垄一行行，
纵横交错，
是土地永远的胎记，
疲惫的汗珠，
深深沁入泥土的气息。
翻过一座又一座山，
却永远走不出大山的企盼，
蹚过一条又一条河，
却永远蹚不出小河的呼唤。
饮啜一杯乡愁，
揣一份绿色的思念，
虔诚的图腾中，
有秋月苍老的容颜。

李慎海

深秋拾零

踏响落叶的叹息
悄悄地把希望埋在心里
彼此见面，羞口难开
茫茫的秋雨中，依然人影依依

仰视落叶的飘零
什么声音拨动我心中的旋律?
车走雷声雨未通，心焦虑
为什么爱的伊甸园里始终没有过葱郁?

走过落叶的迷津
也不必为她哭泣
——收藏起一段美好的回忆

杨　立　(水工　9816 班)

回　家

踏上回家的列车
直听着钟表的嘀哒
我们的启蒙老师
它使我们不断长大
家给了我们无限安慰
它总是我们流泪的手帕
家没给我们开过一张“药方”
但我们的“病”最听它的话
家从未学过导演
但每个节目都演得生动无华
我们懂事了　我们长大了
家成了我们唯一的牵挂
无论我们到哪儿
家总是我们拨通的第一个电话号码

不管我们有多老
感情永远不会老化
哦　列车到站了　我要赶快回家
因为家里有等我的爸爸妈妈

国旗国旗我爱你

“五星红旗迎风飘扬，
胜利歌声多么响亮”
熟悉的旋律　永恒的激情
都深深镌刻在你冉冉上升的身躯上

那一刻
凝聚着所有中华儿女沸腾的热血
牵系着每个炎黄子孙不屈的灵魂
铭刻着龙的传人一脉相承的誓言
谁敢侵犯我们就叫他灭亡

是你那心一般的火热
照耀出那些双脚游移在别国土地上的
爱国者的翘首期盼
那些对自己亘古如斯的土地的丝丝眷恋
是你那血一般的鲜红
影射出每一个无知妄为的叛国者的龌龊
那些装着肮脏的腐朽躯壳

看吧　你那飒爽的姿态
是对星火的膜拜
是对光明的释怀
听吧　深深的苍穹中

你这迈向生命的图腾
不怕你步履维艰
你的沧桑我们用心来记载
天变地变
我们的信念不变
轻风吹过
带来心灵至深处那稚气十足却异常诚挚的
歌唱
国旗国旗我爱你

杨时光 (农水 0010 班)

我和你，两个世界

不要说春天意味萌芽
不要总记得寂静后的喧腾
不要用你的骄傲解释我的孤独
我问你
冬夜最寂寥的星　可曾读过

不要侧过脸看我带着怜悯
不要用居高临下的方式　诉说生活
我问你
饥饿的雏鸟的凄鸣　可曾听过

我和你　两个世界
你是太阳掌上的明珠

你是青山上高昂的白桦
我只是一棵缺水的小树
被遗忘在森林的边缘
面对你
我不敢陈列心的礼品
虽然我写了许多支歌
在心底悄悄吟唱
啊　我也是花木掩映中的青草
热爱生命的小树
同情的泪水
不是浇灌我的清泉
不管你热情似沙
还是冷酷似冰
我都会在轮回的春风中
重绽新芽
虽然没有铜枝铁干
但暴雨折不断柔韧的小草
但愿我会像人们说的那样
野火烧不尽　春风吹又生

陈　思 (国贸　05076 班)

故　乡

我背负故乡流浪
梦中的琼楼玉宇在召唤
每当高处不胜寒

我只能痛饮故乡的陈年米酒
读萧瑟之秋不期而至
故乡不曾花落
杜鹃正啼红山坡
山泉也在叮咚歌唱
屋顶的炊烟歆享了饭香
快意地消散
母亲端着粗瓷碗
呆坐于古老的门槛
她的儿子正流浪远方
花落花开又一年
江南的丘陵又被东风吹绿
荒草湮埋的山路
烟雨中寂寞的等待
我望着空瘪的行囊却掩面叹息
何处是归程

陈红艳 (技术经济 9707 班)

曾经失败

不经意走进失败的门槛
欢乐 轻松 笑声全部隐匿
这是个森严的殿堂
用眼泪 颓废 沮丧
调配着各色的人生

只求在令人遗忘的角落
还有一丝坚定的目光
越过坎坷与失意
期盼那风雨后的彩虹
酝酿着严寒中的梅香

陈春森

思　念

久居理想的寂寞
渴望远方的欢聚
仰望星灯
又回到遥远
轻盈的脚步
走来一双美丽的眼睛
脸上笑着的青春
绽开怒放的心花
天使的双手
柔弄辫梢的绯红

周福勇

海之梦

抬头望天

雁排成队　鹭飞成行
俯身观海
水积成波　涛涌成墙
问一声那大海啊
船儿悠悠满载着的
可否都是梦想

真愿终身作船
乘千里风　破万里浪
又愿终身为桨
中流击水　千军难挡

孟文霞　(消防　0471 班)

青春宣言

朦胧月光下倩影双双是风景
但那不是我的乐园
如果只有风花雪月
偌大教室鸦雀无声是风景
但那不是我的乐土
如果只有生涩苦读
绿茵球场英姿飒爽是风景
但那不是我的天堂
如果只有痴恋迷茫
我向往水
我向往流动的源泉

看源泉中迸射的水
激发永不言败的活力
我向往雪
我向往高寒的地方
从高寒处坠落的雪
引来长流不尽的春光
我向往夜
我向往纯净的黑暗
从黑暗里飘来的天籁
感应心灵洗涤的悸动
我……
我只是小小的一分子
真的
青春年华是我们共同的名字
如火如荼是志同道合的追求
别让流年似水匆匆流过
让我们向青春宣誓

林娟娟

梦莫高窟

凛冽的朔风
诉说着阳关以西的凄凉
沙　埋没了白骨　埋没了城郭
埋没不了千年的文明

笙声飞旋处
三危山啊　依旧金山灿烂
千佛的手　摸着西天
便有一片血红血红的晚霞
我看到了什么
那是历史深陷的足迹
北魏的粗野　隋的温煦
盛唐的华丽　宋的矜持
色的流动啊
摸着历史的脉搏感知跳动
这是什么
空空的壁　画儿呢
空空的藏经洞　书呢
这里曾经是盗贼出没的地方
是谁让完美低头
是谁让文明下跪
苍天不应　荒漠无言
历史疲惫地睡着了
完美是一种罪啊
残的臂在滴血
却依旧虔诚地合十双手
我昂视那一双双不变的眼神
它们微露苦笑的嘴角涌出一个字
痛
敦煌　历史不会忘记
莫高窟　恨在这里滋生
爱在这里升华
还有一颗滚烫的心
召唤着激情

欧阳雨　(经贸　95 级)

放飞我的梦

怎么也按捺不住
心中的冲动
就像捡起童年的一个梦
望一望　湛蓝的天空
我知道　它在
呼唤着我的风筝
听一听　那风
我知道已不能再等
抚一抚　就要跃出的心
我的血已沸腾
拿起提线　扛起风筝
那天
我去放飞我的梦

邳少飞

又听槐香

在春天的北方，我被深埋在厚厚的槐香与诗情之中，眼前晃动一颗凝重的泪滴，那是一朵故乡的槐花……

(一)

在北方，春天的裙裾刚刚舒展
我便每天踏重重露水察看槐树枝头
是不是洁白的声音朴素地摇响
许多都在传颂一串串纯粹的诗行
藉以洗去我漂泊之尘
寄托长久的乡思

离家太遥远了　每一寸怀乡情愫
都生长着一株平凡的槐树
逶迤向家的方向
夜夜我潜入淡淡的槐香
捕捉每一丝熟谙的方音
轻轻叩动我的泪水
脉脉的槐香，带我回家
我真的很想就永远根植于我的小村的山岗
长成槐树用槐香守护家门

(二)

你忧伤的槐香今夜不要关闭门窗
你挂起一串串绵绵不断的马蹄似的花朵
我披一身星光策马驶向你

暗淡的光晕里
我再次掬起你盈盈的脸庞
流水的眸子不要流转我的伤痛
再摘一朵槐花戴向你飘逸的长发

记忆里总有槐香雏鸽的翼扇动你的气息
我无法遮挽逝去的那段时光

你恍然已成为我掌中残存的些许温香

明朝醒来，梦境已洒满含露的落光
你的脚步不要踏碎它
让它永留在你已蒙尘的怀念深处

荷之独舞

你依水而歌　临风而舞
月的清韵斑驳
谁走进你此刻的心境

这夏天最后一个夜晚
蛙鼓已停止敲击热情
独虫啁啾着秋季最早的
忧郁　风渐渐冷了
你将所有爱恨聚集在
六瓣粉中带白的纤纤羽翼

没有什么能挽住时间的脚步
你踽踽飘浮在风中水上
暗暗的冷香是你幽怨的眼神
我此刻临水的微笑渐渐
泛成一段如烟往事
你款款舞动的裙裾挥洒得开吗

在深邃的岁月延伸的地方
你消失的容颜会在某个角落
重演，你的根不会被斩断
那么我呢，就让我成为你

旁边一幅圆满的叶
承受一切　支撑一切

今夜　你的独舞以凋零结束
如我的芬芳碾作一片红泥

姚明哲　(建筑　94 级)

飞越刀锋

夕阳飞越我的影子
我在苍凉的峡谷上空长啸
拔一支箭射向天空坠落的方向
仅仅是一道弧光

我整年整月整个夜晚地飞翔
我将黑夜铸就黑色
我给太阳精粹的闪光
我是蹲在神的肩头可以仰望的希望
当我张开双翼
能够阻挡我的就只有死亡

不要激怒我
别以为那时你能找到地方躲藏
天空到地面之间的距离
不过是我的翅膀
真的不愿理睬地面上那些荒唐

我偶尔贴近大地飞翔
只是想看看岁月有没有改变她的模样

飞到忘记停止
我还是不愿失去我的翅膀
如果我必须飞越的就是这柄利刃
那只能是一种忧伤的疯狂
拔一根羽毛挥向刀锋
“铮”然断落的是我
红尘里唯一的寄托

长　城

岁月那端燃起烽火
孤傲的风骨涂满青灰色调
砖石深处的白骨
蜿蜒的情感腾空而起
坐化于峰峦之上
一场铁血的兵戈

穿越时光的倒影
你独踞于信念之上
啸断西风
冷对千古兴亡的故土
谁在你的目光里写满沧桑与离合

故事一段段拼接成凝重的景仰
若我不曾这般走近你
触摸你嶙峋的胸膛
谁会挽一杆艳红的缨枪
八百年流连塞上

流连于一生襟怀磊落的向往

胡笳声里长烟落日渐远
历史与现实遥相对峙
我不敢惊动你沉沉睡去的岁月
或者何时你蜕尽一身伤痕
长笑入云而去
那不过是悲壮了一千年仍无人领悟的苍凉

风又起时

悲欢的结局在往事里
寂寞如我憔悴的歌喉
猎猎风声追逐热泪和梦呓中的低语
轻唤多年以来独自珍藏的名字
我已脆弱如诗

风自绿草如茵的地方来
熟悉的泥土清香
再次打湿我童年的小伞
许多年了那棵树仍在吗
风中寻觅的目光
不经意时又触动记忆里最初的创痕

披发立于风中
飘转的衣衫起伏
成波涛般汹涌的思绪
为谁凝聚所有情感
一次守候枯萎一生的缘

风掠过十里百里外的山川

寒夜孤寂的嗟叹冻结
行人眼底的泪水
苍凉的倒影于风中水上
浮沉若梦

听　琴

横一桨清波　水意
如洗　苔痕隐隐
画声
满心满意的江南　水
和莲的故事　二十四桥明月
今宵照我

一根钓丝串起　远山
眉的风情淡而且持久
湖光掩映
我醉罢也曾泛舟
拈不起的是琴声

指尖的流动牵系
鸟翼的色彩
枕一卷黄庭高卧
山　又是山
一线一痕的印迹
弦的影像模糊而深刻
何止我一人迷乱

写入琴丝深处
听不到的是禅

黄河·月

是了　是黄河的月了
一剑光寒十九州
见月时我乘一片光影
翔于如雪一般的清绝
若粼粼波光上
有凌波而舞的惊鸿未去
则无人敢唱
无人敢描摹这亘古的守望
动的是水　静的是月
而动静之间便有悲欢的故事演绎
有你我　浅浅的身影微笑渐渐飞扬

今夜有千古的黄河　亦有千古的月色
那便够了
来罢　酒呢
取苏轼的杯来
他的月没见过黄河呢
只凭了酒　便传唱至今了
斟一杯黄河的月色敬他
他不敢受吗
我却坦然呢
你看这水中的月　月下的水
便如这千百回梦过的一般颜色

掬满掌水波月色
我只在战栗中轻抚岁月的流痕
然而此刻冷月无声
天地间有人漫声而歌

梦　棋

拈棋的指尖沉吟
棋子笃的一响
前朝的梅花就簌簌地落了

走走停停　骊山
一盘棋叱咤了微笑
与红颜对弈　烽火
的颜色嫣然
夕阳
流水空山落霞箫声　箫声
不论是黑是白　棋子注定
无法负担　烂柯的过程
以及想象
残局的意蕴深邃

况有人睡意正浓
拂袖而起的残梦惊破
拌落一地棋声　溅起
梅花　梅花满床

夕阳断想

我知道夕阳下的人们
总会想起深深浅浅的往事
如我想起你时你想我的表情一般
总是固执地悬浮　不肯落山

夕阳下的人群熙熙攘攘
在每一个十字路口背叛自己的航向
走过许多年　蓦然抬头
还是那夕阳

然而往事如同眼睛
注视着你制作更多的往事
悲剧或者喜剧在每一个黄昏重复
一切的因果我们无法明了　唯有夕阳
年复一年地把生命写成日记

胡　禾

普陀观海

百川浩荡，尽朝宗，
渺望苍茫惨烈。
岬角如斗阻巨浪，
壮观十万沫雪。
兵戈纷折，倚角怒呈，
急欲摧天裂。
劲鸥逐浪，
危舟遥将灭。

凭尺身寄微茫，
任思绪驰鸿蒙。
多疑天水浅，

万重孑落难穷目，
地撼自危如芥。
风悬日昏，天崩地坼，
独立雄盟泻。
普陀归去，
会挽狂澜东猎。

钟明舜

向夕阳

历史车轮又循环地球十九个春秋
隆隆轨轮将我滚进无垠的平原
蓦然不见高山　不见
袅娜赛白雪的行云
变弃遗高远的蔚蓝
让悠悠飘飞的自由
叠积一床悔憾的浓愁
晚霞迷失后追随的路途
夕阳不再艳得通红
而我仍有许多祈求
记忆我几年欣喜哀忧的夕阳啊
我失去的已多　已多
为何仅把一缕眷念
一轮轮紧缠密绕
难道你要用旷远的时月
无情地把我煎熬成
夸父第二

唐　浩

露珠自白

太阳呵
我寂寞地隐匿
从你火热的视线
住进诗的另一个角落
品尝阵阵撕裂
可每个夜晚
我所有的努力
都是为了
凝聚成一颗颗剔透的渴待
在每一个清晨

我的顽固只是一件砂器
而捧着这脆弱器皿的手
是你

徐冬梅　(技术经济　9606 班)

蓝色心调

思念鼓着四季的风帆漫无目的地游荡
泪水在缘海的孤岛上小心翼翼地流淌

宁静幽深的心海　蓝珊瑚的梦想
白天鹅雪绒里动人的忧伤
雨季回忆中真挚而难忘的过往
童谣里红苹果的害羞的脸庞
风溶解在四季悄悄阐释成长的沧桑
把年轻的微笑放飞在太平洋
野百合将清纯绽在枫脉纺织的幻想
蓝蓝的天，
蓝蓝的海，
蓝蓝的心调在心底收藏。

徐黎明 (农水　95 级)

农村新娘

大红的嫁衣
裹住了无忧无虑的岁月
你要走了
到一个　再也走不出的地方去
唢呐声里
你别了往昔

从一个锅台
走到另一个锅台
那么多人送你
那么多人接你
你却　惶惶地问

是不是
千年的姻缘
只是一场过家家的游戏

苦楝树

很独特的一种树
叶　是苦的
汁　是苦的
连淡紫的花儿
也是苦的吗

白天　黑夜
你等着　那个远去的背影
风里　雨里
你站着　站成一种忧郁的风景

你　没有挽留

终于就成了苦楝
一株活的悲剧

锁

曾以为
所有的钥匙
也打不开
生锈的心事
我躲在岁月的角落里

咀嚼一种苦

而你轻轻一语
便羽化了所有思绪
临风的影子
搅碎了　一湖寂寞

终于抬起
低沉的头颅
发现　锁
已经无匙自开

袁　靖　(机制　9412 班)

历　史

谁能忘记那一段历史
一片土地　两种文化间的缝隙
百余年的太阳　一遍遍照过我头上的耻辱
我该如何证实这车轮上的身影梦一样真实
在一场惨败的瓦砾中繁华起来
这是意味着活在天堂还是地狱
一颗心　注定要同时跳动在
两个地点　两个世界
难忘的 1984
选择一天　同年同日同时振奋亿万人的热血
走来“一国两制”的蓝图

心连根颤动
流不尽的泪如黄河一样滔滔
压在米字旗下的荣华富贵同屈辱一并扔进坟墓

时间回到钟表生锈的零件上
因有了自主而滴答不已
这如宣告有力的节奏
为昔日的绅士们敲响最后一声礼炮
为自己的身躯
名正言顺地缝合一套黄颜色的皮肤
辛酸的历史在一个世纪的表情上凝固了过去
让一个世纪看清霓虹灯交织的背后
谁表演了一幕钢筋水泥的壮剧
谁创造了一个高效利润的奇迹
一个世纪　我以最多的眼泪最咸的汗水
冲洗了高楼的阴影和洋装的虚伪
一个世纪　我以最坎坷的经历最具有说服力的辩证
为这个世界佐证了一个强大的事实
香港　璀璨的明珠
历史将写上一个结局的故事
地球上那片诱人的景点仍继续前进
和千万颗心同呼吸的
还有那颗　鲜红的太阳

为谁而写

片片白花白蝶扑面而过
我久久地伫立于这块
弥漫如雪的梨林
仰望　如常的眼睛

看到了什么　是谁
在天边招摇

花开花落
花落花开
究竟在重演着什么游戏
让圣洁的白　迷惑
我的视觉
要整整一生的寻找

风自何方飘来
孤长的影子如一首长长的诗
为谁　在续写一种等待
满地泥烂的蝶花
让人感动得流泪
而我要的却是那道虹光

心的诉说

浓浓浸满墨香的语句
苦苦地究竟为谁在诉说
一生注定的牵挂

飘落风中的点点滴滴
尽是满目的芳香
美丽变成花开又花落的影子
心的一头
满是深情的瞭望
一段往事一份情
记忆的扉页永不老去在天天加重

怀念总在孤独想起

也许羞娇审读了许多选择
悔与无悔如漫天飞雪
依托总在这时被激漾
不能放得下的语言
在心与眸子之间抖擞
悲欢地飘荡在风中
触动如若痛楚的心事
如果文字也能够歌唱
很多可以继续的
一场未醒的梦也会明白

衷情总是被忧伤的匆匆掩饰
期盼早在洁白的日记中化作风尘岁月
贴近烈烈轻唤的诗句
心间的情感早已汹涌起伏
不停地追逐
不停地低语
仍无法正视遥遥的容颜
透过风中的视线
在默默诉说
这感动一生的缘

生命极点

日子　没有尽头
我已走出了很远

从母亲的手掌中

从散发着奶汗的醇香中
偎着温暖的怀抱在做星星的梦
生命无忧无虑成长
岁月早已变得壮实
在足足留下十八个脚印的背后
被道德和责任实实在在画上一笔

于是生命开始启程
踏着猎猎的东风
把命运当做赌注
迎着太阳一直在寻找
属于我的角落
从早晨出发　在大街
到处都是栖身的场所

成熟只是承受经历的代名词
破风中伫立的长发和衣裳
雕塑了或者披挂了许多
带着血腥的表情
似乎刚从硝烟烽火中走出
我裸露的肉体以最原始的习性
时刻将死亡当做一把手术刀

心情苍白得没有记忆
而生命却常常为自己制造一种心境
不停地流淌的血液
当做一种精神的寄托
每时每刻准备着一次火山般的爆发
将我的尸骨　炸得粉碎埋进地下
让所有的草木继续我的生命

我的青春

我的走在绿荫道上的青春
满脸的吹风总是那样相宜
黑油的头发飘摇着白云的柔美
星星般的眼睛宛如一汪炯深的清潭
跳动的影子像盛开的鲜花
齐嘣嘣地在偌大宇宙的时空中
自豪宣称它盛气的财富
——青春
曾使多少人成熟得流连
曾使多少人年轻得无知
融融的春日因我的青春在倾吐心田
翩翩的彩蝶因我的青春在悄然爱恋
我的青春到哪儿
哪儿就有活泼和温馨的故事
我的青春，无论在什么时候
对于一切都是一种美丽的诱惑
而对于我自己　却是一种极大的挑战

夜色中　月光中
我发现了青春苍白的背影
一尊用肉体缝合起来的骨架
一张用颜色变换皮肤的面孔
那是多么地熟悉和惊讶！
我的青春　已在沉重
那浮现在面前一幕幕怀疑的眼光

不再习惯于受宠若惊地接受
趋近常态的心却在表演一场安安然然的游戏
我至今在证明　我的青春
充扮着什么样的角色
它不是鲜花店中的观赏物
它不是交易所里的廉价品
它不是爱情田地的装饰花
我的青春
只属于我自己
我充满力量和志愿的生命

镰　刀

一把如弓的脊背
从先人的一粒种子
到今天的阳光下
如山的麦垛
堆满了满山遍野
那最原始最古老的动作
汗水和伤疤
一次次钝了磨亮了又钝的镰刀

山里的坟地增多了
刀　姿态如一尊雕塑
始终以同一方式握住
谁能相信　在今天
那也是一种生活

袁佳林

诗

一条彩绳
拾珍珠的人们
遗失了部分

一束幽兰
生在浓绿的山间
割草的人们
像草一样放进了
牲口槽里

一个时代
生在斑驳的陆离的土地上
一半春的世纪
一半秋的世纪

贾志霞

秋　魂

独自站在天空下
任凭秋风吹动头发

冷吗？

万家灯火
映出一幅母亲的画
模糊吗？

无边无垠的田野上
一把铮亮的铁锹
一个母亲的伟大

宽阔的晒谷场
一堆堆珍珠
淘金者——妈妈

我独自站在看台上
任凭秋风吹动头发
眼泪淌流在面颊

郭　佳　(会计电算　06122 班)

寻觅沙场

离开温暖的海港
流浪的心再次出航
路不知走了多长
汗也不知淌了多少行
轻狂的我从不曾回头展望

始终不懂内心的迷惘
带着热情想在回首中寻觅沙场
拥抱每片灿烂的曙光
纵步独行不曾感觉失望的方向
从从容容面对莫名的忧伤
看漂泊的路虽很长很长
但高飞的心从不倦航
让梦想飞翔
找个属于自己的地方

高　峰

一声凄艳的凋零

花瓣飘落　春天已经老去
最凄艳的凋谢美丽一些名字
缤纷何如　真情何如
一块小小的石头
怎承得住
这许多辛酸

梦里尘缘　繁华尽头
剪断的香魂静静砌起
青青的缭乱
从前世未了的流传
歌尽冷暖
一支叫做葬花的词
润湿远远近近　许多双眼睛

隔八百年风雨　小楼谁依
浣花溪畔
一杯酒仍温着一片天空

历经悲欢离合　红楼梦
一朵昔年绯色的暗示下
谁掬一把岁月层层的恩怨
问片片残红
问生生世世

高海静　(水工　95 级)

日　记

一座五彩的迷宫
却用锁来作门卫
充满诱惑的殿堂
从不肯开启

于是
迷宫成了堡垒
羞涩地种下了一粒粒种子
微笑的双眸
晶莹的泪珠
相思的红豆
乃至勃勃的野心

无人时
偷偷进宫
为你浇水施肥
种子发芽了
苗儿长大了
堡垒却崩塌了
于是我们走出堡垒成熟了

父　亲

父亲
用瘦弱的肩
扛住大山的叹息
望着贫瘠的土地
父亲　成了一个设计师

父亲
将圆滚的汗珠
播作了种子
将挥舞的锄把
长成为茎干
将沉思的目光
浇灌成希冀

一个秋天
父亲笑了
笑出了满山遍野的黄橙　金灿

信

身披的斑斑墨渍在宣布

你是竹简的传人
字里行间的缕缕情思又表明
你是红雨的子孙

没有谁比你的足迹更广
稳坐方城之中
而驰骋天下

没有谁比你的情思更长
母亲的牵挂
游子的眷恋
朋友的祝福
爱人的呢喃
……

而一切的一切
都凝聚在
你的风雨兼程中

梁红运 (材料 0145 班)

逝去的好时光

(一)

这是临走前的最后一夜
我最后一次看你走出人群
孤独地倚着栏杆守望明月

从来不曾留心别人的世界
你可知当太阳升起　我将离去
你可知这一去便恰似永别
便再找不回这如花盛开的季节
你可知我此时的心碎，正为你流泪
你可知欲说还休的心绪最难平歇

你终究会得知我的归期
那时　我早已消逝在遥远的天际
在梦幻般的秋风中舞动迂回的翼
你会怀念我吗　并且把我
和你的故乡一起写进诗句

那第一次知道你写诗
我就向往着你笔下的精致
真的吗，我是世上最偏僻的韵脚
你必须千锤百炼去寻找
那我宁愿做你门前的一株枯草

你一定来自那理想的桃花源
才会躲避尘世梦想最纯粹的家园
是不是所有人的故乡都有一条河
都有牧羊的姑娘赶着日落唱着歌
不然，你如何征服了我这异乡人

我就要走了　我的故乡在召唤我
而你注定是一个永无归宿的过客
还没有离开故乡就开始怀乡
你的诗已先你一步开始流浪
也许不待这轮月落你就会启程

诗人　愿你此行寻到最美的天堂

总有一天，你会走到这样一处地方
你会看到，寂寞的小河静静流淌
动人的羊群偎着唱歌的美丽姑娘
那一天，温郁的秋风摇落遍地金黄
你会看到，姑娘已经是白发苍苍
她身后燃烧着最后一抹绚烂的夕阳

(二)

这一别竟是遥遥无期
甚至你的容颜已经模糊不清
我仍是不信你就这样悄然离去
呵，你这只骄傲的百灵
未曾留下一声为我的轻啼

你该是去向南方　像候鸟转徙
你许是去向北方　我听见秋风里
似你温柔香甜梦一样的叹息
你怕是要长眠一冬　像畏寒的小兽
你别是零落入泥　像玫瑰过了花季

不是枯叶沉落湖面的碎痕
不是野兔踏过霜草的脚迹
你是寒蝉口中声声追念的七月
是错过便是错过一生的季节
那迟到的忏悔　怎不让人痛彻

我只恨无法重回往昔
多想再见你在风中无助地战栗
多想再见你在雨夜哀怨地哭泣

那么我愿意　在所有寒冷的日子
为你燃尽我高贵无比的忧郁
让火光映红你羞涩端庄的脸庞
听火舌在静夜无声喧嚷　喑哑
的歌声引领你穿过十八道回廊
你看我层层包裹着的心事
比你颤抖的手指还要修长

我正行走在陌生的城市和村庄
把孤独和忧伤揉进每一寸诗行
我把檐下的雨还原成你的足音
还把月牙涂改成你小巧的鼻翼
不经意在雪地构画出你的名字
我的心　便初恋一般狂跳不已
总有一天　我的诗歌会被世人传唱
人们唱着　诗中有位美丽的姑娘
她天使般的笑容一如雪后的阳光
那一天　幸福的鲜花洒在红地毯上
人们唱着　姑娘做了别人的新娘
她发际的馨香溢满了别人的天堂

梁利峰

廊桥遗梦

那么肯定的事信吗
你问我　即使一生一次

然后便踩动老雪佛莱
逃出一双双半信半疑的眼睛
躲在畅销的背后
让眼泪大滴大滴地落

你说天堂里的光线不适合拍照
你所能做的只有逡巡
以萨克斯风的流动
夜夜在月光下的麦迪逊树林

那里有古老的夜晚有远方的音乐
那里有威士忌和烛光熟悉的香味
那里有白蛾子的翅膀
这让很多人感动且流泪即所谓永恒
正如廊桥在照片上渐渐失去了颜色

还是借我一点肯定吧
在我未发觉这世界或者根本无法肯定之前
那么就离开
大路上的远游客，天晚了
而你摇了摇头
路很早就已经走完了

箫　笙

探望记忆

我来到这一弯搁浅过我的梦的海滩

寻找　曾经伫立的身影
潮起潮落
早已吞没了我留在沙滩上的深深足印

成功的欣喜与失败的叹息
满足的欣慰与失落的惆怅
得到的不在意与失去的自怨自艾
却在记忆的天空里划上
一道明亮的色彩

岁月的长河依然流淌
跋涉的脚步依然铿锵
在我们心中
记忆　是一道金色的港湾
晴朗的季节　我们远航
只有在满载星辉时
我们才回首
探望

梦回故乡

不知是哪里的风
轻轻地把我吹送
怀着久违的心情
我飞回了故乡

故乡的小河
泛起层层涟漪
穿梭于绿波中的我

是记忆中的童年

故乡的苍老而又年轻的山
不停地更换着四季的衣裳
倒骑黄牛的我
给了它许多动听的歌声
还记得求学在外的日子
一年一度
迈着沉重的步子离开
踏着轻快的步子归来
伴着故乡的风雨沧桑
缅怀逝去的日子
不知不觉故乡的历史
已记载了我的成长

不知是哪里的风
轻轻地把我吹送
带着久违的心情
我飞回了故乡

雪　山

从远方铺过来
茂盛于一场春雨
雪自沟壑铺至山顶
鹰在高空俯视雪山
我在雪与鹰之间　风
拂在发间
伴随纷飞的兰絮

一生都在做这样的梦
把自己置于凛冽之中
渴望一年一度的雪
压抑我内心的冲动
在或寒或暑的生活中
领略雪山的深沉
我万分感激
这雪山的独特性格
定型了我多少年后的选择
我又把双足踏入雪中
跋涉的声音
一阵阵在雪山深处　响起

萧雪轩

忘　记

深深埋藏
埋藏这未尽情缘
就像你从未出现
你的声音已走远
誓言已冰冻在心间
纵然泪水滑落
也不会再　泛滥思念

不在乎你容颜是否改变
不在乎你今夜是否梦魇

就这样　就这样
要把你　忘到从前

以为已成陌生
以为往事纤缦成云烟
可每每梦里醒来
你的笑容
却在窗外　若隐若现

黄　斌 (给排水　0159 班)

圆 明 园

这幽静的园林里栖息鸟类
阳光斑驳的影子投射下来
青苔悄然繁衍
在每一处断壁残垣的缝隙
琴声和花香的余韵仍未散去

这偌大的园林里静静地没有人迹
时光已经沉寂得太久
即使有人夜夜作歌
夜夜把刻骨铭心的往事回味
那些流水　那些亭台
雕梁画栋下的霓裳云霞
已随风去了
已随烟去了

这荒废的园林里巨大的石头虽悄然肃立
火焰的痕迹　战争的创痛
注定无法平复在长长的沉默里
我知道你巍巍然地站着
决不只想作个沉重的结局

这古老的园林如不肯凋谢的花朵
仍在风雨过后的枝头伫立
嬉戏往来的游人中是谁徘徊不去
是谁的泪光里映见你深深的叹息

黄志兰　(技术经济　95级)

回　家

背起行囊
我作别西天的云彩
那里披着世俗面纱的虚伪和缥影
那里是透着绿光的堕落和肮脏
那里是刻了百年的苦难和屈辱
那里是我们的烙印和血泪
那里不在我的行囊中

背起行囊
我迎来东升的朝阳
这里有五十年的风雨兼程和坚韧执著

这里有震天的呐喊和团结的大索
这里有鸟语花香、莺歌燕舞
这里有南来北往、欣欣向荣
这里尽在我们的心间

背起行囊
我走过今夜的梦乡
梦中有万滑城河，血脉再相连
梦中有根叶相惜惜，落叶归故乡
梦中有巴山放雨时，共剪西窗烛
梦中有携手共进，花红叶飞绿

背起行囊
我踏上征途
抬头远望家
就在那一方

梦　归

掬一泓清澈的泪花
故乡　我踏梦而归
火辣辣的庄稼
依旧火辣辣地长
响当当的钟花
依旧响当当地开
泥泞泞的小路
依旧泥泞泞地在

只是飘飞的细雨那头
母亲用深深的目光

在开得泼辣辣的钟花中
低唱
唱成一阕又一阕
没有韵律的诗词
让我用一生的
忠守和信诺
细细咀嚼

黄怀德 (工程管理 9909班)

非常时间

越来越近
越来越近岁月的蛩音
从大理石台阶上
清脆地响起
仿佛生活的脉搏
均匀而又强劲

世纪之交
千年之交
贺岁的凯旋门
由高耸入云的摩天大厦和
彩虹搭建而成的拱顶
是地球村的牌楼
面迎初阳
昭示着一种非常时间的开始

昭示着一个新纪元的降临
生命每一天都有一个进程
正如时间永远年青

重复的日子一页页撕去
似乎无穷无尽
但新年不常有
世纪的变更不常有
当又一轮千年从头计数
漫长的历史突然跳跃
欣逢此际
谁能不惊喜人生的荣幸

在焰火和礼花当空的子夜
非常时间
搀着零点的钟声走来
步履敏捷而又轻盈
千年等一回
伸开你的双臂拥抱吧
以非常的方式
非常的豪情

黄断山

你说你是男子汉

不再是那场太阳雨后

蹿到老榕树上
到小河里去捉泥鳅
急得奶奶到处喊叫

从爷爷粗糙的双手中
接过开山的弯刀
束上那根腰带
让放山的野火
薰烤心的节奏流动着的血液
挥动铁锄　大山
传来粗犷的回音
阳光把皮肤变成浓烈
让秋雨滴尽儿时的眼泪
栀子花开在山坡上的那天
你心中留下了一个愿望
用肩膀挡住前面的风雨
让她安心地躺下
一直做着那个没有黄昏的梦幻

曾小舟

古　井

总是从今晚的梦中
回到昨夜的井边
绳越来越长
水越涨越高

滴滴都是真情

月是圆的好
却总是在汲水时
碎了一井的月
片片都是相思

如果月有情
那水一定是月的泪
如果人在远方
他一定夜夜汲水

黑　鹰

黑色的闪电
划破苍穹
烧焦的鸣叫
震撼长空
劈落阴影
以血的壮美装饰大地
点燃白云
与你的形象熔成灵动的浮雕

我的目光
无法触及你孤独的高度
你的灵魂
灼伤我仰望的头颅
你眼露利剑的光芒
你胸藏澎湃的海浪
你把时代的叹息

于黑夜中鞭打成清晨的露珠
你把天空的污点
于狂风里啄出暴雨倾盆

展翅间
江南塞北飘然而来
展翅间
春雨秋风绝尘而去
展翅间
你穿越我的生命
我的灵魂

程卫帅 (地质 9601 班)

子 路

利刃终穿透了你的胸膛
鲜血汩汩流淌
你对夫子的信仰在鲜血中绽成一朵莲花
千年后的我禁不住热泪盈眶
子路 你为何举手整缨
为何你的目光如此执著而平静
你可知你的生命正美丽如朝阳啊

子路 你可曾感觉两千年后秋风的悲凉
你可曾看到
无数轻蔑的脸孔正仰天冷笑

信仰早已噤若寒蝉
黄叶无情飘逝啊
又起萧萧秋风
子路　你是否已寂寞如闺中怨妇

阴沉的夜晚你可曾见天际执著的孤星
无尽寒冷中你可曾亲近一星顽强的火光
子路　我知道你依旧激情澎湃
请让我的血拥抱你的血
载着你我的信仰
一起澎湃到天涯　到海角
再锋利的刀刃　再无情的冷笑
也无法阻挡　你我的澎湃汹涌

董玉飞　(经贸　9724 班)

我和诗

也许　缘于偶然
但亦是必然
那个春天的和风细雨
孕了一朵
洁白的莲

我的胆怯
轻拂你　千年韵律
激动的泪花

猛然溅进了
你的天

你却回我
一抹灿烂的笑
赠我们
沉沉的思考
于昨日的记忆

恍若隔世
我突然　灵秀起来
千年的轮回　我也开始
重复亘古延绵的
美丽……

莲已悄然吐芳
我能用大胆的笔
写你

是缘于必然
却出于偶然

韩　啸 (机械设计　9817 班)

母爱　永远的嫁衣

即使世间最美的诗句

也无法形容您万分之一的美丽
即使用亘古的生命
也无法将您对我的恩赐代替
是您，独自用柔弱的身躯
为我挡住世俗的风雨
是您，在灯下把慈爱注入针脚
为我注入一世的情意
无声无息，恍惚中
您已老去
但心中最温柔的角落
深藏的爱意仍是那样的浓郁
我已决意
要用短暂的生命
千倍偿还您的情意
然而，您却说
我是一片羽翼
等到成熟、丰满
就该飞去
此时，您心海的波涛
已涌上我的眼底
并且润湿了我疼痛的记忆
风霜憔悴的母亲啊
您可知，您可知
母爱，才是我一生永远的嫁衣

若被生活捉弄

也许迟来的爱情最真
也许晚开的花朵最艳
所以孤独侵袭

莫要悲泣
以后的岁月
一个人风里雨里
不要放弃

也许莫名的乡愁最浓
也许失落的理想最痛
若被生活捉弄
不要放纵
人生的征途
我们要苦苦坚持
奋斗的路上
再道一声珍重

枯　树

在遥远的古老
你挺拔过坚强
在黑暗的泥沼
你又被岁月灼烧
于是，你身带婆娑的温存
飘落岁月的枯黄
空旷着贫穷的寂寞
萧索着沉淀的凄凉
终于
在腐朽的尽头
你听到了青春在荡漾
你看到了嫩绿在生长
无语作别，沉默着你对泥土的恋
林荫吐绿，找到了你最初的奔放

从此
豪饮蹉跎，痛食沧桑

雷中华 (岩土　9903 班)

跪拜黄河

我试图在你的生活中
寻找一些珍藏的记忆或美丽的贝壳
视野里　存在的
只有　河滩里流动的羊群和你的瘦弱

你不是我想象中的大河　有着夺人的
汹涌澎湃
可你仍是我生命的至爱
站在你的身旁　我的心
不知何时已在顶礼膜拜

是你的传说　让我
心如止水的岁月
风景如画
是你的真实　让我
不用在前卫和时尚中
苦寻　朴实无华
奔跑在你的岸边
到现在我才明白　我做不了
你生命流水中的一粒沙

我只会在水面上漂浮
而不会在
河道一落千丈中沉淀

翟进鹏 (建筑 9708 班)

我们的名字叫《长澜》

你从东南走来
我从西北走来
我们来自五湖四海
聚到一起
是种永恒的信念

你的名字叫张三
我的名字叫李四
我们共同的名字叫《长澜》
聚在一起
就有无穷的前程

诗——
我们的生命
歌
我们的灵魂
五十多颗心——
我们的力量和精神

掏出你的心
掏出我的心
有爱生命才会发光
有爱灵魂才会芬芳

拿起你的笔
拿起我的笔
奋斗才有成功
奋斗才有我们《长澜》的辉煌

我要走了

我要走了
父亲大口大口地吸着旱烟
母亲不停地做着手中的针线活儿
我默默地站在门口
屋子里像死了一般沉寂
沉寂了许久许久

我要走了——到很远的他乡独自生活
父母却没钱送我

一袋旱烟抽完了
父亲匆匆走出门外
一句话也没说
母亲停下手中的活儿忙着给我收拾行李
只有我还是默默地站着

过了许久许久
父亲回来了，后面跟着两个人

用一双泥手把一叠钱递给我
一切的一切尽在预料之中
眼睛湿润了……

把根留住

我珍藏着一棵没有根的草
是母亲送的

“孩子，一定要走出这个穷山沟”
在母亲的叮咛与祈祷下
我圆了母亲的梦

临走那天
母亲送我一棵草
我的思绪便在草的周围萦绕

偶尔一次
我发现了这棵草的秘密——
根仍留在生它养它的地方
仿佛听见母亲说
“孩子，把根留住”

谭志光 (给排水 9927 班)

我来唱山歌

依恋山呀，依恋山！

柿子红啊，到秋天。
是那艳艳的映山红啊，
将秋色点燃，
是那金灿灿的野菊花啊，
将山坳透遍，
还有那羊群啊，
随着白云飞到山那边。
我看得见啊，我听得见！
看得见那小溪水清清，
听得见那水流声潺潺。
只是那害羞的小蟹呀，
为什么见到我躲得那么远，
那么远？
热爱山呀，热爱山！
太阳就在大山巅。
顺着梯田往上攀呀，
一直爬到天外边。
别怕累呀，别怕险，
人家住在白云间。
我够得着呀，我闻得见，
够得着那红红的山枣呀，
闻得见它酸又甜。
那棵长满熟透果子的野山梨呀，
为什么长在悬崖边，那儿那么险，
那么险！

仰慕山呀，仰慕山！
日头睡在群峰间。
那顶天立地的铮铮铁骨啊，
越久越坚！

那苍苍莽莽的磅礴气势啊，
沉着伟岸！
我看不够啊，我听不完！
我看不够这千岸争秀，
我听不完这鸟鸣山关，
我要赶快登上前面的那座山呀！

【散文　小说篇】

于春山　(水动　9717 班)

古巷流韵

有机会到云南，最想去的地方是丽江古城。

在滇西北高原上，那方山川钟秀人文荟萃的净土，带着强烈的异域符号和远古的文化印记，撩拨着我的好奇心。

远离都市的繁华和喧嚣，途经大理时，尽管风光旖旎使人恍然如梦，尽管三月街蝴蝶泉金花的传说美丽动人，荡起的心旌还是揽不住苍山的彩云洱海的清波。细细品来，那一踏进丽江古巷时的心房怦然一动，眼睛豁然一亮的新鲜神秘感觉，真令人难以忘怀。

丽江是纳西族州府所在地。这个大西南的民族素以勤劳质朴闻名，尤以妇女为最。纳西姑娘的服饰与邻近大理白族服饰相比，少了些响亮的色彩,但身后背负的饰物上象征着披星戴月的图案纹样，一旦使外人明白，总不由得升起一丝敬意。

巧的是接待我们的姑娘是位摩梭人，这个至今仍承袭着母系社会某些特色的部落，一直吸引着国内外专家学者的好奇和关注。能和她面对面地交谈，实在是意想不到的事。用女性的“苗条”形容她有点不确切，借用形容男性的“魁梧”，又有点过。总之，那是一种在内地很少见到的健康形体，皮肤略黑，但很漂亮，两只眼睛异常的亮。一路上，她很健谈，她说她们那个地方每家都是祖母、母亲、舅舅主事。她说她们不叫摩梭族，叫摩梭人。她还说她家到丽江县城乘车还得走七个多小时，自己是从山里走出来读了师范的新一代青年。她热爱自己的家乡，赞颂那里的亲人。从她身上洋溢着勃勃的青春活力，谁也看不出她与那个古老的部落还有如此紧密的联系。

车子到了丽江古城四方街。这里古巷纵横依山傍水。放眼望去，古老的木屋建筑层层叠叠，高低错落，加之群山环绕，流水潺潺，探幽访古之情不禁油然而生。摩梭姑娘告诉我们尽量在附近的商业区域活动，不要往小巷深处走，四方街整个的格局像个八卦阵，单独进去就有走不出来的可能。这一次，我和友人愧对了她的好心。我们沿着拾阶而上的石板路，顺着狭长的古巷道，只觉得耳边响起苍涩旷远的纳西古乐，犹如那宇宙之声。眼前的垂檐、牌坊写尽了小巷的沧桑。

小巷深深，曲径通幽。墙角边石板下的流水，掩映着几家伸出墙外的新绿，显示着生命的活力，我拼命地调动自己的想象力，编织着她们的生活劳作情景，试图拉近与现代这个时代的距离。慢慢地，转来转去的古巷，渐渐撩开神秘的面纱，偶有人家门前支起了小摊，两个凳子一块木板，上边摆着婆婆、媳妇们缝织的纳西族头饰、腰带或背兜等物品，就在门边，就在窗下，看摊的婆婆不招揽、不吆喝，即使你站在她的身边，老人也依然平静地继续加工她的产品，等你开口。古巷里没有多少行人，可那鲜艳的手工艺品，像一团团火，远远地吸引你走过去，渐渐地，这样的人家多了，再往前走，甚至出现了高挑的“流花旅馆”旗幌和“四方客栈”的牌匾。新粉饰的门楼、敞开的大红门里，五彩缤纷的鲜花和古色古香的天井相映成趣，使你一下子想到了北京的四合院。友人感慨，真是岁月变迁浓缩在几步之遥！

又经过一条小巷，这里的游人多起来，一些黄头发蓝眼睛的外国人也三三两两地穿梭其间。两边的木屋，挑出形状各异的招牌，有“拓荒者”、“人与书”，还有更玄的“远古回声”、“伦勃朗”。大敞档口挂着大大小小的油画、国画、泥塑、木雕。我们进入了商业区域文化街。这里的主人都是年轻人。无论各家作品水平怎样，均是这些年轻经营者自己创作的。与小巷深处的纳西婆婆截然相反，他们见人离老远就会和你打招呼，尤使我们想不到的是，他们大部分竟是东北人！在这大西南的边远高原，老乡见面虽然流不出眼泪，却也非常热情。哈尔滨的小伙子希望我和友人买下他的一幅描绘玉龙雪山的油画，他反复说这是丽江的著名景观。长春的年轻人拿着古巷速写，一个劲儿地讲当地特色，热情归热情，只是价格不能含糊。在这熟悉的乡音中，我极想知道，是什么力量使他们远离故土到这里来谋生？但是，他们几乎都在回避“谋生”这个词。哈尔滨的小伙子说得像台词：“是这里古老神秘的地域文化吸引我来的，我的作品虽然作为商品流通了，但这过程是我从事艺术事业的重要一环。”很精彩！

望着木屋里挂着的象征远古纳西图腾的木雕和略有些稚嫩的丽江山水画，我探险寻古城的心结释然了。那悠久的文化与当今的时代，就是这样自然地在历史的长河中溶解着、演绎着，无论人们怎样点缀将来的生活，里面都蕴含着远古的文明；同样，无论人们怎样承袭这远古的文明都不会阻止人们对新生活的追求，甚至对未来的设计。

春落校园

寻觅着，寻觅着，不知不觉中，春的脚步声近了。她向我们走来，走进你心里，走进我心里。春，落入了我们的校园。

阳春三月的水院校园，既轻松静谧，又紧张热闹。

晨曦中，我携带着英文书漫步在校园的林间小路上，一边默记着单词，一边欣赏着初春的校园。朝阳透过远处的树林，将连珠的光彩抛向大地，给校园镀上了一层金光，返照得高耸的教学楼万光四射，迷离若动，孕育生机。一缕微寒的杨柳风拂过，我贪婪地呼吸了几口春风带来的空气，是那样的清新、纯澈，我真想把它全部储存在坛中，留日后享用。

校园内，常绿不谢的万年青，四处可见，道路两旁的法国梧桐也已反晕，却终不见那春的象征——绿芽。偶尔，林里传出几声候鸟的叫声，清脆悦耳。“spring，spring，s...”突然，头部的一点儿微痛打断了我的思绪，一棵高大的梧桐正迎在眼前，我变得有些恼了。噢，那是什么？就在我要转身离开之际，余光中一点醒目的绿色落入了我的眼帘，倏地传遍周身。我定睛一看，“呀，绿芽，春已落入校园了”！是的，一颗豆粒儿大小的淡绿色的嫩芽，正微露在枝丫中间。

绿芽，不经意间你已悄然降临，你生命初萌，有着旺盛的生机、无穷的力量，春之声正由你体现！

那嫩得如水欲滴的绿芽啊，我真想掬你入口，流入心房，化作我奋搏的力量！

我抬起头，操场上游动着许多同学，有的在晨练，练速度、练耐力、练技巧……有的在晨读，读知识、读理想、读奋斗的人生……他们的表征只是微波浪线，而内心却潮水般地在放纵奔流着，他们渴求甘露、企盼成熟，正寻求着属于自己的一支鸿羽。

正如诗中所说的那样，“年年岁岁花相似，岁岁年年人不同”。自然之春始出自然，而人文风景瞬息在变，使这世界更富有生机。在这里，我院跨世纪的决策已付实施；教师们为培养一代英才，正辛勤地播撒着希望的种子；而拥有春一样生机的我们，为了人生的理想，正振长策而奋力拼搏！在这里，人文风景和自然之春已浑然融为一体，构成了生动的校园之春！

校园之春——这祖国大地上万点中的一滴，在这时，正充满了生机，满载着希望！

文有富 （热动 9923 班）

尝试大学

曾经羡慕大学的美丽，于是想做一棵生根于大学校园的小草，静听欢声笑语，年年岁岁。

曾经向往知识的宽容，于是想做一只出卵于知识宝库旁的小鸟，尊视知识分子们穿行于宝库大门，岁岁年年。

于是开始拼搏，沤心沥血，春春夏夏。

直到走进大学，痛楚互映，第一次尝到酸甜苦辣，才发现大学和知识都是寒下之花。

这正如：

曾经向往海的博大，于是想做一粒细沙，坠入海底，静听涛声，天长地久。

曾经向往天的深邃，于是想做一朵白云，飘于天际，看候鸟南来北往，地久天长。

直到有一次面对人生，风雨交加，第一次将爱恨交织。

才明白，天和海在心中都只是有容乃大。

方海燕（经济学 0071 班）

岁 香

风摇一串铃，岁香花儿便在这悠悠的铃声中安静地呼吸。她吐出缕缕幽香，让我身在其中安然地小憩，我陶醉在这暖暖香味的冬日。

我端详岁香，她的整洁的外衣端正地套在身上，恰到好处地围成一圈。叶片向外自由地舒展着，簇拥着小巧、紧凑的花朵，绿叶，像卫兵，更像亲人般紧紧包围在簇簇花朵四周，呵护着她们。一朵花儿，只有小小的三四片瓣，嫩黄中透出乳白的质地，表面细腻而且纤尘不染，如冰雪般洁净。这让我想起了格林笔下的小花仙，冰肌雪肤，玲珑剔透，站在花的中央，欣赏着自己花样容貌。

纯白、鲜绿。一团团、一簇簇，展现自己独特的魅力：纯净、清秀，飘然如少女洁白的衣袂留下的影像。在凄冷、孤独的季节里，给我以纯美的享受，让我从未觉得寒冷寂寞。

岁香展示了花儿的更高的境界；用朴素的美燃烧冬天的寒冷，用纯净的馨香抵御寂静的侵染。

春节时开花，她绽放的是岁末的吉祥，岁初的希望；散发的是岁末团聚、甜蜜时岁初的香。

阵雨·思念

一场突如其来的阵雨将我从梦中惊醒。顿时，梦中的哀伤一扫而光，留下的，除了刚才的一个激灵，还有难以克制的兴奋和思念。

思念，飘飞在清晨的滂沱大雨中，我站在窗前，面朝南方，面朝着我的家乡。我思念家乡的宁静的夜，深夜里，将书搂在胸前，倚着窗，抬头凝望粉红色的银河，幻想着星空下昙花开放，满屋溢放馨香；我思念家乡的河，那条承载我所有情感，曾让我心潮澎湃，思绪翩跹的河，不觉要问，小潢河的水呀，你还记得我为你的奔腾而激动落泪吗？我更思念家乡的雨，每次下雨，我总要愁思满怀，是伤感是振奋。撑起伞，走入漫天雨帘，走入我的世界。就这样，一个人独自走在故乡亲切的青石板上，听着雨打屋檐奏出的清音，听着脚踏水石的回响，还有母亲永远的微笑和笑着流下的珍珠泪，呵，这便是我心灵土地的雨水哟！

站在林中空地——不管是自然的，还是心灵的，总感觉，下雨时的世界那么微妙，那么清丽，灵魂仿佛也伴着雨打芭蕉而徜徉天际。

阵雨，成了我心的慰藉，它究竟是什么？是一切，是哀愁、振奋、激情四溢，是将我的全部感情融入青石、梧桐和芭蕉的奇迹。

上帝作证，如果云知道，她的女儿令一个凡间女子如此痴迷心醉，一定会感动的落泪吧。世间最美的的确是这让我千思万转的乡雨啊！

我曾写道：我的心好似海洋/我渴望暴风雨中的海洋/紫红色的电光闪现出我/一个疯子，一个诗/一个统帅，一个帝王。

感谢阵雨给我激情和灵感！

低头，才发觉，窗内的我，早已泪流满面。

短发·长发

七岁那年，母亲狠心地剪去了我及腰的麻花辫。尽管当时我像被缚的麻雀一样惊恐着拼命挣扎，却最终因“咔嚓”一声响而宣告失败。自那以后，我始终没再蓄长发。

不是因为安于现状，也不是刻意要兀立于世俗的潮流之外，而发自心底对短发的热爱，让我将这种生活方式——短发——持续到现在。从不沉溺于长发的飘逸和与之形影相随的“温柔”，独钟情于短发的利落和清爽。炎炎夏日里，一头短发加一条短裙岂不比长发飘扬看起来更清朗？朋友说：“你留长发会很好看的。”我摇了摇头，不作声，因为我比谁都明白：我只属于短发一族。

当初被迫接受的现实，如今却成了我挚爱的选择。不为什么，有时生活选择了你，而你处在毫无选择余地的时候，不妨亲自走走看，尝试“随遇而安”，也许暗仄的小路真的会豁然开朗，变成阳关大道来呢。人总会有无奈的时候，总会有对选择无能为力的情况，这时，你决不能选择消沉和堕落。此时此刻，你最需要的只有三件事：积极的态度，明朗的心境，雪亮的眼睛。我时刻告诉自己，在这条路上，我不但没有看见想象中的失望和痛苦，反而发现了水中清晰的倒影。就像歌里唱的：“我眼中的自己，每一分，每一秒过得越来越像我爱的自己。”

一部很美的美国西部片《秋天的回忆》中，有这样一个经典画面：深秋时节拉姆从遥远的南方回来了，骑在一匹骠壮的大马背上，带领马群在枯黄的草原上奔跑。一头长长的金发和猎猎的马鬃在秋日的黄昏下翻飞飘舞……心灵被震撼——我惊诧于它的壮观。我会为长发感动，然而，我不会因它而将自己改变一点点。

牛德刚 (热动 0455 班)

路遥带给我们什么

桌头放着《路遥文集》，我刚刚读过第三遍，似乎我与路遥近了一些，但又似乎远了一些。其实是近是远我也搞不清了，只知道心里很茫然。

当读完这本集子的时候，我掩卷深思：路遥究竟带给我们什么，是人生的哲理，还是奋斗的精神，亦或是对名利的淡泊？答案是多多的，我想他带给我们更重要的东西是劳动的价值。

“劳动创造了社会，创造了人本身”，这是马克思说的。“劳动，这是作家义无反顾的唯一选择”，这是路遥在《早晨从中午开始》中写到的。我想劳动不仅是作家的唯一选择，也是所有劳动人民的唯一选择。

路遥，是热爱劳动的，这可以从他的泱泱巨著中领略到。然而，就是这样一位伟大的劳动者也曾经几乎放弃这项伟大的事业(劳动是伟大的)。当他的《人生》完成以后，在社会上产生了巨大的影响，接着《人生》被改编为电影，这个影响更加深远了。《人生》使他的创作达到了一定的高度。正如路遥在《早晨从中午开始》中写到的：“当时已有一种论断，以为《人生》是我不能逾越的高度。”路遥本人也曾经这样认为过，他以为自己的创作从此枯竭了。但是他在挣扎，他不想停留在这个高度上，换句话说，他不想让自己有某种高度——创作是无边无际的。路遥又开始奋斗了，他不想承认《人生》是他无法跃过的横杆，路遥惊醒了，他不能沉浸在名誉与金钱的世界里，他要再度创造他的辉煌，他又开始劳动了，他要创作《平凡的世界》了。

路遥经过三年的准备、四年的写作终于让《平凡的世界》问世了。这期间他阅读了大量的书籍，查看了大批的资料，也走访了很多地方。他在劳动，时时刻刻都在劳动。这次，劳动又创造了一个辉煌，又为人类留下了一部永恒的巨著。劳动真好！

路遥是热爱劳动的，然而他更加热爱成千上万的劳动人民，他用自己的笔、自己的劳动去赞颂人民的劳动。

他的笔下创造了很多具有典型色彩的中国式的劳动人民。比如高广厚、高玉德、德顺老汉、孙少安、孙少平、孙玉厚，他们用自己的双手创造着自己的人生，也谱写着中国大地的赞歌。正是这些伟大的劳动者才令中国走到今天，有了这样繁荣的景象，也正是他们用事实诠释着人生的真谛——永无休止的劳动。

路遥用笔把伟大的劳动时刻展现在我们眼前，意在激发人们的劳动意识，也在指引我们正确的道路。道路就在我们眼前，我们必须去走，尽管有时走的很艰辛，甚至还会遇到巨大的障碍，但我们还是要走，还要前进，因为时光不会倒流，青春不会复返，我们要抓紧现在美好的时光，用劳动扫除道路上所有的障碍，用创造走完我们的人生之路。让劳动伴随终生！

劳动，我们不能有一时一刻的放松，不能让懒惰占据我们的心灵，也不能让一时的喜悦或成功麻痹我们的思想，一个人的成功不能仅仅取悦于当代，它更深更大的使命是对历史要有一个交代。

当代的青年站在时代的前端，我们更要抓住劳动的武器为我们热爱的祖国，为我们向往的文明而奋斗！

王扬平　(水工　8706 班)

火球，永恒的生命

风，在林中穿梭，用它的热烈去爱抚生命；火炬在手里闪动，泥土，把芳香丝丝缕缕地捧出，让它着火，燃成一个滚动的火球。

子夜的亮星，是地里寒秋的火种；

深渊的光点，是一叶丰盈的绿意。

也许火在地下，因为那儿曾喷吐过青春的烈焰，生命之火好蓬勃；也许火在高空，因为遍野都飘荡歌声，歌声里藏着火。夜行者正烘烤着希望，火中烧红了赤诚，浓郁的赤诚，在烈火中永生。

说不定，这细细密密的亮点，早已组装好一个空心的雕塑，透明的雕塑，正如球，一个着火的球，光热无限。那是生命的雏形，同那躁动的心一块孵出。

高枝上的鹰，和原始的自然一样，执行过一项远行的使命，是到瀚海中去么？不，到月宫去，朝向太阳的地方，修筑亘古的宫殿，做天性的保护神，看守世纪的分水线。

阿波罗在微笑。

大洋上的舰队，常见着迎着狂飙的熊熊之炬，那火炬照出的，是旺盛的冲动。每当夜幕降临，就有使者从远方来，手里擎着宝灯；每当寒意袭来，这心就热，生命就如浪，而且永恒，有雷鸣之音，有银河壮丽，有霞霓辉煌。

是火球，是火球，把写遍史册的闪光聚汇。

要生命如花才从山中采来，如脚下的土，时时有不息的江河流过。

饱满的，方兴未艾的，光明的使者，是生活的图腾。天际弥漫着意外的灿烂。

王云雅　(计算机　9932 班)

剪不断的苹果皮

不知宿舍里的女孩子从哪儿听来这样一个传说，说是一个少女只要在午夜十二点整削一个苹果，她就能在镜子里看到她未来的白马王子，但是这整个苹果的皮不能断，要连在一起，若是断了的话，将会有最恐怖的不测降临在她身上。

接下来的几天，苹果整袋整袋地被不堪负重的女孩子从果品批发市场抬到六楼的宿舍。诱人的大个儿红苹果，不全是为了吃，削着好削呀。那几日，平日较懒的人有口福了，只要说一声："想吃苹果"。便有几个声音干脆地回答："我给你削吧！"瞧瞧，如此的好事，哪儿找去？

几日后，大家削苹果的技艺几乎达到了炉火纯青的地步了，恰又碰上周末，熄灯后点上红烛，静等子夜钟声的响起。十二点的钟声响了，女孩子们突然害羞起来，推出一个代表先削。稳拿水果刀的女孩，起初脸红红的，微微地笑着，削到一半的时候，脸突然变得苍白，手开始微微发抖，突然，放下水果刀把苹果送到嘴边咬了一口，就伏床大哭。发愣的是剩下的女孩子们。

后来得知，削到一半的时候，那个女孩突然想起，若是下手稍有不慎，苹果皮断了，那么降临到她身上的不测……若这不测是她父母双亲遭遇磨难……哦，她宁可一下子什么也不要看见了。含泪咬一口苹果,是用来表明那苹果是用来吃的而不是用来显灵的神果。

后来，这件事就如一抹轻烟掠过头顶飞走了，女孩子们是不会轻易押上亲情和友情，去赌那样的水中爱情的。

王 倩

不是淑女，是孝女

我有一个妹妹，两个弟弟。我不知道为什么到现在也说服不了爸妈，让他们知道孩子多，负担重。也许重男轻女的思想他们或多或少地有些，虽然爸爸竭力辩解说他没有，还说是为我长大后照顾他们减轻负担。爸爸是一个苦中找乐的人，即使面对种种压力，尤其是我们几个都上学，花费很大，他总说面包会有的，幸福会有的。看着他日益沧桑的脸，我不能说什么，毕竟他是我老爸。

小时候，爸爸总是将我看成男孩子。他不许我扎辫，说那浪费时间。于是我一头短发，整天懒得梳理，扎在男孩堆里，还真辨不出是女孩呢！我逃学，不做作业，和别人打架，搞恶作剧，只要被他发现了，他就抄起扫帚打我，一点也不手软。一直打到他累了，我也哭累了，妈才过来劝几句。我大声哭变为小声呜咽还不行，他还不忘训我，还不让我哭。曾经，我问妈，我是不是爸的孩子？妈说你爸打你是为你好，怕你学坏了。我百思不解，难道让我痛得睡不着觉是对我好吗？

爸是老师，有着很强的时间观念，他给我制定了作息表，早晨6点起床，跟他去跑步。春、夏、秋三季还好说，冬天清晨寒风刺骨，别的小孩都还躺在暖和的被窝里，我就被他拉起来晨跑。虽然戴着口罩，还是阻挡不了寒风的侵入。当时我不知有多恼怒，但是现在想想他确实带给了我强壮的身体。吃饭的时候，他也会利用这点时间给我提问前一天学过的字。下午放学回家可以出去找小朋友玩一会儿，但晚饭前要准时到家。吃完饭后看动画片，在现在看来，小孩子都爱看卡通，而对我则是一件痛苦的事，因为看完后要把故事写下来，他要修改。然后温习当天所学的，直到晚上9点。现在写下这些时，我都不知道我的童年是幸福的还是痛苦的。当时小朋友都羡慕我有个当老师的爸爸，能管我的学习，小孩子当然喜欢别人的羡慕，这让我觉得老爸还真好。但是他大大限制了一个小孩子的自由，这也是我初中时叛逆极强的主因。

我和家里人吵吵闹闹，什么事都敢做，什么话都敢说，而且脾气又很拗。小时候非常听老师的话，老师曾说过送礼是走后门、是不好的习气。有一次爸爸买了一箱水浒特曲，一种我们当地有名的酒。听小朋友说里面有扑克牌，所以，我挨个儿拆开了，拿出所有的扑克牌。正当我和几个朋友学着大人的样儿抽烟、打扑克时，爸爸发现了我搞的鬼。这一次他简直是大发雷霆，结结实实地打了我一顿。训我“小孩子就想学坏，竟敢抽烟”。当他说酒要送别人，人家会以为是假酒时，我立马停住了哭，一本正经地说送礼是走后门，老师说是犯错误。还说，我有错你打我，你有错还打我！凭什么！挣开他我就跑了。那天晚上很晚才回家，发现邻居在我家正在劝哭着的妈妈，爸在一旁抽闷烟。原来他们把我能去的地方都找遍了，连村上两口曾经淹死过小孩的井也捞了，吓得他们不得了。而我却没当回事似的还对爸说：“你自己还抽烟，干吗还训我！”他一怒站了起来，迟疑了一下又重重地坐下了。现在有一天我向他提起这件事时，他说：“怪不得你，你妈说你和我一样，八头牛也拉不回头。”我笑着捶了他一下。

这种性格使我在学校里像一个男孩子一样，朋友好心地劝我好好注意一下淑女形象，我说都什么时代还老封建！现在想想以前挺疯的，怪不得妈总说我应该和小妹中和一下。我挺佩服小妹的，文文静静这么多年。要是这样说的话，我小妹还应该佩服我疯疯颠颠这么多年了！两个弟弟老是告诫我：你是我姐，不是我哥！我仍然我行我素。上帝赋予了每个人不同的性格，何必强求去改变呢？其实一想起小时候的这些事，我总感觉这是老爸对我的影响，他越压抑我，我就越叛逆。当我告诉他时，他是一万个不同意。他说当不当淑女还能怨我不成？但我冥冥中感觉到我的血液和老爸血液的撞击，最后却是融合在一起互不冲突。

直到有一天老爸领我买衣服时，我才发现岁月磨去了他的尖锐和粗暴。他说话稳而和，精心地为我挑选着衣服。我更惊奇地发现我和他的眼光是如此的一致，但唯一不同的是我不会搭配衣服。因为以前我总是穿姑姑的，有时甚至穿我叔叔的，大大咧咧。而此时他给我搭配着，还开玩笑似的对我说有没有怪你老爸，总让你穿旧衣服，虽然我表面没流露出什么，可我的心，猛然间痛了起来。我说：“爸你怎么那么说呢，你不欠我什么的，真的什么都不欠。”爸爸变了。岁月不仅流走了他的粗暴，也带走了他的青春，强壮；皱纹，白发，憔悴，何时在他身上显现，我竟没有细心发现过！以前的种种不愉快却不知何时成了一种甜蜜！我忽然意识到我长大了，爸爸很长时间没有打过我，我也很长时间没有惹他生气了。

我依然是以前的我，爸爸依然是以前的他。虽然我们依然大声争执，开玩笑，但早已不是以前的心境了。我考入了大学不是他的骄傲，只是他的安心，唯一让他骄傲的是我懂得关心他们，常为他们分忧解难。爸爸常说“百善孝为先”，这是他的亲身体验又是对我的影响。在家时，我总是在学习之余帮他们干些家务。爸怕耽误我，我就说劳逸结合是科学工作法。

其实若不干家务活，我是永远体验不到他们挣钱的辛苦的。我想此时会有好多来自农村的同学发自内心的赞同。爸妈的辛酸苦水自己往肚子里咽，却从来没有告诉过我，而我总是一股脑儿地将委屈和烦恼倾诉给他们，却忽略了他们的感受。说不准哪句话会留在他们心里，让他们为我牵肠挂肚。当我意识到时，我再也不提委屈总是捡可笑的事讲给他们听，自己的事应该是自己承担的。

老爸的身体大不如从前了，时常腰酸腿痛，还有慢性肠炎。我告诫他不要抽烟，给他买口香糖，即使在大众场合我也会将他的烟夺掉。现在他已经戒了，但是他已经老了。有时我都不敢想象有一日失去他我会是什么样子，虽然那很遥远。在我的生命里，他给了我无法还清的感情债务。我曾经对他承诺我的第一份工资是给妈的羽绒服，给他的全球通手机，我相信我会实现。现在我从微小的事做起慢慢偿还，虽然他从没有奢望我能回报他什么。寒假回家时我给他买了条围巾，一双皮手套，因为他每天早晨去上班，要骑将近30里地。虽然他口头上抱怨我，但我感觉到他的内心是欣慰的。即使省下点饭钱少吃点好的，这也值得。

我给弟、妹写信时都会给爸妈写上一封，告诉他们我的生活很好。其中一封上我记得我曾对爸说：我小时候您把我当成男孩子看，使得现在您抱怨我不像女孩，想看见淑女型的女儿，我是无法做到了。但是随意自然更能贴近感情。做不成淑女，我却永远是您的孝顺女儿。

我回忆这些点点滴滴看似琐屑的事情，却正是我对我爸的感情历程。从小到大，他无不影响着我。也许你们也有同样对爸或妈的感受，但我写这些与其说是阐述我对我老爸的爱，不如说是想所有的朋友知道，我们应该想着去多关心一下爸妈的生活，哪怕一封家书，一个电话的问候，他们也会感到幸福的，不是吗？但愿我们这些有父母的孩子都是他们孝顺的儿女。

清风拂过

晨读时，走在校园的林荫道上，一种惬意的感觉充溢心胸。我喜欢此时的心情，有种说不出的愉悦。耳边清悦的鸟声和着清风拂过树叶的歌唱，花园的苞蕾沐浴着晨光绽放出鲜艳的外衣，草坪里青绿的小草上颤动着晶莹可人的露珠，清爽的空气沁人心脾，让我不自觉感到生命的美好和大自然的和谐美丽。

充满着文化气息的校园此时正沐浴着大自然的赐予,而此时的大自然也或多或少地沾了人文气息,更加显得有魅力。校园里书声琅琅，附合着清风的声音，清脆的虫鸣鸟声。或坐或站，或静或动，对知识渴求的欲望在此展露无遗。虽然突如其来的“非典”让我们感到一些恐慌,剥夺了我们在校外的游乐,但却没有阻止我们必胜信念的执著。轻风阵阵，麻雀儿灵巧地在草地上跳来跳去，偶尔轻轻的脚步引来它们惊慌飞起。面对美丽而又充满活力的校园，看着教师家的孩子天真烂漫的嬉笑，我的思绪如清风拂过一样飘了很远很远……

生命，也许此时才真正发现它是如此的珍贵。我们害怕失去它，为了它，我们小心地去呵护；为了别人，战斗在第一战场的医护人员舍生忘死；为了它，学校更加关爱我们的健康和生活；为了别人，亲情、友情、爱情得到前所未有的升华。

我想到了家，想到家中父母仍然辛劳，依然对我牵挂。当电话拨通，里面传来亲切和蔼的声音，一切的烦恼烟消雾散，只留下欣喜的事情向他们倾诉。由于这场灾难，和爸爸的矛盾和不快在那次的通话中也像天空的乌云被清风吹散。那次打电话，传来伴着咳嗽、沙哑断断续续的声音，我的心猛然揪紧，喉咙不知不觉地发涩。我忍着泪水，尽量不让爸妈听到我想哭的声音。尽管我不羁的性格使我和爸爸之间有着隔阂，而此时我们两人的心却是贴近了再贴近，仿佛回到久违的朋友关系。我总是期待着他的认错，却从没想过我的自私，而爸爸却总以宽大的胸怀接受我一次次无知的错误，等待与我的心灵上的交流。挂上电话的那一瞬间，我再也止不住揪心的痛，哭了。好友的劝说没有阻止我对爸爸的担心，在这非常时期，我多么希望家人没有一点疾病。神圣的父爱、母爱充满在我的周围，生命，是如此的美好，活着，更是一种幸福。

于是，母亲节那天我起了个早，直奔电话亭，拨通电话。我告诉妈，我在这过得很好，学校封校了，防御措施很好，不用担心我。还说我这么早打电话也没什么事，今天是母亲节，祝您节日快乐！

希望您今天能有好心情！电话那边，短暂的沉默，继而便是妈不成句的话语："好，好，快乐，快乐，是，心情好……"挂上电话，才发现已有许多人等候在电话亭旁，给远方的妈妈报个平安，祝她们节日快乐。这是我们能够轻易做到的却是最好的祝福。不用华丽的词藻，只用一句普普通通的含着真挚感情的"母亲节快乐"，就能够带给我们的妈妈心的安慰，因为我们让她们知道，我们在他乡过得很好，我们都长大了，能够很好地照顾自己，在"非典"时期，我们更加珍爱自己的生命。清风拂过，我的头发轻轻地飘动起来，一种自豪幸福的感觉，我不禁惬意地微笑。

远方的朋友接二连三地给我带来他们的祝福和问候，我也回敬着。我总是以严肃的态度对待"朋友"这个字眼，因为它在我的心里是一种神圣的感情。我的一生道路上少不了他们的陪伴，当我的心灵受到创伤时，他们会帮我抚愈，当我学业生活不顺时，他们总是以最诚恳的话语来开导我。朋友，是值得珍惜的一份感情。当电话接通两颗心，调皮的话语，真挚的感情，让我的心充满了感动。至今，我已收到了一叠叠的信件，里面朋友把学习生活上的高兴和烦闷倾诉给我，让我感觉自己已不是一个人，而是他们在我身旁像往常一样开心抑或是忧愁地相互吐露着心声，而对方便以独特方式因他(她)喜而喜，由他(她)愁而愁。因为朋友本身就是相互融通，相互关照与信任，为他人分忧解难，共享快乐之事。而在这疾病流行的时期，朋友间的关心更加显露出来，它会像春日的阳光驱散心头的阴霾。因此，让我们共同珍惜友谊，让这份感情存留在心灵里。

是的，生活如此美好，我感到满足，因为我活着，能够享受人间的爱和感情，享受明媚阳光和鸟语花香，享受世上一切美好的事物。轻轻的风，凉爽的、柔柔的，让我们在这季节里，珍爱生命，奋发向上，来诠释新一代的青春活力。

祖国　为了您而歌唱

硝烟弥漫的战场，血肉模糊的身躯，日本侵略者的嚣张跋扈，有志之士的疾走呼告……令人悲愤的一幕幕不断闪过我的视线，映入我的脑海。电影《国歌》向我们诉说中华民族所遭受的灾难和屈辱，我的热泪不断涌出，不断模糊我的视野。

为了使中国人民不沦为日本帝国主义的奴隶，呼唤全国人民团结起来，筑成新的长城，把日本侵略者赶出中国大地，田汉先生、聂耳先生在承受了巨大悲痛之后，在凶险的情况下，将生死置之度外，奋笔疾书，作成一曲响彻华夏大地的《义勇军进行曲》——我们的国歌！

纵观中国上下五千年，从1840年开始的鸦片战争，中国在软弱腐败的清政府的统治下就开始了屈辱的命运，割地赔款，任人宰割。古训说得好："亡，百姓苦。"大量白银哪里来？不都是榨取的民脂民膏吗！战乱使老百姓背井离乡，流离失所，更可恨的是，侵略者们惨无人道的欺压，尤其是日本侵略者丧失人性的杀戮！多少无辜的中国人民惨死在日本侵略者的刀枪下啊！横尸成山，血流成河，山川在呜咽，大地在哭泣，每一位中华儿女在悲愤痛哭！

受尽了屈辱的中华民族觉醒了。东北大学生自发组织了义勇军同日寇进行了英勇的斗争。片中恩爱的两位大学生在风雪中坚持到最后，在相互握手的时刻惨死在敌人的刺刀下！风在怒吼，天在愤怒！当看到十九路军浴血奋战，上海人民勇敢面对敌人炮火的画面时，我的血液沸腾了！中国人民对幸福生活的渴望是多么强烈！当看到几个日本侵略者歌唱他们国家的时候，田汉先生等人愤怒了，怒斥着让侵略者明白这是中国的土地，让他们滚回日本，许许多多的中国人民手拿棍棒冲向他们！这预示着人民大众已经能够团结起来，将日本侵略者赶出中国！

事实证明，中华儿女是坚强的。在悲愤的泪水中，田汉先生写下了义勇军进行曲的歌词，风雨之夜，聂耳谱写出雄壮的旋律。伴着这旋律，多少英勇战士歌唱着前进，冒着敌人的刀枪炮火前进！祖国，我们的母亲，儿女们为了使您摆脱屈辱宁肯抛头颅，洒热血，为了您的繁荣强大而歌唱！

"中华人民共和国成立了！"在天安门城楼上，毛主席庄严地向全国人民，向全世界宣布了新中国的成立，雄壮的旋律奏起，伴着徐徐升起的五星红旗，亿万华夏同胞欢呼着流泪了。中国，从此站起来了！

多少华人侨胞落叶归根，回到祖国的怀抱，为了祖国贡献自己的心血。多少个困难，我们挺起胸膛迎刃而解，虽是艰难的奋斗历程，但我们明白还有更危险的时刻，明白了“落后就要挨打”的道理。十一届三中全会，邓小平同志的对外开放政策，使中国从此走进一个新时代。为了祖国屹立世界东方，中华儿女万众一心，努力奋斗，取得了一个个令世人瞩目的成就。新世纪，我们申奥成功，加入 WTO，在上海成功举行 APEC 会议，这一切表明了中国是睡醒的雄狮，是腾空的蛟龙，永远前进！

听，雄壮的旋律在天安门前奏响，在每一所校园里奏响，在每一个中华人民的心里奏响，不只是战争时代，我们发出被迫的吼声，在社会主义时代，我们也要对邪恶势力、台独主义发出怒吼。因为我们祖国的领土是神圣不可侵犯的！世界的迅猛发展，给中国带来机遇的同时也带来一个又一个竞争压力。新一代的我们更要意识到身上的责任，为了祖国立于不败之地，奋勇前进！

这一切，都是为了您，祖国，我们的母亲。为了您，我们万众一心，歌唱着前进！

王　婷

无处可寄

——献给已逝的亲人和回忆

“梦魂惯得无拘检，又踏杨花过谢桥。”

又在梦中与你不期而遇。

可是，你已远离很久了。为什么，你依然是我柔软的心壁上那一方最脆弱、最疼痛、最不可碰的角落？为什么，每忆及你，我便如水般温柔，如孩子般无助？我是怎样明确地知道你的音讯却又怎样急切地想要看到你站在我面前亲口对我说你现在的生活。

虽然明知这是怎样的不可能。

“垂杨紫陌洛城东，总是当时携手处，游遍芳丛。”

陌上花又开，却再不见伊人缓缓归。那嫩嫩的色彩同馥郁的香气一起一丝一丝地弥漫，直到天地间满是回忆和伤感。你的影子便越来越清晰，也越来越遥不可及。

那时候总以为别离遥遥无期，总以为永远可以承诺，恒久可以长留，所以尽情享受有你时的欢乐，所以轻抛浪掷流金的时光。然而回首时才明白“走得最急的总是最美丽的时刻”，而在最美丽时，我没有珍惜。

“去年春恨却来时，落花人独立，微雨燕双飞。”

声声清亮的鸽哨划破初醒的天空，在黑暗迷途的心还没有找到新的路径，鸽子纯白的羽毛像是心温柔的碎片。

踏过孤径无人赏的落花，又于寂寞的窗前听声声冷雨。双飞燕儿的剪影惹起满腹思绪。燕犹如此，人何以堪？只是，山迢迢，水渺渺，故人又何在？更何况，渺远如你，纵千里万里，亦寻不得踪迹。

盼你，因为我只能徒然情伤，只能怅然幽吟人间天上，没个人堪寄。

何处合成愁？离人心上秋。纵芭蕉，不雨也飕飕。

心又清冷滴雨，虽然已不是秋天。花园中众芳凋零，似曾经被别离的风霜袭击过。园中已不再有芭蕉亭亭如盖的影子，因为我已无法承受那种如泣如诉的萧瑟。

明知道你不会再回来，明知道等的都是空，盼的都是空，却仍然痴痴地望眼欲穿，默默地萦损柔肠。那思绪悠然飘远，留给自己的，是无尽的绝望，还有绝望中的希冀。

“花开花谢，都来几许？且高歌休诉。不知来岁牡丹时，再相逢何处？”

你的音容笑貌空自凋零成一朵一朵的憔悴，而后凄然落入岁月的轮回——往日，已成隔世。

我知道你已静止成楼兰新娘乌发上所插的沉睡千年的鸟羽，我知道你已寂寞成戈壁滩中那颗颗砾石曾经目睹的水草丰美的影子，我知道你从此再不会，唤起那个娇柔的小名，再不会为她欢喜为她心碎，我知道你已无归期，已无归处。

可是，总觉得你还在什么地方静静地等着我，我不得不一次次放慢脚步，回顾——向记忆的深处。

依然一笑作春温，人生如逆旅，我亦是行人。

你曾是我的太阳。

我知道如果我只是为你落泪为你心碎为你怅惘，我会在失去你之后，再错过夜晚灿烂的星光。

你已在我周围置下一张网，一张你我冲不破也不愿冲破的网；我也抛出了一条丝，一条你挥不去我收不回的韧丝。所以，我们永远分离，又恒久相依，尽管无法相语。

路正长，我还会走下去，虽然我孤身一人，我还会微笑着面对坎坷，欣悦地拥抱美丽。

因为，我知道，你喜欢我这样。

因为，我知道，你就在路的前方。

王　琼　(9914 班　建筑学)

生命之旅没有眼泪

——写给自己，写给大家

也许是万里长城的巍巍气势，也许是炎黄古龙脉脉相承的血脉，也许是华夏五千年悠悠的民族魂，这一切的一切铸就了我不屈的脊梁。

上初一那年，当别的同学都快乐地奔于操场和教室之间时，病毒性心肌炎却将我牢牢地锁在病床上。面对着白色的床单和那似乎永远也滴不完的吊瓶，委屈的泪水不停地在眼里打转。可面对爸爸那因焦急而斑白的双鬓，妈妈那因操心而苍白的脸，我还能抱怨什么呢？“至少天赐给了我全天下最好的双亲”，我这样宽慰自己，也笑着安慰妈妈。在那近两个月的治疗中，尽管激素药的刺激使我整日饥肠辘辘，尽管那因多次插针的血管钻心地疼痛，可我始终没掉一滴眼泪。当我健康地走出那个白色的恐怖世界时，爸爸摸着我的头，开心地说：“乖女儿，你的坚强是我永远的骄傲，你的韧性会让你的一生充满阳光。”我笑了，一如我手中盛开的鲜花。

以后的日子真的很幸福，在人们眼中我仿佛是个永不疲倦的阳光女孩。也许是上天妒忌我的幸福(我一直这样认为)，读高三那年，病魔无情地夺走了我的父亲，这个我生命中最重要的男人。跪在爸爸面前，我呆呆地盯着那张苍白的脸，我渴望奇迹的出现，渴望那紧闭的双眼会慢慢睁开，更渴望那微张的双唇会绽放昔日的笑容。我用尽全力去温暖那双曾经无数次抚摸我头发的大手，然而我失败了，命运之神重重地给了我一鞭，泪水无声无息地滑落，我无助得像一只掉巢的小鸟。我开始害怕阳光，因为我怕天亮，怕面对现实。傻傻的我认为阳光已不再属于我。

终于有一天，我忽然想起爸爸的话：“孩子，你的坚韧是我一生的骄傲。”我蓦然一惊，是啊，“坚韧”，我追求的品格什么时候已被我丢得一干二净？我听到了心底的声音：“站起来，去寻找属于你的阳光。”拭干眼泪，我投入了紧张的复习，一边照顾妈妈，一边试着忘却。也曾无数次在夜里用泪水沾湿枕帕，可我总是用微笑迎接崭新的太阳。终于，我捧回了大学通知书；终于，我扶着妈妈走出了阴影。这段路虽然很艰辛，可是，我成功了。

十八年酸甜苦辣的人生路上，我始终没有放弃对坚韧的追求。一如有人说无论有多么大的躯体，你需要的只是一颗心脏，而我要说无论有多么大的困难，你需要的只是一种品格——坚韧。朋友，勇敢地面对困难，铸就坚韧，永远不要让泪水冲刷你的脸庞，因为生命之旅不需要弱者的泪水。

王小野 (经贸 9724 班)

往事如叶

题记： 也许人总有那么一点说也不能说，忘也不能忘，没有开头也没有结尾的故事。

我漫步在秋日的校园内，沐浴着稍有些寒意的淡黄色阳光。望见林荫深处一片浩渺的宁静，而生活似乎从来不曾在此地留下一抹痕迹，我认定这就是我想得到的……

走在林荫道上，秋叶静静地飘落。每片旋舞的落叶，都像是一个个与我若即若离的往事，在我身旁跳跃着，不曾远离左右。

静静地站在落叶旋舞中，回首昨天，如烟似雾的往事愈来愈远愈来愈模糊，好像一触就要飞散似的。

无奈中，抬眼望去，天空渲染着朦胧恬淡的蓝，轻纱般的云载着我的思念万千。摸摸紧锁的额头，原来也已绷得很久很久，伸出的双手竟握不住任何在眼前飘动如叶的往事。

轻轻地捡起一片，仔细地追寻着，才发觉那些过去不经意的日子里，其实也有过许多精彩的片断，只是匆匆的我没有细细地朗读自己每一个瞬间，没有触及其间最敏锐的情节。只好在匆匆中留下一串串“……”。

我，一个人站在林荫深处，静静地。我的目光很涩，我的影子很薄，唯有与身边的一团宁影，久久地对峙。

秋叶尽了，眼前再也没有飘动的影子，只有俯身去读那些被岁月撕裂的往事。

往事如叶。

演　变

一、我失去的

不是都市工业污染的灰绿；不是乡村农业污染的土绿；不是园林移来植去的生绿；也不是世人眼中疲惫不堪的，下过一千次水，褪过一百次色的旧绿。

那是一种灵性的绿，一种每个毛孔都会出油的绿，一种恣情率性、肆无忌惮的绿，一种看一眼就会让人们心旌摇荡的绿，一种整个生命都跃跃欲试要从绿色中挣脱出来的绿。

二、我接触的

在人们日益奔向都市后，绿色正一天天减少，虽然人们在都市的缝隙中尽量涂抹上一些绿色，但占据都市主体的依然是令人压抑无奈的灰色。失绿色，人会日渐萎缩，而将心灵沉浸在绿色中，它才会健康清纯透明起来。

三、我追求的

放眼无际的绿，饱蕴着生命的汁液，散发着母亲的气息，温暖着人类的生命与灵魂。我相信，任何人在此时此刻，都会把尘世的荣辱，世俗的烦恼，生命的际遇——以绿色洗去，都会脱俗为婴儿一般，扑向那圣洁的土地，忘情地奔跑、呼吸、醉去，让人感到一种生命的快意和心灵的悸动。

四、我悲痛的

默认了人类这一残酷的自杀方式，但我仍然渴望有一刻，有那么一刻，困顿的生命被唤醒、被激活。如果那是真的，我情愿一直奋斗到倒下。

……

我惊喜地发现那一刻已然到来了(经历了30多年，我们的努力不会停止，仍将延续下去)，不信，请听我们周围那被染绿的声音。

王丰芝　(土木　0029班)

风的坚定

不知道什么时候学会了沉默，只是习惯了让各种创伤和喜乐在纸页上渐渐飘落和沉积。于是，当自己孤独而匆匆的身影穿梭于点线之间时，我是那样坚信自己是一个无故事的人，不再相信书上所说的邂逅知己等。直到我遇到大风——一个坚定的残疾男孩。

在凛冽的寒风中，我们认识了，对风的共同挚爱，让我们相知。尽管彼此的理由并不同：我说，风能吹干我的眼泪；而他则回答，风能让我心胸开阔，能给我并不健全的四肢充蓄力量。由此，我开始叫他乐观的大风，而他则称呼我为忧郁的小风。

相识以后，我才注意到他每天早上都跑步，其实与其说跑，不如说跳，因为他得的是小儿麻痹，但他的身影分明透出一种坚定和坦然。同时，他身上所拥有的活力让我的消极和忧郁显得异样苍白，他的“跑步”深深震撼了我，我开始感到有一种东西在心灵的最底层涌了上来。当我那样愉快地奔跑起来时，我才感到自己的四肢原来也很有力，迎面的风也好像吹开了我的胸怀，让我感到一种充实和喜悦。

不久后的一天，校文学社要招收新社员，出于对文学的热爱，我准备报名参加，然而，当我知道竞争太大时，我退缩了，而这时，也许我的淡淡的忧郁让大风知道了一切。他让我看着他跑步，而没等我说什么，就那样坚定地跑起来，当他又跑回我身旁时，他对我说："我之所以一直坚持跑步，是因为别人的目光根本阻止不了我。我只想像风一样永远坚定自己的信念和方向。"那一刻，大风席卷了我的所有顾虑。而结果，我也如愿以偿地进入了文学社。

接下来为迎接高考，我们都投入到紧张的复习之中，我也就很少再见到大风，只是在高考后听说他考入一所普通专科学校。他就那样在我忧郁的季节里吹了一季之后，真的像风一样无影无踪了。

如今，新的环境，新的起点，无风的日子，我感到有点茫然和失落。然而，风的坚定依旧驻存在我的步伐中，而且我总相信，有一个地方，有一阵大风悄悄地卷走了漫天的乌云。

王天祥 (建筑学 0133 班)

与黄河对话

深夜，我听到了黄河的低语，低语中有微微的叹息，万古的黄河为何在华夏将腾飞的今天而暗自伤感……

万古的黄河，在沉寂的夜晚为何独自叹息，是否孤寂而想起身边的炎黄二帝，还有当年赤诚的大禹，悠悠往昔磋砣岁月使你深夜独语……

我知道，你走过几曲回旋历经风险，滔滔东水淹没了几多昨天风云，你的浊泪让我看到难言的悲，滚滚泥流，流去的是中华的沃土、中华的血脉……

黄河，你想展现清新笑意，你想唱那欢快的歌曲在神州上空回荡，响彻广宇。

莫伤感，莫叹息，黄河，我们已听到了你的心语。黄河你看，神州是东方醒狮，华夏大地早已不再沉睡。

黄河，我们面对祖国宣誓：要让那高原上的黄土止步，让那滚滚泥流不再出现，消失在今天，让那光秃的山峦成为延展的绿色画卷……

黄河，记下我们的承诺、我们的誓言；黄河，夜晚不要有叹息和哀婉，你会有清新的面容在明天呈现。我们用心的画笔，在今天为中华河山装点，你会看到美好辉煌的明天！

王文柯

青春感悟

青春像朝露，蒸腾着热气，散发着热量，放射着光艳。

青春像溪水，洋溢着欢乐，奔腾着希望，创造着自我。

青春，是别人无法夺去的内在财富。人生的财富，须从青春开始积累。没有意识到青春的价值，人生就像是落了潮的荒滩；没有珍惜过青春的年华，人生的光焰就会像黯淡的残烛；青春不是在搏击与进取中度过，人生的回忆便是一杯苦涩的酒；青春，会在春夏秋冬的洗礼中悄然而去。自然，生命都要受其规律支配，但是青春时期创造的社会价值，却会像玫瑰香一样飘逸在人生的征途上，时时可以使你感受到欢悦，闻到清香。

只有秋天的时候，你才知生命季节已经悄然而至。落叶之下，簌簌的风声，很难再记起春天的日子里是如何萌发希望的新绿的。好像感受春天，在青春的岁月里我不可能没有一种怅惘的遗憾。那种单薄的孤独，静伫在时空的心中，但时光是永远行进着的，无畏的脚步不能有丝毫的松懈和停留。

用真诚的心，去真真正正地回想过去的日子，你会品尝到一种淡淡的涩涩的滋味。心中是不能不有所感触和深思的。为这今天的一切，我们丢失的已经太多了，漫漫途中，我们背负行囊与渴望而行，走遍天涯，蓦然回首时，却发现行囊仍空空，足印仍曲曲。我们常常反悔，反悔往日的不可追悔。其实，这并没有什么可怨恨的，怨恨的只能是我们自己。美丽的事情总是这样一闪即逝的，稍不注意，就会从你的手中溜走。譬如有一天，我们凌晨面对草尖上闪亮的泪滴而惊叹时，能否想到黑夜里那颗哭泣的心是多么沉重。作为阳光的眼睛，即使一滴晶莹的泪，也会闪烁着一丝纯净的希冀，我们没有理由轻易抛弃永恒的信念和追求，太阳的诱惑总是神圣而执著的，它的温暖常令我们感动一生。

青春的日子已经是很现实的了,面对眼前的一切,你该怎么办?有没有勇气去承担那份属于你自己的责任？不是做梦的季节，梦只是虚幻的烟雾，在心中只能留下一片阴影，青春只是人生旅途中的一个小小驿站，没有执勤人员，没有售票处，没有站名，不经意地驶进，不经意地驶出，驶出驿站，便是选择，选择早已在驿站中酿熟。

走过青春的人说青春难以忘怀，面对青春的人说青春难以读懂。其实，青春只是一杯酒，越饮越醇厚；青春只是一张白纸，越画越奇妙。

青春是一位公平家，普天下人都有青春。白痴认为它贱，随意浪费，自己也永远是白痴；勇士认为它真，时刻追求奋斗，自己也就永远是勇士。

汗，青春的营养物质，青春因汗水浸泡而显丰富饱满；泪，青春的溶剂，青春被溶解而稀释，稀释的青春被溶剂分解的只剩下一副刚强不屈的躯体。

面对青春，洒一把汗水，挺起胸膛走过青春驿站，前面又见一片晴朗的天空。

王文哲 (经济学 0072 班)

你喜欢玫瑰花吗

情人节那天，玫瑰花价猛地跳：20 元一朵。

兵和倩并肩走在街上，两边小店里窜出震天的摇滚。兵正考虑着给倩买一个什么样的好礼物，小棕熊吗、小瓷狗吗……

兵是一个来自农村的帅气的男孩。农村那片天地，造就了兵那健壮挺拔的身躯、英俊的面容、内向的性格。今年，兵来到这座城市读大学。兵很清楚，自己的学费是家乡亲朋凑的，也知道自己那破败不堪的家。看着城市的繁荣、同学的阔绰，他很自卑，总是一个人默默地走，低着头，不敢看人。因为他觉得自己的出现会破坏那和谐的音符，会令周围的人讨厌。他也很少和同学搭话，默默地，一个人走。

或许是缘，那天上英语课，木讷的兵和活泼开朗的倩被安排在一起。课堂活跃的倩在兵心中留下了深刻的印象。课余，倩与兵闲聊，开朗的倩把兵衬托得更加憨厚，更加木讷。闲聊中，兵说出了他那贫困的家，厚道的乡邻，山村趣闻。倩讲起了她们女孩子之间的快乐事，自己那令她骄傲的亲人。课堂结束时，倩知道了兵的地址：D305，兵也知道倩的电话号码：8753686。有时，倩跑到楼下叫兵，有时兵打电话给倩。他们一块去自习、去散步……渐渐，内向的兵变得开朗了，走入了大家中间，认识了更多的男孩儿、女孩儿，兵才发现，大学生活竟这样美好。

兵从心里感激倩，这个美丽善良的女孩在他心中掀起了阵阵涟漪，有了那种剪不断、理还乱的感觉，倩也明显有了同感。有时，他们就默默地走，谁也不肯提起感情的话题。“今天一定要买一个礼物给她。”“先生，要玫瑰吗？刚摘下来。”卖花的小姑娘捧着一簇鲜红欲滴的玫瑰笑盈盈地站在眼前。“啊”，兵猛的一愣。倩说：“谢谢你，小姑娘，我们不要。”兵很惊奇，倩低下了头，红着脸说：“我不喜欢玫瑰。”兵盯着她，好大一会儿，她说：“走吧。”兵拉着倩走进一家精品店，仔细地挑选着礼物。一抬头，看见倩正呆呆地注视着一个人——那人手里拿着一簇火红的玫瑰，兵正要说话，倩猛地回过神来，拉着兵出了店门：“我不要礼物。”“不行，今天一定要谢谢你。”兵说。

回去的路上，兵发现每当有人拿着玫瑰从面前走过时，倩都会掩饰地偷望一眼。兵很矛盾地走完了全部路程。回到宿舍，他无精打采地拿起一本杂志，突然，一句“爱情容不得半点委屈”提醒了他。“爸妈原谅我”。他飞奔出门，买了两朵玫瑰敲开了倩的宿舍门。倩不在，同宿舍的女孩一看到兵手中的玫瑰：“啊，已经有过了，呶，你看。”倩的床头一簇玫瑰火一样烧人。兵尴尬极了，飞奔回到宿舍。兵用水冲了头，清醒了。不管怎样，倩喜欢的，我就送给她。那扇熟悉的门再次打开时，是倩那熟悉的脸。兵平静地递上两朵玫瑰，用丝带扎好的。倩转回身取下床头那簇玫瑰，也用丝带扎好的。兵仔细看时，那丝带上竟写着这样的字：送给我最爱的倩——兵。兵呆住了，倩已泣不成声了，兵一下子拥住了倩，也滴下了大滴大滴的泪珠。

同室的女孩一脸茫然。

王永刚 （工程管理 0419 班）

读书，使我如此美丽

在清闲午后，在落日黄昏，添一杯香茗，翻开手中书卷。

看亲情如灯，在悄无声息中照亮我们生命的每一个角落，直至我们潸然泪下；品人生似棋，在无常生活中执一颗平常心，看云卷云舒，花开花落。

在不经意中，这些美丽的方块字，平凡事中深含的情感如岁月般在我们的脑海中流过。抚慰了我痛苦的灵魂，回复我的安静、坚定、欢乐；在我的灵魂深处镌刻上无法磨灭的痕迹。

一部部书就是一个个的精彩。《飘》中的女主角思嘉丽是一位娇弱的千金小姐，因无休止的战乱和时代的变动以及身体内自尊的血液而蜕变成坚韧而真正美丽的铿锵玫瑰。这样一个平凡的故事，却给人无限的感触，让我久久不能释怀。这种淡淡的描写，却更易撼动人心，使《飘》成为一部掩卷难忘的经典之作。《呼啸山庄》中男主角希思克利夫，由一个单纯的少年因爱而成为泯灭人性的复仇恶魔。在我深为其痛惜之时，我更深深地了解到了爱情的真谛。《茶花女》，一部惊天地、泣鬼神的爱情著作，茶花女艰难的选择和她为爱而付出的惨痛代价，让我久久不能平静，它让我懂得爱情有时就是一种无偿的给予。

这些作品无论是美好、惊艳，还是阴柔，都蕴藏着无穷的魅力。捧这样一部名著去细细品味，从而获得思考，无疑也是一种精彩。

读书，不仅可以让人感觉经典，更可以让我们谈吐间有一种文采风流，使我们走向深沉，有从容不迫的理性。

文学本身就是一种美丽，它就像一道道风景，在无形中陶冶着我们的情操。吟着贺铸的《六州歌头》，我感受到了“肝胆洞，毛发耸。立谈中，死生同。一诺千金重”的纵横侠气；更有《牡丹亭》中“袅晴丝吹来闲庭院，摇漾春如线”的明媚，《浪淘沙》中“成败任西东，此恨无穷，为了豪情谁与同？一蓑烟雨平生任，踏雪飞鸿”的豁达；还有《红楼梦》中林黛玉的葬花词“侬今葬花人笑痴，他年葬侬知是谁”的悲怜。这部部书集不仅教会了我怎样做人，更让我对生活，对人生有了更深的了解。

《九三年》，一部关于爱和战争、人文主义与铁的纪律的书集，读来让我泪眼婆娑，感慨不已。一部《基督山伯爵》，使我对幸福的得失有了更为深刻的了解：如果幸福可以一眼看穿，就不会有追逐的快感。更有罗曼·罗兰的诗歌，德国思想巨人们的哲学……

读书让我懂得：非淡泊无以明志，非宁静无以致远。读书让我知道：良言一句三冬暖，恶语伤人六月寒。读书让我体会到“赠人玫瑰，手有余香”的含义……读书让我了解到生活的真谛。无形中这道道亮丽的风景成了我人生的坐标，她们让我的血脉与灵魂静静地得到栖息。

读书让我有了更好的自信，当仰望天空，俯瞰大地时，我窥见了无限可能与无常人生的天机，把我的脸部线条，乃至整个身心塑造成了美丽。

每读一部书，每看一个故事，都犹如一条清澈的小溪在我心里流过，涤荡了浅薄，沉淀了激情……

王建华

检阅自己的青春

翻过昨天的扉页，挥退纤尘，洗却铅华，回首前尘往事，面对明天，我们每个人是否能够有一次平静的思考——检阅一下自己的青春？

面对回忆，我们是否在重读自己的同时，涌起一份骄傲和自豪？面对太阳，我们是否敢于裸露自己心灵上的某一处残疾，而重新设计人生？往者如逝，此时此刻，我们最该拥有的是一颗安然的心，永远铭记着生活的美好，用青春的朝气高扬起人生的风帆。

检阅我们的青春方队，这里，不仅仅有容颜的涂擦、穿戴的讲究，还有情趣、学识、爱心、良知、身份、机遇等许多。注重外表的，不一定有壮丽的青春；充实心灵的，才实实在在地吟唱着自己如歌的人生。

检阅青春，我们曾经并且仍在继续热烈、真挚而又默默地在青春的旗帜上涂写：公交车上，我们把座位让给素不相识的老人；拥挤的街头，我们捡起别人掉地的包递还，轻轻一笑融入人群；捐款箱前，一双双手托起一颗颗爱心……这一切的一切是多么平凡，但又多么地令人感动。

岁月的沟痕蜿蜒在绿色的大地上，时间的箫声逡巡在蓝色的天空中，满世界里只有红叶和思绪在飞。眼睛里的风景随奔跑的年龄，组成一列青春方队，英姿飒爽，朝气蓬勃——我们在接受自己的检阅。

检阅自己的青春，把自己对人群对社会的价值做一番评估，只要能够真正经受得住自己的评判，那么，即使我们的青春里没有鲜花掌声、锦旗证书，我们也可坦然无悔于自己的青春。

检阅自己的青春，把明天的灿烂序幕拉开。明天是光明的期盼，期盼是虔诚的寄托。沐着夏风秋雨，伴着冬去春来，循着夸父逐日的足迹，我们手牵着手，走进明天的辉煌。挽一缕七彩的云霞，涂抹痴心的你我。

王春娟 (城市规划 0431 班)

写作情结

我觉得自己应该写点儿什么了，只是因为那个苹果。

那的确是一个诱人的苹果，又大又红。在家徒四壁的屋内更显得它的娇嫩华贵。它像极了皇后送给白雪公主的那个紫红色苹果。但它却没有毒。那日返校时，它是被母亲硬塞进我口袋里的。当我背上这个苹果时，我感觉太阳和地球也被无形中缩小进入了我的口袋，温暖又沉重。我不明白为何妹妹总是向着姐姐，明明我先出生的。想起上帝这样的疏忽我就鼻子发酸。我也想不通为何爸妈总是把那么多的爱倾注到我这个不成才的女儿身上。因为幸福中的沉重，苹果光润的色泽和醉人的芳香都保留在了它自己的天空下。但是，我很后悔，当这个苹果在遥远的学校呆了一周又完整无缺地回到家里时，母亲的眼圈刹那间红了。我只知道，自己当时很害怕。在母亲转过头的一瞬间，我走过去紧紧地抱住了母亲。

我，一个平凡的学子，父母的血汗助我成长，家人的爱沐浴着我，像每日的阳光，我也有一颗心，却无能为力对爱表达些什么。羞愧如丝般缠绕着我。

幸运的是，在一个美丽的瞬间，我想到了写作。写父母的头发悄无声息地染成了白色，写父母的脸颊在风雨雕刻下筑建成的沟壑。还有妹妹云霞似的发丝，月牙似的眉毛，星星似的眼睛和荷花似的微笑……这些永远是我笔下抚摸的温柔，呵护着它们就如同呵护着我那颗心。

这样的决定感染着我一瓣瓣的思想，而颜色趋于殷红的时节，是杨老师带着一身温暖走向我们的那个秋天。

那时的杨老师已是一位即将退休的老教师了，患有冠心病，本该早点休养的，但她却放不下我们这些在她眼中的“祖国的栋梁”。在我心目中，杨老师其实就是一个爱的化身。她的爱就像一个火球，滚到哪里都是一片炽热。由于教室面积比较小，她的爱很快就蔓延到了我。那时我已经有写作的愿望了。大概她也看出了我的心思。于是，就郑重地把语文课代表的帽子戴到了我的头上。那时，我不以为然。但是，当她拿着我的请假条，翻着字典向我纠正某个错字时，当她在我的作文本上批了满满一页的评语时，当她不厌其烦地询问我一日三餐的饮食时，当她手起笔落写出让我惊叹不已的文字时……我的那颗心都在闪电似的跳动着。面对杨老师那深如蓝天的眼睛，我又加重了写作在我身上留下的色彩，不是为了中考，不是为了责任，而是因为那一串长长的温暖。

在情感的旋涡中我永远甘心做一个俘虏。父母、老师对我的爱就像旋转的风在我的腋下、胸前、眉宇间穿梭。他们促使我接近文学。当我真正和文学进行面对面的接触时，我确实爱上了文学，爱徐志摩的诗情画意，爱沈从文的伤感中的清纯，爱三毛的平凡中的浪漫，爱张爱玲的忧伤中的甜美……

为了和你结一段尘缘，我在佛前求了五百年，哪怕五百年后为了你，我粉身碎骨，也是我心甘情愿。哦！文学，让心灵为你绿成一片苍翠。

王恩重 (热动 0148 班)

感动父亲的背

从懵懂到少年，伴随着我们成长的，回忆起来只有一连串患难与共的感动，一件新衣服，一桌可口的饭菜，一次开心的游戏，一件普通的玩具，一本连环画，一张奖状，一句表扬……都曾让我们感动不已。那时的我们，似乎永远生活在感动中，及至渐晓世事，曾经的一切已见怪不怪，鲜活的心灵在世俗的砥砺下慢慢结上了一层茧子，愈来愈厚，感动已被麻木的外衣所包裹。然而，埋在心灵深处的父亲的背，却让我永远也感动不完。

懵懂而无知的岁月，自然勾画不起对父亲那背的印象，但一种无法抹去的记忆，总在脑中显现：娇小的自己趴在父亲的背上，高兴地拍着双手，时而懒惰地把自己鼻涕抹在父亲的背上，时而在父亲的上衣上印上一张湿湿的地图。

等到懂得了记忆，便也懂得了去留恋父亲的背。为了爬上父亲的背而撒娇，为了爬上父亲的背而哭闹，为了爬上父亲的背而追逐父亲，而父亲却慢慢地让我远离他的背，让我自己去走，去跑，去锻炼，去拼搏，去离开“巢穴”，去搏击长空。

可是，每当我精疲力竭的时候，父亲总默默地把背靠过来，我疲惫的身子顿时有了依靠，就像一株孤立的常春藤，找到了一棵可以攀附的大树，这时对父亲的背更有一种说不出的感动，趴在上面，伴随着父亲那有节奏又铿锵的步伐，身子一上一下的，真比在摇篮里和席梦思床上都舒服。

小妹的到来，夺去了我对父亲的背的“专用权”，甚至完全夺去了父亲的背，这时的自己，对父亲的背是那样的向往。那一次，病得模模糊糊的自己，朦胧中感觉趴在父亲的背上，顿时感到心中是那样的甜蜜，那样的感动，那样的……犹如久旱的禾苗得到一场甘霖，马上要熄灭的火上加了把柴，沙漠中濒临绝境的人看到一片绿洲，使我得到了滋润，得到了充实，得到了希望。趴在父亲的背上，我忘记了痛苦，忘记了病魔，忘记了一切的一切，只沉浸在这种感动之中，只希望能永远这样感动下去。

从此，自己总想得病，病得重重的，因为这样便可有机会再趴在父亲的背上，去体味那种简直无法用语言来表达的感动。

那年已经是十四五岁的自己，却非常想去体味一下趴在父亲的背上的那种感动。那一次本来病得不太重，却装得连走路的力气都没有了。于是，我便又一次趴在父亲的背上，又一次感受到了父亲的背的宽大，又一次体味到了那种感动。不过，我第一次流下了感动的眼泪，也流下了懊悔的眼泪，我不该欺骗父亲，我不该“压迫”父亲，因为我已明显地感觉到父亲的脚步迈得吃力了，既是因为我已经十四五了，也因为父亲已四十多了，我正在长大，而父亲却正走向衰老。

从那次以后，我虽然对父亲的背仍然思念得如饥似渴，但无论我多么疲惫，多么无力，从没有显露出过脆弱，去依靠父亲的背。有病时，我总是一个人走进走出诊所、医院；面临挫折时，我总是自己再爬起来。不是不想再去依靠父亲的背，去渡过难关，去体味那种感动，而是我明白了，父亲的背虽是我们的靠山，但父亲渐渐衰老了，我们必须自强，靠自己的背撑起未来。从此对父亲的背的感动已不再是过去那样的单纯。

现在，我已成为了一个真正的男子汉，更加读懂了父亲的背。对趴在父亲背上的那种感动，也有了深一层的理解，父亲不仅仅是在我们有病时，有困难时才把背靠过来，父亲要给予我们的也不仅仅是趴在他背上的那种感动。

王晓卡　(建筑学　0033 班)

今夜我想哭

生命中，有太多美好的东西，却似乎都很短暂，譬如荧光、昙花、彩虹和流星。而唯独那些激活了愧疚情愫的往事才会成为难以消逝的煽情回忆，也正是它，不时地撩拨着我每一根伤悲的神经，摆动我心迹的天平过早地失衡。

当我坠落在亲情的天堑中再也无法掂量和权衡情感砝码的比重时，落魄的心灵便开始自觉不自觉地渐趋回归，试图觅得一个安稳而又康居的寓所；当我背负的心碎与愧疚再也不能容纳和庇护灵魂深处那份酸楚与悲恸时，便希冀泉涌般的泪水能洗刷和涤荡心曲的忐忑与惶恐。

七百多个风雨飘摇的日子，却因我的愚钝和执意而一直都未原谅过我的父亲，时间的累积，我居然遗忘了人世间最能诠释呵护和饱蘸亲情的“爸爸”二字的稚嫩发音。

开始疏远自己的父亲是在高考过后，那年的夏天，是一个泪水交汇雨水的季节。

当我得知自己被梦寐以求的学府拒之门外时，我落泪了。不知道是为什么，只觉得自己好委屈、好委屈……我本能地返回家中，没想到遭受的却是父亲那不辨是非的怪罪和指责。恍惚间现实中的一切都颓废为苍灰,其中包括父亲长久以来在我心目中落成的形象，也悄然在我的视野里被灰色湮没。

我开始埋怨自己为什么阴差阳错地成了他的儿子，好想哭，却没有，因为我觉得在这样一位不近人情的父亲面前落泪是徒劳。一种陌生的感觉在加重，间隔的裂痕在加深，这种局面从未休止，一直僵持了七百多个充斥执拗和赌气的日日夜夜。直到有一天，终日为了自己的儿女忙碌奔波的父亲因过度劳累而卧躺病榻时，我才彻悟到自己的自私和卑微。

父亲是朴实憨厚的，所以他才会怪罪的那么透明，那么直接，也正是由于他是我的父亲，所以才会毫无顾忌地指责自己的儿子，不管是错还是对。难道说，身为父辈的他连这点“特权”都没有？！多少年来，父亲总是把他的儿子捧在心头，炫耀那是他最大的骄傲。因为在他的生命里，儿子给他带来了太多的荣誉和骄傲、喜悦和欣慰，所以他灌注了全部的心血来呵护自己的儿子，倾注了深沉厚重的父爱来润泽儿子的心田。这些，我又曾读懂几许？！

在父亲最需要安慰和矜恤的时候，我做了些什么？又能做些什么？凝望着父亲那融合企盼与宽容的眼神，我不禁潸然泪下。偷偷地跑回家中，我亲自为父亲熬了一碗鸡汤，对于从未下过厨房的我来说，根本无法猜测新鲜的鸡汤究竟是不是这种滋味，但是，我想要的是让父亲清楚地知道他的儿子在这七百多个弥漫苦楚和压抑的日子里有多么的落魄，多么的无助，多么的狼狈……

当我把热气腾腾的鸡汤捧到他面前时，父亲落泪了，我也跟着落泪了……父亲颤动着双手把鸡汤送到嘴边，迟迟没有喝下。我的目光游弋在父亲不小心滴落的泪水里，却感应不到平衡的所在。旋即转过身去我呆滞地望着窗外那杂乱交错的人流，以此克制自己凌乱的思绪，我不敢想象这场肝肠寸断的戏剧会上演多久……

父亲定然是觉得他的儿子终于长大了才倍感骄傲和欣慰，而我却始终品味不出自己那廉价的泪水中究竟蕴涵着什么，是压抑，是愧疚，还是莫名的自责?!

七百多个自己执迷不悟和冷落父亲等待原谅的日子，七百多个父亲宽宏无私和期待原谅的日子，终结于这短暂的一瞬。而这笔融会父子亲情的感情夙债又怎会是一碗鸡汤所能清偿得了的？！或许，这对于父亲来说已经足够了，因为他看到他的儿子长大了，懂事了。我呢，又焉能将罪咎的一切归乎自己的蒙昧和无知，进而找寻这种解构的心态平衡呢？

今夜，好黑，黑的纯粹！黑的传奇!!

我的心魂被这段揪心的虚空人生回放所颠覆。在这个没有风吹草动万籁俱寂的黑夜里，我麻木地追忆着那七百多个亵渎亲情和界定隔阂的日子，心底如何骋怀?!心头涌动的是无法弥补无法追偿无法挽回的怅惘，那种感觉就像是一朵娇翠欲滴的花蕾整整错过了一个季节，慌了、伤了、落泪了……

拎着迷茫惑乱与不知所措，我无处落脚，哽咽在心头的那份惶恐和不安让我深味到什么叫心态的凄凉，七百多个辛酸和压抑化成历史卷帙的日子浮萍般地在我眼前迭现。我好想——假如有可能，时光可以倒流，人生可以彩排，我情愿再做一次爸爸的儿子，去抹平心头那隐隐作痛的悲绪。可今夜，一切不是奢望和幻想又会是什么?!

想哭，今夜我想哭，粉碎我的软弱和无助；想哭，今夜我想哭，打湿我的压抑和背负，我还要上路，我不能哭……

青春原声带

哲人言，人在晚年时所得到的美满果实，大都是因为他们在年轻时撒下了好的种子。诚然，播种是收获的先决，而人生的播种季节，不正是在青春时期吗？

我着实钦佩青春的内蕴：它拥有强烈的欲望，冲天的干劲，它敢于撕破阴暗晦涩，遏止行云流水，它豪然面对万重山……然而不幸的是，命运的岔道也开始由此铺展开来。

也许是因刚刚抖掉依附于身的稚嫩气息，或许是因刚刚撤去月的朦胧，星的灿烂，抑或感觉自己来日方长，便开始肆意自己的欲念，怠慢自己的追求，无休无止地弹奏那串多梦多思多愁善感的风铃，直到弹碎自己的心灵，弹衰自己的容颜。“为赋新词强说愁”，只是不愿卸下自己心中的负累。

我们总是向往丁克族的浪漫而不顾惜是否给自己招致歇斯底里的不幸，我们总是追慕倾国倾城的罗敷而抱怨自己是巴黎圣母院中的卡西莫多，我们总是嘲讽别人是当代愚公而自诩为盖世智叟，我们总是揭起荣誉垒成的基石编成沉重的桂冠扣在头顶……

压抑我们自己的，劳顿我们自己的，束缚我们自己的，又恰恰是我们自己，仿佛天只为我们而发蓝，似乎花仅为我们而鲜艳。函封自己的心灵于逍遥之上，圈囿自己的灵魂于荒野之中，碌碌无为，又时常发出“春花秋月何时了，往事知多少”的失落喟叹，将自己绑在生活的年轮上，辗过一个又一个相同的日子。最终，苍老了我们的容颜，逝去了我们的韶华，断送了我们的前程。

青春的火炬由我们亲自去点燃，由我们亲自去舞动，我们没有资格更没有权力让青春的火炬在我们手中熄灭。诚然，某些时候，我们用幼稚的心灵去抵挡青春的萌动是需要几分心思的，但这又并不值得，为什么会偏偏等到自己胸膛上贴上成熟的标语时，才去追悔自己先前的错呢？一个又一个失足青年的例子还不足以让我们汗颜，令我们触目惊心吗？

青春年华，似水，青春年华，如玉。青春的我们，难道不该去思量一下如何面对自己的青春吗？

谁的心忘了收

飘飘是我的一个网友，在和她的聊天过程中，我能感觉到她是一个相当不错的女孩子，她拥有一个很不错的本科专业，又能言善辩。于我，她没有算计，没有隐瞒，没有世俗人间那种勾心斗角和尔虞我诈，没有戴着面具去亵渎我们交往的每一分每一秒，她在乎我这个网友，正如我在乎她这个网友一样。我知道，她，不，不光是她，已经陷进了情感迂回的旋涡。

也曾经，她告诉了我她写下的人生篇章，我和她之间，似乎没有任何的隔阂，更没有任何隔阂所凸现的生疏感。然而，风波却偏偏在这风平浪静的日子里酿成和泛起。或许是不经意间，或许是一时的疏忽，她告诉我她有过过去，我想大概是她以为对一个誓言在乎纯真情感的男孩子坦白这些是一种心灵的依赖与抚慰。然而那些所谓的“过去”却也正是我难以接纳和无法承受的包袱和压力。是不是因为这些？我想应该是！先前用关爱和信赖构筑的感情城堡开始塌方……思绪如潮，不知是谁犯了错，又是谁导演了这场残局，总之，一切似乎开始变得难以解释难以挽回……

是不是年轻的心碰撞在一起最易产生共鸣，最易激起爱恨交织的情感和弦？是不是纯真的东西总是让人难忘？是不是难忘的东西是因为它们纯真？成长的轨迹演绎成一个个过去的故事，让我们有着感动，有着惋惜，有着欢笑和泪水，有着辛酸与浪漫……

究竟是谁的心过早地放飞，又不愿不想不忍不能去干脆地收回？红枫—飘飘，两个虚拟网名的组合蝶化成多么完美的画面，却在飒飒金风里弥散于一片空灵中……

以下是我给她的邮件——一封转变交往性质的邮件，是它，锁定了我和她单向交往的终结！

飘飘：

你好吗？

我们在网上相识也差不多有三个多月了，至少在这段时光里，我们之间的交往是纯真的、无瑕的、美好的！对于我们两个而言，值得回忆的也就是这段美妙的时光。而今，面对你，我真的挑选不出什么贴切的语汇来搪塞我和你的交往。作为你的一个网友，或者说是一个朋友，我还是想对你说些我想说的，也可能这些话对你来说不怎么动听。

芸芸众生，我们能够赢得茫茫人海中完全独立于我们的一个或多个个体的信任，就是我们今生最大的财富和骄傲了。有你陪在左右聊天的时光让我倍感愉悦和充实，无法忘记你的笑，无法忘记你的撒娇，无法忘记你的蜜语甜言，无法忘记你的关心帮助、支持和鼓励……心中的那份愧疚成了我挥之不去的伤痛！

我们呼唤友情，渴望爱情，追慕温馨浪漫幸福的生活，所以我们才去奋斗、去拼搏！当今社会，物欲横流，我想没有一个人斗胆站出来说他没有更多的欲望和追求，可是又有谁扪心自问过自己究竟有没有实力和底气去敦促自己了却那些奢望和梦想？我们每个人都可以通过自己的摸爬滚打去获取荣誉、金钱和地位，但那都不是永恒的东西，人世间除了真情还有什么配得上“永恒”这个标签?！年轻的我们不是对那些诸如友情、爱情和交情之类的东西不在乎，而是在乎不起。我们往往在面对这些难题的时候挥手了之，似乎是在昭示自己的老练和超脱，然而又有谁敢保证自己的内心深处不是玄虚的呢？

社会在发展，人类的文明也是一样，在不断的进步和完善，我们当然不赞成那些封建礼教下女人们那种畏首畏尾的情况，我们希望现实中的每个人、任何人都有权去做出选择和实现被选择。对我们而言，当然是事业和爱情，能够选择自己的事业、选择自己的爱情，我们就没有理由不为之雀跃和欣慰，你说是吗？

跌倒摔伤了，那不叫痛；东西弄丢了，那不叫痛；被人蒙骗了，那不叫痛……那叫为自己积累财富。不能选择和无力实现被选择的人生，那才叫痛呢！如果说正值大学时期的我们再去为自己的未来而奋斗拼搏是一种古董行为的话，我看人类社会也真的是倒退了。

飘飘，请允许我以我们初识时的名字来称呼你，我很想给你说几句心里话：在这个世界上，只有犯了错或是犯了罪的人才会去乞求别人的原谅,也只有那些肤浅无知的人才会在别人面前夸夸其谈，以掩饰自己内心的匮乏。人，往往在这个时候，是最心虚的，他们那种力挽狂澜于顷刻间的做法只会欲盖弥彰。天大不大？大！但它有涯！海阔不阔？阔！但它有角！凡事都有一个度。人——尤其是我们这些年轻人——都有可能犯错，谁也不是圣人先哲。如果犯了错不但没有悔改之意反而以之为荣，我想那也太滑稽了吧？

飘飘，我同情你的过去，也愿意去相信那不是你的错，我也希望今后的你依旧是一个优秀的女孩子，我们的命运和未来都掌握在自己手里，除了我们自己还有谁会成为我们命运的主宰?！作为你的一个网友，我仍愿意去聆听你的烦心事，为你分忧解难。也许，所有的话语都已多余，应该是你比我想的更深、更远、更开阔……

飘飘，一路走好，拨去昨日的阴霾，抬起头，前面是片天！

王晓莹 （英语 0392 班）

简单快乐

快乐就像香水，洒在别人身上，自己也会余香缭绕。

什么是真正的快乐？

仁者见仁，智者见智。有人说，快乐就是在寒冷的夜晚钻进厚厚的被子里去，快乐就是让自己快乐；有人说，快乐是功成名就后的那种成就感、满足感；有人说，快乐是经历一次次挫折失败后所体验到的成长、成熟；有人说，快乐就是帮助别人，给予别人；有人说快乐的两大要素是朋友和宽恕，最快乐的人身边有朋友和亲人相伴，他们不与爱炫耀的邻居比高低，每天投入地生活，最重要的是，他们容易宽恕别人……

西方有一句谚语：世界上最大的是海洋，比海洋更大的是天空，比天空更广阔的是人的胸怀。对于个人而言，宽恕不仅会带来良好的人际关系，也会使自己在心理上轻松愉快，从而使自己取得更大成就。宽恕是和快乐联系最密切的特征，宽恕是所有美德之王，也可能是最难得的。宾夕法尼亚大学的心理学家马丁·塞利格曼也曾说过，每一个人都有一个快乐的“调整点”，人们能够提升或破坏自己的幸福，但是在其中任何一个方向上都不可能偏离自己的“调整点”太远，只因为，有宽恕与快乐相伴。

“关心别人，快乐自己”，是我最喜欢的一句广告语，只因为，我坚信把爱分给别人，我们就能得到爱；把幸福分给别人，我们就能得到幸福；把快乐分给别人，我们就能得到快乐。帮助别人获得快乐是自己获得快乐的捷径，试着给予别人什么，就能体验到生活的乐趣，就能与快乐天使牵手。我们活着不是只求一己之私，一己之乐，而要试着创造他人之乐，能够把快乐带给别人的人，自己也一定能获得极大的快乐和满足！世上有许多孤独之人，他们渴望爱与友谊，但是，他们似乎绝对得不到它们。有些人用消极的心态去排斥他们所寻找的东西，另一些人蜷缩在他们狭小的天地里，绝不敢冲出去。他们只幻想一些美好的东西会从天而降。即使他们得到了这些东西，也不会将之与人分享，他们不懂得这一点；如果你不把美好而称心的东西分给别人，那些东西就会自然减少甚至消灭。因此，朋友，付出你的爱与快乐，收获另一份快乐吧，坚持下去，你会发现快乐离你很近！

痛苦与快乐是人生乐章上永恒跳动的两个音符，但是痛苦往往不请自来，而快乐和幸福却需要人们去发现、去寻找。也许正是因为生活中不是缺少“快乐”，而是缺少发现，以至于面对同样的挫折时，有人会发掘快乐，而有人却只会自寻烦恼。换个角度看问题，保持一种乐观向上的精神状态，微笑的快乐花朵定会向你绽开最美的笑颜。所以，从基本上说，我们对自己的态度，可以决定我们的快乐与悲哀，如果我们把自己看成弱者、失败者，我们将郁郁寡欢；

但如果我们把自己看成好人，我们将快乐无比。因此，我们可以快乐，只要我们希望自己快乐，因为，我们可以选择自己的心情。

快乐是简单的，快乐是单纯的，它不需要任何烦琐复杂的带有功利性质的东西依附于它。简单为我们省去了许多欲求不得满足的烦恼，也为我们开阔了许多身心解放的快乐空间，“只有简单着，才能快乐着”，不奢求华屋美厦，不垂涎山珍海味，不追时髦，不扮贵人相，过一种简单素净的生活，一种外在的财富不如人，但内心充实富有的生活，这才是快乐简单的生活！

欣赏我们所做的，全心全意拥抱生命，无论这一天是星期二或是星期六——这就是简单快乐！

王　盼　(热动　06117 班)

散了一地

漫长的 2007 年终于被瑟瑟的寒风吹走。2008 年的第一天似乎格外的阳光灿烂。我是被从阳台射入的光线刺醒的，枕边的《福尔摩斯探案集》还安安静静地躺着，我记得昨晚我是看着它入睡的。

我躺在床上揉了揉腥松的睡眼，我们的寝室仿佛是被突然打开的尘封了很久的秘室，浸透着无限的冰凉与孤独。老大床上的被子三天来一直那样安静地垛着，被子里的凉气仿佛要渗到外面，她三天前去见她男朋友了；老二的床铺收拾得整整齐齐，书桌也是，我确定她去了自习室；老三也“忘”了叠被子，她准是又被工作整得昏了头。我们四个女孩挥舞着不同色彩的青春绸带走到了一起，走进了这个被我们称为“窝”的地方。我们在这里和谐地各自生活着。

如果说大学是一张纸，那我们的青春无疑是一支笔，成就一幅什么样的画就看你如何挥笔泼色。老大首先着上了粉色的背景色，浅紫色的心结点缀其中。爱情成了她生活的主要内容，经历了无数分分合合之后，她幸福地在我们面前自白：“我觉得他才是我生活的全部。”她一直梦着他俩携手“面朝大海，春暖花开”。老二是个好孩子，当然我们都是好孩子，确切的说是她是好孩子当中名副其实的好学生，她一直不懈地在那张白纸上钉着钉子，她相信总有一天，上面会有一朵朵鲜艳的花盛开。我想如果有，那花的颜色一定是滴着血的红。老三则急于把那张纸涂成红色，然后用墨色的笔写下自己的“政绩”，贴在最多人经过的地方，而后躲在一旁听他人的赞扬，最后心满意足地睡上一觉。我排行老四，我只是用铅笔在纸上不停地写字，那密密麻麻的铅笔字是从我看过的书上抄下来的，我也希望看到花儿绽放——不管是铅色的还是红色的。

我穿好衣服从床上爬下来，走到阳台上打开窗，深深地吸入了2008年的第一口新鲜空气。望着路上匆匆而过的行人，突然感到伤感，时间老人的脚步，匆匆地从我眼前溜过，来不及定睛就只剩下回忆。青春走过的日子如大雁飞过的天空一般不留痕迹，于是我2007年的青春记忆成了断断续续的剪辑，留下连接不上的空白，但在心灵的深处他又是如此真实地存在过，正像泰戈尔说的那样，“天空中没有留下翅膀的影子，但我已飞过”。

打开手机，才发现有那么多未接来电和短信，都是零点左右打进来或发过来的，无疑都是祝福新年快乐一类的。我真的很高兴还有那么多人记得我，但那时睡梦中的我又在干什么呢?或许在和福尔摩斯一起思考神秘的“四签名”里到底隐藏着什么，或许看到了纸上真的开满了鲜艳的花，或许我亦想着那些想着我的朋友们吧，还有我们一起走过的，青春的日子……

阳光撒满整个阳台，我把关于青春的一切撒入风中，我想我能看到它经过的地方那美丽的风景：老大与她男朋友携手在海边吹风；老二安然地坐在自习室里写写画画，不时停一停笔，然后嘴角显现两个盛满知识的小酒窝；老三在元旦晚会的舞台上忙得不可开交，手里挥动着卷成卷的策划书，不时地在空中指指点点；而我，我想我应该去弄点吃的……

王绪鹏 (机械设计 0036 班)

杜鹃啼血唤春归

一

春日午后的山坡，远远望去已有几分淡淡的绿意，空中弥漫着刚刚解冻的泥土的气息，各种各样的小鸟在枝头唱着愉快的歌。

一对青年男女并肩走在小径上，在一棵大树背后，他们停下来。男青年双手抱着女青年的腰，并在她丰腴的脸上吻了一下。女青年害羞地推开男青年，红着脸说：“楠，这次你老远来找我，有什么要紧的事吗？”

那个叫楠的男青年说：“杜鹃，我爸在城里给咱俩找了两份好工作，要你跟我回去，然后我们……”

“不行，”杜鹃打断了他的话，“师范没毕业时，我就下定决心到这里当一名教师了。”

“杜鹃，你还年轻，难道你甘心将自己的一生葬送给这片贫困落后、与世隔绝的山区吗？”

“这里正在进行开发，而开发西部首先应从教育抓起，缺的正是教师，所以我要留下来，为改变这里落后的面貌作一点点贡献。我想在不久的将来，这里一定能赶上咱们中原地带的。”

“那只不过是一个美丽的梦想，况且全国还有那么多人呢，何必你一人去作无谓的牺牲呢？”楠辩驳道。

“楠，我没想到你竟会说出这样的话来，你真的让我感到失望，你看看学校里那几间土房，天一下雨就漏个不停，如果下一场大雨就有倒塌的危险，再想想你自己住的高楼大厦，于心何忍呢？”杜鹃因激动而脸色苍白。

“我有我自己的生活，跟我走吧，杜鹃，我们去过我们自己的生活。”楠嗫嚅着说。

“我有我自己的生活，要走你自己走吧，祝你幸福。”杜鹃语气坚决地说。

楠走了，望着自己曾经热恋过的人在自己的目光里消失，杜鹃一脸刚毅地站在那里，泪水却模糊了视线。

杜鹃坚强地留下了，当地大人小孩都叫她杜老师，有些有眼光的老头儿叫她活菩萨，因为她是第一个愿意在这里扎根的知识青年，她对他们有恩。

二

盛夏的早晨，杜老师陪着几位来访的乡领导在校园里参观，小小的校园，在杜老师和孩子们勤劳双手的精心照料下，此刻已成了花的海洋，空气中飘散着浓浓的芳香。

杜老师和领导们一边漫步，一边谈论着学校的现状和未来。

杜老师指着校园西边的一块空地说：“等到冬季农闲的时节，我打算发动群众在那块土地上建三间教室，现在的教室对孩子们来说太不安全了。”

走在中间的一位干部说：“杜鹃老师，你是全乡教师的楷模，在此我代表全乡百姓谢谢你了，回乡里后我立即请示乡长，尽快给你们提供一些资金，保证孩子们在来年春天就能住进宽敞明亮的教室。”

“那就多谢李组长了。”杜老师喜出望外地道谢。

送走了组长等人，杜老师格外兴奋，她在教室前站了一会儿，心里憧憬着和孩子们一起告别这几间破土屋而搬进新教室时那激动人心的情景。

三

绵绵的秋雨，淅淅沥沥地下个不停。在这十年九旱的山窝里，是一个好兆头，因为雨水充足的年份，一年打的庄稼可以抵挡住未来几个灾旱的年头，为此，老百姓们格外欢喜。

雨不大，但下得缠缠绵绵的，似乎永无休止。孩子们依旧照常上课，杜老师也依旧照常备课、讲课、改作业，一切都按原有的秩序进行着。唯一与往常不同的就是从古老的教室屋顶不时落下几滴混有泥沙的雨滴。

古老的土屋，经受不住雨水长时间的浸泡，在这场秋雨开始后的第七个上午，刚讲完课回到办公室不久，教室里便传来孩子们的尖叫声，等她匆忙赶到教室，发现从教室屋顶正在大块大块地落着泥土，杜老师赶忙下令大家赶快往教室外边跑，大一点儿的同学很快就挤出去了，身材矮小的同学还拥挤在门口，杜老师沉着地将孩子们一个个推出门外，当她把最后一名孩子推出门外的一刹那，饱吸了雨水的土屋轰然一声倒塌了，杜老师被埋在了里面……

闻讯从村里赶来的家长们用一双双手把杜老师从泥土堆里扒出来时，她的身体已经变得冰冷了，刚才还飘逸的秀发，此刻沾满了泥土，散乱地贴在她那平静的脸上。

第二天，县里、乡里众多的领导来到村里，和乡亲们一起，为杜老师举行了隆重的追悼会。

第三天，杜老师的身体被葬在学校后面的山坡上，乡亲们为她树了一块由县委书记亲手题词的墓碑，上面写着“杜鹃啼血唤春归”几个大字。

又是一年春天，孩子们琅琅的读书声从几间新落成的红砖教室里飘出，洒向漫山遍野。杜老师的坟上开满了血红血红的杜鹃花，坟地四周，也摆满了孩子们从山上采来的杜鹃花，杜老师就在这杜鹃花的海洋里，注视着孩子们快乐地成长。

以后每年春天，杜老师坟上和四周，血红血红的杜鹃花都开个不断。

邓小江　(经济学　9929 班)

我爱麦当劳

爱麦当劳是因爱一个女孩，她有五月般的笑容，在麦当劳有我们的初次相遇，也有我们悄然隐退的别离！

幻想过无数美好爱情的开始，却没想到爱有时来的措手不及！那是一个极浅淡极浅淡的夏日午后，也无烈日也无风，我们都凭窗而坐，或许是因那压抑的天气，或许是因自己难过的心情，那天不仅碰倒了椅子，也撞洒了饮料，洒下的饮料弄了我一身，也溅在了她身上，我一面忙着说对不起，一面忙着拿纸巾擦衣服，可她不仅没有责备，反而把纸巾递给我，问道："有很多不开心？"我感激地点点头，说着："实在对不起……"随后，她莞尔一笑，不仅释去了我的负罪心理，也给了我一个良好的交谈契机！那次我第一次知道她令人心动的名字——可人，也知道她来这座城市打工是为了家里高龄的母亲……

回来的路上，我第一次没有理会那缤纷入心的晚霞与夕阳。

可人有着太多女孩的优点和美丽：善良、待人以厚、通达事理。与她交往是一种身心的愉悦，我分明能感觉到自己对她的思念已不分日升与月落，没有错过听她做的每一个节目，更没有一分钟忘记她，我们也从面与面的相对有了心与心的共鸣！

一个暴雨滂沱的黄昏，可人约我到麦当劳，见到她时，泪水与雨水已模糊了她的脸庞，心痛地陪她踯躅在雨夜街头，任漫天风雨扑面而来，渐哭渐续中，我才明白，她瘫痪的未婚夫旧病复发。她说，他好时对她很好，她不忍心丢下他不管，她还说或许她要照顾母亲和他一辈子……我紧紧地拥她在怀，分不清那一种心痛属于哪一种泪水，就这样，直到那暴雨散去与车灯远去！

正如这座城市与麦当劳对我这样的学生，可人与我竟也像过客。第二天，暴雨痕迹散尽，可人走得也无声无息，想过所有的联系方式，却也深知那样只是徒劳。第三天，我收到可人寄来的贺卡，卡上留着字字心碎的话语："谢谢你对我的好，我会记住一辈子的，永远永远！"

猜不到开始，竟也猜不到这结局，也许爱的伤痕交替于生存的快乐中，方能领悟到人生的真谛！至今，仍然爱着麦当劳，哪怕只是路过匆匆一瞥，或许是自己仍在幻想，在某个四月天，可人会捧着鲜花迎面而来，那时，我想我会告诉她，我愿意照顾你和你感恩的人一辈子！

情未眠

“半屏山上桂花香咧，桂花香飘是家乡咧……”梦里依依相连的那美丽的半屏山，一边连着大陆，一面向着台湾！

半屏山下，渔村旁边，海浪阵阵，渔村的人们日出而渔，日落而息，过着一种纯朴的生活。古朴的渔村流传着一个久远的故事，每当八月十五，姑娘们唱起“半屏山上桂花香”时，那个故事就好像刚刚发生一样，绵亘而幽长……

那吋渔村旁是绿树层染的半屏山，半屏山上种着许多桂树，白鸥总拍着浪花，掠水飞翔，村里的年轻人都憧憬着美好的希望。像所有成年人一样，他拖网出海，与他相爱的她也总在海边等候，海滩上留下了他们奔跑的脚印，山上有他们熟悉的月光，幸福的他们就像海上初升的朝阳！

可是有一天战火烧到了村庄，村上的年轻人都加入了抗日的斗争。相爱的他们默默地来到山上的桂树林，在那颗古老的桂树下，他们刻上了彼此的名字，说爱永不消亡。他说如果你等我回来，就在桂树上扎上你的头巾，心上人不希望永离家乡！

而冬去春来，许多年已去，黑发依垂的她已是白发苍苍，岁月如此漫长，可他始终没有回来。有人说他去了海峡的那一边，也有人说他战死沙场。她默默来到山上，站在古桂树下，日复一日地向海那边眺望，心里无数回念道，心上人啊心上人，你快回来，思念的人在家乡……

身已枯，情未眠，弥留之际她依然喃喃自语：他在枕边叫我……唤我……他要回来……要回家乡……没有看到他回来，她就这样下世了。依照她的遗愿，亲人们让她安睡在桂花树旁，而树上桂花正飘香！

几年后，久违的海滩上又有白鸥飞翔，满头银发的他终于回到日思夜想的故乡，踏上村庄的小路，一切是那么熟悉，一切是那么亲切，就连泥土也是那么清香！可路到尽头，经过无数次打听才找到家的他，得到的是她的遗像，心潮澎湃的他顿然一手冰凉！亲人们交给他一个盒子，说是她临终留下的，盒子里，天蓝头巾下，枯散的桂花伴一束白发，粒粒透着思念的悲伤！

他捧着盒子默默来到半屏山上，桂花飘落满地，干枯的桂树枝上，无数的天蓝头巾像翻滚的海洋！已老的他跪在坟旁，正对着那历历在目的名字，泪水汹涌滑落皱纹若壑的脸庞，泪都快流干，亲人们劝他回去，可他仍然跪地不起，他说他只想让她明白，在海峡的那一边，他像她一样，从日升盼到日落，日日望着北方，夜夜追忆她的模样，耳边总有家乡的歌在吟吟绕唱："半屏山上桂花香咧，桂花香飘是家乡咧……"

而山下，谁家采桑的人正唱着那动人的歌："半屏山上桂花香咧，桂花香飘是家乡咧……"

黎明来临之前

黎明来临之前，我回到了家乡！

很久没有回去了，对家乡的思念时常萦怀。虽然山路仍旧是那个山路，但已分明感觉到泥土的清香扑面而来，少时曾在这种气息中臆想未来！

家位于几座山包围之中，回去，得翻过几座大山，山路不仅漫长而且陡险，因此村里的乡亲很多人一辈子都未出过山！

到家时，旭日已东升。母亲一边忙着替我放东西，一边张罗早饭，并不忙不急地说着村里的事。"吃完到孙老师坟上看看，他走时，还念着你的名字呢……"

头懵地一热，眼眶里模糊的东西在打转。"孙老师咋会……"没说完，自己声音已经哽咽了。

"唉！班里那帮孩子说没见过啥灯泡，孙老师便想上城里看看，可还没走到半路，人却倒下了……"

没有顾及母亲那先吃饭的劝阻，我去了山上，脑海里不停浮现出的是孙老师宽宽的肩膀和铁一般的脊梁。儿时，在山洪来临之前，他总会一个一个地背着我们蹚过村外那条湍急的河流，风霜雨雪，从未间断！

那时，他的身躯和铁一样的坚强啊！

坟在较远的山上，母亲说外姓的不得埋在本村的坟场。荒秃秃的山头，孤零零的坟茔显得格外刺目，几只寒鸦在空中盘旋，给萧瑟的秋风布上了此起彼落的几声哀鸣！

四十年的风雨身躯终挺不过疲惫的煎熬,脆弱的生命如落叶般，经不起岁月的飘摇。

孙老师本不会如此的，村里出去的唯一一个大学生曾邀他去沿海。那时，八十岁的老母正卧病在床，急需用钱，是村里那帮孩子一个个端着鸡蛋、提着白菜、抱着干柴哭着劝他留下的，他们说："老师您缺什么我们帮您去找，但请您别走……"大山孩子淳朴的泪水成了他留下的理由！

老母亲去世后的第二天，未过门的媳妇便跟着小商贩跑了。

没有什么能比得上这样更令年青的心苍老，可孙老师仍然像往常一样，笑着，一个个把我们接到学校。

那时，村里的孩子仍是很幸福的啊！

荒芜的山地没有雨水的滋润已几无生命，我赤着双手，拔光了那些荒草，跪着，直到日落西山！

一夜，我抱影无眠。

第二天一早，黎明尚未来临之前，我离家了。

天气预报说，明天将是个大晴天。

付　凌　(农水　0011 班)

激情飞跃

小时候在农家大院里总渴盼见到头顶那美丽的飞机，可不为它声音的悦耳、形态的优美，只羡慕它给人们的那种凌空出世的感觉。在一声声“飞机飞机带带我，带到北京考大学”的焦灼中，我终于盼来了渴慕已久的大学录取通知书。那红皮子的长方形的录取通知书饱含了多少亲人的期待，饱含了个人多少激情的投入。“焚膏油以继晷，恒兀兀以穷年”，夜以继日、起早贪黑地拼搏，终于得到了应有的回报，走进华北水院，依旧激情满怀。

的确，十年寒窗，九载熬油，拿到通知书后的须臾疯狂都成为历史，也为生命的一个驿站画上了一个圆满的句号。新世纪新开端应该有新的起点，相聚在大学校园，来到梦里水乡，依旧执著地走属于自己的那条开拓之路。曾听有人把“university”翻译为“由你玩世界”，身处大学校园，我们是否应该高枕无忧地做自己的黄粱美梦，是否可以尽享欢乐一夜潇洒到天亮呢？的确，喝它个一醉方休是痛快，但这痛快又能维持多久？现在不是酒不醉人人自醉的时候，大学并不是你的娱乐场、游戏厅，同样需要你满怀激情地投入每一天。更多的时候，我们是不是被来自父母的那份感人至深的亲情所感动？他们面朝黄土背朝天，日出而作、日落而息的劳碌奔波，不就是为了让子女过得幸福、快乐一点吗？作为子女，更应该去体谅父母的那颗眷眷之心。

知道了这些生命深处的感动，就更应珍惜这来之不易的生活，对自己负责，同时也对父母负责，自律每一天。“君子必慎其独也”，在一个人独处时也要严格要求自己，积极投入到美好的生活中，在快节奏、紧束缚的旋转舞台上活出一个更亮丽的自我。“登山则情满于山，观海则意溢于海”，你生命的激流中就会多一份浪花、多一层美丽。王国维的《人间辞话》这样描述，“无我之境，以物观物，故不知何者为我，何者为物”，当你真正达到“物以同在”的境界，一切世俗烦恼都会因你的赤诚而烟消云散。

虽没有愚公移山的大气，精卫填海的执著，夸父逐日的热烈，嫦娥奔月的飘逸，但那理想、信念、执著依旧不减当年，梦也依旧在。激情高昂地投入生活，你一定能达到质的飞跃，铸造全新的自我。

生命之中少不了坎坷与困惑，但善待生活，激情飞跃早已如明镜高悬。不管是鲜花铺路，还是荆棘满途，都是无悔的选择，因为信念永远是追求的支柱。我们是不是想到了在千钧一发的时刻挺身而出呢？当梦境与现实、落后与前卫同样拥挤于大街小巷，当文明与下流、高尚与卑劣同样行走于匆匆的街市，当公仆与政客、策略与骗术同样充塞于公堂和住宅之中，当一切都被现代文明无情地整容，当社会发展处于一近似疯狂的巅峰状态时，“崩溃”也有了若隐若现的敌意，但我们并不惧怕它，只因激情在。在这高科技的时代，我们绝不会被充斥其中的股票、电脑、灯红酒绿、克隆技术推动，让精神自由飞散。21世纪的大学生，激情依旧在。

记住了，投入了激情，生活就一定会有回报！

卢晓燕 (经济学 0070班)

老 兵

黄昏和风乍起，片片秋叶纷落，独在异乡的我不由得又触景生情，淡淡的情思在心中泛起。虽然这仍是金秋，但情思是超越季节的，它又一次飞越时空，停落在那个日思夜梦的小村，村里的那个小坟，埋葬着一个老兵和一个流传很久的动人故事。

已记不起第一次见他是在何时，印象中的他穿着一件破得不能再破的衣服，赤着脚，披着骇人的长发。每每此时，不谙世事的我便和同伴一起嘲笑他、讥讽他、捉弄他，往他头上糊泥巴，往他身后贴纸牌。他并不反抗，他也不知道反抗，只是嘿嘿傻笑，捧着破瓷碗里讨来的东西给我们看。每每，我们总是把破瓷碗打翻，笑着跑开，他依然站在那里嘿嘿傻笑。

渐渐地，我长大了，也懂事了。从大人口中得知了他的故事。他原是位志愿军战士，50年前，怀着满腔的热情雄赳赳、气昂昂地跨过鸭绿江赴朝作战，但在一次战役中，为了一位朝鲜老妈妈的生命安全，他只身冲进敌机轰炸区，把老妈妈救了出来，而当他正要冲出时，一颗炸弹落在了他的身边，醒来后的他失去了作战能力甚至生活能力，只得被送回国内。他没有看到中朝军民的盛大庆祝仪式，也没有听到抗美援朝胜利的欢呼，而家乡人民又误以为他是投降所致，所有的人都背他而去，他无家可归，家人以他为耻，他无处可去，到处是冷眼相待。他火热的青春年华失去了应有的光泽，他渐渐沉默在历史的长河中，最终逝去。

日开月息，年年岁岁；潮起潮落，岁岁年年。岁月的容颜渐渐褪色，他也显得更加苍老。不知何时，他的脚步显得更加蹒跚；不知何时，他的披肩长发变成了银白色。而当我也终于意识到自己的无知并想为他做些什么时，匆匆的时光已容不得我去忏悔，去弥补那份难言的伤痛，他便匆匆去了，永远去了。

而生命却在各种理由中延续着。

当我用这支幼稚的笔写完我早已想写的故事时，我长长地吁了口气。他 50 年的曲折在我的心中成为一份难言的伤痛，时时刺着我的心，50 年的风风雨雨，坎坎坷坷，50 年的冷潮热讽，孤苦伶仃，50 年啊，以致我不知从何写起。终于，在抗美援朝 50 周年之际，我拿起了笔，饱蘸泪水。

天色已暗了下来，繁星缀满天空，偶有几颗流星划过天际，触景生情，我的心又一次泛起难言的微痛。仰望苍穹，望天边那颗亮星，是你吗，我亲亲的老兵？不为今生祈祷，只愿把满心的愧疚化作对你永恒的祝福：天堂里，你找到幸福了吗？

龙滢洁 （给排水 9830 班）

激情无敌

外婆当年是大户人家的小姐，轻移莲步，浣纱于河之洲，谦谦君子，涉过溱水，赠之以芍药。如今，外婆已是耄耋之年，满头白发，满脸皱纹，昔日的姣姣风韵早已随风而去，而那双小脚，也因为岁月的磨砺长满了鸡眼。近一个世纪的风霜，将外婆红颜褪尽，却驱不散外婆心头那浪漫的愿望——做读书人，激昂天下事，手中笔如刀。

外婆从小就喜欢读书，当年她那做地主的父亲也颇为开明，为她请了个长着长长山羊胡子的老先生吟四书五经。童年的良好氛围为她以后的求学之路奠定了坚实的基础。

然而，那场社会的变革将她贬出了富贵之门，她再无机会接受正规教育，接触更多的书和读书人。她以此为憾，于是将我的母亲当做培养对象，不让她去农业社挣工分，不让她去和那群鼻涕孩子瞎折腾，只让她去读书，去做文章。果真，母亲成了村里第一位女大学生，挥斥方遒，激扬文字，很是风光。

我从小就跟外婆生活，她准备再接再厉，将我培养成再任秀才。而我，却天性顽劣，是那种坐不稳的材料。逃避外婆的监督与逃避老师的惩罚是我幼年时期生活的两大主题。我经常千方百计地将作业本藏匿在各种隐蔽的地方，然后大模大样地走进教室，专等老师检查作业时倒吸一口气，惊叫一声："忘记带了，我写了一晚上才写好的呀！"将无辜与遗憾写满脸，就可万事大吉了。因为离家有很远的山路，老师不可能耽误我听课，让我跑回去拿的。不巧有一次我正故技重演，教室的门被推开了，外婆颠着小脚进来，说："不知咋搞的，她的本子埋进了米缸里，我怕她急着用，就给她送来了。"我真是又羞又气呀，也有几分惭愧。看着外婆的一双小脚，想着一路上它不知经受了多少次刺痛，不是我的脚呀——水灵灵齐生生的脚丫子无拘无束地疯长。

在外婆的人生之路上，她始终没有放弃学习的机会。就是现在，她对文字也有莫大的热情。但她眼睛老花了，记性也差了。有一次她问我"鲸"字，我告诉了她，过了一会儿，我想考考她，重写了一个"鲸"字让她认，她一口咬定没学过。我告诉她就是刚才写给她的那一个，她则一副委屈的样子：这个"鲸"游到别的地方我哪能认得出来呢！我常问她，外婆啊，你不用考试，不用升学，不用找工作认那么多字干嘛呀？她一本正经地回答：我要做一个读书人。我问她做读书人有什么样的感觉，她又答不出来，有一次竟说和过年杀猪、给儿子娶媳妇一样满足，想想又觉得不像，自己先不好意思地笑了。

外婆关心国家大事，老是问我台湾什么时候回来，然后又唠叨个不停，晚上我都睡着了她又推醒我说："你说台湾还不跟咱中国的儿子似的，儿子不听话，爹揍儿子还不是天经地义，他们咋还不动手？"我说人家总理考虑周到着呢，哪像你，想打就打，跟大炮似的。她不吭声了，我知道她最佩服朱镕基总理，说他慈眉善目，瞅着让人放心。

她最喜欢看的电视节目是《世界各地》，有时候竟流露出孩子馋糖似的样子，看完了还咂咂嘴说上一句："咱这辈子算完了，都不能到世界各个地方去看一看了。"边说边瞅着我。我知道她想让我给她一个承诺，而我就是不动声色，心想算了吧你，我自己连国都没出过哩，更何况你连下楼梯都要我背着，心倒挺野，我哪敢答应你这个！

不管怎样，能将自己童年的梦想呵护近一个世纪，让它穿越时空的隧道，穿过血与火的洗礼，穿过战争的荒蛮，在这喧躁尘世中，能有几个呢？这又需要何等的毅力，何等平静的心海呀。我才二十岁，数次产生辍学的念头，梦想当老板，梦想成为作家，梦想做政要人物，而当美梦破灭时，我才发现：梦里走了很多路，醒来却还在床上。于是我不得不脚踏实地，踩出一条属于自己的路来，外婆八十多岁，仍在固守自己的心城，坚韧、平静而又祥和。岁月有加，并非垂老，理想丢弃，方为暮年。

外婆识字不算很多，算不上个读书人，可是因了那份遗憾，便有了那份向往，因了那份向往，便有了那份激情。

涉过岁月的河，岁月有憾！

乘着激情的舟，激情无敌！

关 月

清醒做人

清醒做人，好。

清醒的人，心中坦荡光明，处世光明磊落，不卑不亢，无隐匿心，无张狂意，晓得自己为何活着，明白自己在人生坐标上的位置，知道下一步该怎么走。

一个人最了解的人应该是自己，但一个人最不了解的也往往是自己。雨果说过：“美丽的女子是瞎子，没有看见自己逐渐增多的皱纹；明眼的人是瞎子，只看见金子没有看见真正的财富；挥霍者是瞎子，只看见开端，没看见结局；聪明人是瞎子，没看见自己的无知；正直的人是瞎子，没看见骗子；骗子是瞎子，他没看见上帝；上帝是瞎子，他没有看见创造世界时魔鬼也混进来了。”人往往有自己的盲点，不可避免，遇到它时，清醒点，正视自己，来点自知之明，没什么大不了，不是吗？

清醒的人即使在最黑暗的夜里也能看见黎明时分漫天飞舞的阳光，即使在最寒冷的冬天也能听见鲜花怒放小草拔节的铿锵之音。清醒的人，因视野而攀升，因思想而跃腾。

一些同学在爱河边，经不起诱惑，不能清醒地认识自己，智商下降到零，一个猛子扎进去，结果呛水。其实，爱情就算久候未至，也胜似匆忙而行。因为太满则会溢，“久候”虽痛苦，但却恰恰是苦涩中的幸福。清醒待之，相信“种得梧桐树，必有凤凰来”。

不纠缠于琐碎是清醒，不放弃追求，不轻言失败，不回避责任是清醒。清醒的人比谁都明白，没人能留住一个美丽的泡沫。

清醒，就能在美丽中欣赏美丽，在幸福中品尝幸福，在痛苦中觉醒痛苦，在烦恼中感悟烦恼，在悲哀中超越悲哀。

清醒做人，我们只需捧出一颗真诚的心，一份向善的愿望和一种对于美的执著追求的精神，就可以在阅读生活的每一段落、谱写生命中的每一阕音符时，都能保持坚定的心情和必胜的信念，就可以放胆前行，坦然面对一切了。

邢子涛 (机械设计 9817 班)

闲 人

不知从何时起，村中央那块空地上有了一个“老年人俱乐部”，全村的悠闲之士都云集于此：东家的李头、西边的王头……一时间，昔日僻静的村庄，平添了几点生气，多了几分热闹。

“俱乐部”成员每天同上下班一样，准时日出而“坐”，日落而息，谈论话题大到世界局势、海湾战争，小至各家的鸡毛蒜皮、吵架拌嘴，对这事评头论足，对那事叽哩咕噜；时而窃窃私语，时而捧腹大笑。偶然一次，阿谀奉承之流一个“新闻发布中心”的美誉传播而来，乐得他们屁颠屁颠的：他们当然是名副其实的“新闻评论员”了。

然而好景不长，由于“俱乐部”坐落于村庄腹地，乃全村交通要塞，原来车水马龙，行人络绎不绝，可自从有了他们，行人每过，便成为众矢之的，目送而去，目迎而归，而且要和和气气打招呼，否则必招致非议。于是，知内情者宁可绕道而行，也不过这“鬼门关”，真成了“路上行人欲断魂”。背地里人们喻其“等死队”，倒也大快人心。现在“俱乐部”也门可罗雀，“生意”冷淡了。

更糟糕的是“俱乐部”发生了内讧。却说这一日，对门的王头和李头因排水沟之事发生了口角，差点动了真格。从此，“一山容不得二虎”，“俱乐部”有我没你，两人较上了劲。

王头去早了，李头就沦为“下岗”，只好在门口或村外转了又转，看上去总心神不定，大概长期下来得“职业病”了吧。见行人必问：“大街上，那老不死的还在那儿吗？”“在”，他无望地摇了摇头，又开始了“流浪”；“不在”，他便如吃了“兴奋剂”，一路小跑，欣然前往，大有抢占阵地，拒敌人于千里之外的气势。

李头吃了苦头，自己硬逼出了个“主意”：上早班。一日，天刚微明，我起早去挑水，行至街上，大吃一惊，李头正襟危坐，两眼放光，显然一副“胜利者”的姿态。终于，王头失去了“战机”，一跺脚弄了只山羊放羊去，活动筋骨，还弄点儿零花钱，倒也是桩美事。然而没几天，他就在村头不时往里瞟，还不断唉声叹气，没想到他的“再就业”也治不好他失业的“伤疤”。

大街依旧，“俱乐部”却少了一位成员，人们不知是该庆祝，还是可怜一下日渐衰老的王头。唉，闲人啊，总有演不完的戏。

我曾寻觅

童年，多么美好，无忧无虑，无牵无挂，带着无限的新奇，带着美丽的憧憬，幻化出一幅幅迷人的蓝图。

记得小时候，我仰望湛蓝的天空、流荡的白云、闪闪烁烁的星儿，俯视广袤无垠的大地、郁郁葱葱的小树林、弯弯曲曲的乡间小河……这些引发了我无限的遐思和梦想。一个戴着眼镜，文质彬彬的大作家，信步走在乡间小路上，感叹尽收眼底的美景，把一切都融合着自己的坎坷画在自己的大作中，给读者以享受，而自己也同样如痴如醉——那就是青年时代的我。从此，我热爱生活，感受生活的苦和涩，也在现实中苦苦寻觅梦幻中的自己。

然而，现实毕竟是现实。接着撞入生活的不是春花秋月的浪漫，不是喷发而出的股股浓情，而是铺天盖地的学业。父亲的一声声叮咛，老师的一声声催促，于是，我失去了往日自由的天地，整天奔波于 XYABC 中间，压得喘不过气来。虽然，我认真构思每一篇自己中意的“佳作”；虽然，我在课余寻一点空隙体验一下文学的瑰丽；虽然，我在寻觅任何一个可使自己接近文学的机会，但我觉得这些都太少了，远远不够。渐渐地我感到思路开始枯竭，词句越来越呆板，梦也越来越模糊。为此，我痛苦彷徨，像一只困在笼中的小鸟，在挣扎呐喊——还我自由，还我大自然，还我任意驰骋的天地。

寻觅中的我并没有失望，凭着对生活的一腔热情，凭着执著的信念：你不去选择命运，命运才选择了你。终于黑夜后的黎明到来了，东方的曙光揭开了夜的面纱，蓬勃的朝阳照亮了整个世界，照亮了属于我的角角落落，闪闪的甘露滋润着我早已近乎干涸的心……

“久在樊笼里，复得返自然”，一只欢乐自由的小鸟终于找到了梦寐以求的归宿。我带着一丝疲惫，来到了新的天地，开始了新的生活，而且一颗耀眼的新星——长澜文学社，给了我一个意外的惊喜，一股清新的气流向我扑来，拂过脸庞，沁入我心里，欢跳着，奔跑着……一切从零开始，昨天的痛苦或许是一笔财富，将其融于心中，发于笔端，何乐而不为?

我梦依然，寻觅中的自己缓缓靠拢过来，带着微笑，充满自信，充满激情，看——走得多潇洒!

刘　薇　(电气　0478 班)

心的抚慰

“同桌，你的信！三封哎。”潇木一进教室门，就兴冲冲地高声向飞翔报喜。他机灵地蹿到飞翔桌边，一手拍着她的肩，一手拿着信俯首侧视着飞翔：“同一个人的，谁？哦！是不是……你的男友！字蛮潇洒嘛！人长得如何？酷吗？很帅吧！”飞翔夺过信一看，脸便红了：“是又怎样？不是又怎样？”“那你也太不够意思了，哥哥我关心你这么长时间，有了男友都不告诉我。”潇木快人快语，显出一副既生气又伤心的面孔，好像飞翔做了什么极不道德的事。她把脸背向潇木，所有的过去便如春天的杨絮，占据了她思绪的天空。

那年她12岁，除夕之夜，奶奶在翻看她仅有的几张已发黄的照片，岁月在被她点亮的视线中转换到了从前。飞翔凑过去，两手托着腮帮，认真听着奶奶回忆过去的人和岁月。突然奶奶停止了，飞翔一把夺过照片——一张清秀的脸、高个、很瘦。

“这人是谁？”

“唉，十几年了！”奶奶的皱纹呈现出一种更苍老的状态，嘴角在微微地颤动着，混浊的泪珠在眼眶里打了个转儿。

飞翔很好奇：“奶奶，他是谁呀？”

奶奶抚摸着照片，良久良久，像是在自言自语：“他是你的叔叔。”

“叔叔！我怎么从来都不知道？他现在在哪儿？为什么从没来看过您？”

“打工，他忙，一直很忙。”奶奶似乎有点慌张，转过身去用衣角擦那已流出的浊泪。飞翔不再发问，悄然离去。

后来飞翔才知道，在她还不满一岁之时，叔叔就被迫住在了高墙电网之中。飞翔开始对这个陌生的亲人产生好奇，脑海中时常幻想着叔叔那时的处境：被关进一个没有窗户的黑屋里，和一群群剃着光头，穿着囚衣，没有人身自由，却又有复杂思想的人共同在看守员的监视下劳动、吃饭、休息。日复一日、年复一年地拖着疲惫不堪的身躯。四处寂静的黑夜，蜷缩在一个角落，极度麻木与悔恨交织，默默地舔着自己的伤口。

叔叔来信了，奶奶已看不清字了。当飞翔念着那一句句来自灵魂的忏悔以及对家乡和亲人望眼欲穿的思念时，奶奶的眼角开始发红，慢慢变得湿润了，嘴唇微微地颤动着。飞翔停了下来，只觉得手里的信很重，心也随之沉了下来。

飞翔给叔叔写了第一封回信，以她纯真与善良的心来安抚一颗受伤的灵魂。

信件开始传递两颗关爱与真诚的心，信中潇洒的字迹，如栩栩如生的飞鸽，凄美和鼓励的话语，无不感动着飞翔。从此，她便知道了许多狱中的生活。叔叔也开始振作起来，他说从信中看到了爱，胸中始终积聚着一种渴望。

8 年之后，叔叔回来了。爷爷最终没能抗得住疾病的缠绕，在叔叔回来的前一周晚上，叫着他的名字，撒手人寰。跪在坟头，叔叔欲哭无泪，也许这将是他一生中最大的遗憾，作为不孝儿子终生的悔恨。命运的捉弄为何要缠绕着一颗破碎的心？

叔叔和奶奶生活在一起，把飞翔看做他的亲生女儿。看到叔叔带回的上百本各种杂志、几套散文诗歌总集、十几本厚厚的语录及日记，飞翔怀疑地凝视着这些伴随叔叔并抚慰他心灵的知识补品，忽然间觉得他是有才华的、伟大的、高尚的。

叔叔已过四十，且有段黑暗的历史，再加上观念跟不上 20 年后社会的飞速发展，思想陈旧且固执，找工作难上加难，处处碰钉。飞翔理解这颗因年青时的躁动而酿错，以至于在人生最有激情、最有创造力的佳期却背负上来自肉体与心灵的双重惩罚的心在重获新生后，充满了对社会及未来的恐惧与迷惘。奶奶容忍着叔叔的一切，她觉得他的人生是残缺而痛苦的；叔叔则怀着一颗负罪愧疚之心尽力以他特有的方式孝顺奶奶，尽管在别人眼中那毫无意义。

"叔，你很爱看书吧！"

"看看书，练练字，只是在消磨寂寞空洞的时光。"

"我觉得你很有文学才华，为何不在这方面发展呢？当个业余作家也不错呀！"

"那些文字只不过是发泄一下情感，登不了大雅之堂的。"

"只要独特就行！我看呀，你真的可以尝试一下。"

飞翔捕捉到叔叔脸上那丝不易察觉的、被肯定后的欣慰的笑容。

"发觉你挺爱听歌的，是否唱得也很棒啊！"

"年青时还行，现在只有听歌的福气了。当年你姑和我在上学时，可是学校里文艺部有名的骨干。忙着组织活动、参加演出，还在县里拿过奖呢！”显然有些激动了，但随即又消沉下来。

“挺棒的！音乐可以使人忘却忧愁、烦恼，使心境平和、宁静。爱听歌的人大多是深刻的人，真的吗？”叔叔好像在思索着最后一句话，却始终没说什么。

他终究没有走上文学之路，但他依然爱看书，爱写灵魂深处的孤寂与沧桑，去触摸那根因绷紧很久而发痛的心弦。会在夜深人静时，手握寄托情思的笔去描述复杂社会，残酷的现实及他灵魂深处无人到达的悲区，伴随着首首低沉伤感的歌曲，度过每个凄凉与无奈的黑夜。

飞翔如愿以偿地踏进了大学的殿堂，临行的前一天晚上，叔叔把一叠皱巴巴的钱塞到她手里：“你考上大学，叔替你高兴，但你叔没本事，赚钱不多，这二百元你拿去！”看着一张张很有情意的钱，飞翔的心在滴血，钱虽少，但这是他仅有的血汗钱，怎能忍心收下呢？

“叔，不用了，爸爸已给够了，这钱你留着，给奶买点儿补品，自己也要注意身体呀！”

叔叔的脸微红：“拿着，当做零花钱，算是叔的一份心意。”他硬是把钱塞进飞翔的手里。

飞翔无语，看着叔叔离去的消瘦背影，她感到有液体在脸上流淌。她在心里默念：叔叔原本是个好人，现在仍然是个好人。

梦迷失

“救我——快！”我一边拼命疯狂地跑，一边大声喊叫，尽管四周无人，寂静得如死水一般，可在这冷风割面的夜晚，月亮却突出地明，使我逃跑的踪迹被身后那个魔鬼般的影子紧紧追赶。

喘着粗气，心狂跳，腿发软，秀发四散，顾不得回头，但眼前的悬崖却使我不得不回头。影子近了，很熟悉，好像我自己。当我用力回想自己的模样时，突然发觉我根本不认识自己。在两种死法之间，我激烈地斗争，但我都不愿拿生命去面对。是什么？

“累了，就休息一下。”影子关切地说。

这大大出乎我的意料。前面是万丈深渊，虽无数次在脑海中闪过自杀的念头，但一旦变为现实，有条件使我执行誓言时，我却退缩了。我不得不面对还有生存可能的一面。

“你是谁，为何要追赶我？”

“你自己总是要那样拼命地跑，我是你的影子，当然要跟着你。”

“对了，我为何要跑，跑在前面？挺累的，浑身每个部位都在发痛。”我自言自语。

“把自己逼得太狠了，效率易低，思绪易乱，失败易得，梦易碎。”

“不用你来教训我，我有自己的目标，自己的追求，自己的奋斗方式，自己面对挫折的勇气，自己对现实与梦想的理解……”

“太固执，太执著，太清高，太自尊，太孤单，以至于太脆弱，太虚伪，太好强，太与众不同，让人怜爱。”

影子的一番回敬，使我目瞪口呆，她好像就是我的灵魂一样清楚我的一切，我不敢去面对的一切，但我仍不愿承认。

“收起你智者的眼光，闭上你武断的嘴巴。”

“我就是你，你太累了，紧绷的时间绳索会把你勒得喘不过气来，放弃有时也是一种明智的选择。择优从之，并注意休息，娱乐。”

“我是个失败者，唯有学习、工作的繁忙可使我忘却心中的残缺。”不知为何，我却对影子坦露心声，这是很久以来都不曾有过的真实倾诉。

刘雨青 (信工 06111 班)

你是我的定格 我是你的过客

题记：一首诗，朦胧得离奇，灿烂得耀眼；一缕风，清新得心碎，飘渺得惊人。走过青春的驿站，你是我的定格，我是你的过客。

眨眼之间，青春便溜走得很远很远。

青春只是人生旅途中的一个小小驿站，没有执勤人员，没有售票处，没有站名，不经意地驶进，不经意地驶出。我们都是青春驿站的不留名的过客，而青春却已成为每个人生命中的定格。奋斗者自潇洒，穿过驿站，洒一把汗水，精神抖擞地驶向下一个驿站；懦弱者当唾弃，穿过驿站，留恋那段曾经的风景，十字路口泪流满面地徘徊却不知何去何从。

我去过黄土高原，目睹一座座大塬在暴风中如何一块块崩塌。那时，我一下子警觉：青春，即使巍峨，即使厚实，也经不住岁月的磨蚀，总会远去。

我去过江南水乡，见过一园蔷薇一夜急雨后一瓣瓣落地。当时我不由得挽叹：青春，即使灿如繁星，即使耀如火焰，也会有“无可奈何花落去”的悲叹。

青春如同一叶风帆，闲置久了，也许再也张不开远航的翅膀。

青春如同一粒种子，安逸过了，也许从此丧失萌生的活力。

短暂经过驿站的岁月里，要让帆一样的青春，在她经得起闪电，经得起浪击的时候，潇洒地走一走，闯一闯，哪怕最终被风浪淘汰，也会无悔一生中经历的最有意义的旅行；要让种子般的青春，在她有一点泥土得一点清水就能发芽开花的时候，蓬蓬勃勃地伸一伸臂膀，吐一吐志向，哪怕最后在凉秋里枯黄，也会庆幸自己毕竟孕育了果实。

尘缘难尽，我们无以超俗；物役累重，我们不忍减缓。在烦嚣中，我们便心怀几许应对的机巧：傲岸掩饰着内心的卑微，强蛮遮蔽了意志的脆弱。世上有些花常开常落，有些花却只有一次花季，不经意就会开放，不经意又会错过。当飞花渐瘦，昨日之阳与今日不再同样年轻之时，才如梦初醒，青春无需昭示，不用证明，青春挥霍不起，青春更不为你所独有。如花的芳龄，只是自然的造化，不是你的资本；断章片语的浮华炫耀，只是你的幼稚，不是青春的魅力；野马脱僵般地放浪形骸，只是你的偏执，不是青春的洒脱。活着只是生命的一种形式，创造才是对生命的一种注解，因为生命无法承受之轻，因为生命拒绝接受青春的堕落。青春是仅属于你的花季，幸福的时候，要倍加珍惜；苦难的时候，要倍加坚韧。悉心地采撷每一种花的标本，留住那永恒的生命的芬芳……

最美定格在这里，绽放的是生命。青春若是一杯醇香的酒，我会调进去清风如缕的黄昏，也调进去雨露多变的四季；调进去人在旅途的畅想，也调进去历尽沧桑的咏叹，还有诗意的花朵，纯净的怀念，深邃的思想，炽热的信仰……青春无需忧虑，无需惆怅，那一丝花开的声音，把我们轻轻叫醒……

刘胜帅　(建筑　07048 班)

怀念过去的日子

天下背井离乡的人很多吧，何况我又不是孤身一人。因此，我一直以为思乡伤感这种事实在是软弱无聊，就像我以为我们这些在充裕物质中长大的十几岁的小孩说什么悲伤寂寞是无聊幼稚。天天叨挂着旧事深陷在过去不可自拔，如果发生在我身上，我会引以为耻。

然而，事实是如何，我比任何人都清楚。那座我生活了十几年的城市，尽管不算繁华，那行人的拥挤肮脏甚至下了雨会一连几天都泥泞难行的市场又岂是高楼栉比车水马龙的步行街所能比及，但我对那城市深怀的是怎样的感情，就如同在原野尽头一转身满目都是苍茫，我期待着看见的早遮挡在几千里之外。于是只有笑着回身，在这繁华城市的街上，看尽了黄昏灯火，匆匆过客，还有不用抬头就可以看得到的广大的阴暗天幕，欲雨不雨的寒冷深秋。

我忽又听见了旧城里那座图书馆上整点报时的音乐和钟声，却是一个晚上学校周围的一幢新建起的高楼上的钟发出的。那天我坐在窗边，听到钟声的时候转头去看，依稀看见了那个图书馆边青青的草地，和图书馆前散落着四大发明雕塑的广场。我还那么小的时候，曾在一个阳光灿烂的下午在那里学自行车，也曾抓着父亲的手在草地上玩。然而时过境迁，我纵然寻得回那一片草地、那钟声，又如何寻得回当时，那个什么坎坷都没有经历，什么挫折都没有发生的时候。

我听见钟声的时候看向窗外，五楼的窗外是一街的灯火繁华，边上暗影重重。

又或者是我晚饭前的散步，路过一个有健身器材的广场。那天碰巧有位老人在那里锻炼，浓密的树枝恰好遮盖了天色的灰暗，路上少有行人，只有鸟鸣——好熟悉的一幕，像极了旧城里那公园里宁静的清晨，我忍不住又回了几次头。旧事又翻涌而出，我再次令自己憎恶地深怀那座城市，那些美妙的清晨。

那城市有怎样的清晨，一扭头就看得见的微红的东天，明亮却不耀眼的初日，和梧桐树遮了天空清新的况味。那晴朗仿佛就要滴出水来，却又不湿腻。是北方明朗的清晨，什么都恰到好处。

我有时在五楼看风景，常看的是那座会发出我记忆里同样声音的大钟，在不同的天色下。甚至有这么一天，天色竟是冷清清的微深的蓝，竟还有细弱的弦月挂在中天，在这座尘土漫了星穹的城市——我是无论如何也找不到言辞来描述那一幅画面。我盯着那月的时候，天蔓延出了我的视野，于是满眼都是冷清清的蓝，四处都是，再也逃不开去。

那旧城我是回去过的，我至今仍常常恍惚想起那不到九点钟就寥落无人的萧瑟的街，那车站边昏黄路灯的残照，那夏夜的风竟是微凉。我望着街对面模糊的楼影，第一次觉察我记忆中那么热闹充满活力的城市却是这么寂静清幽。我也曾回到我深怀多遍的梧桐道上，想重温那个炎热夏季只有蝉鸣没有人声的干净的午后，我记得那梧桐叶子是翠绿，绿得透明一样，阳光不甘被遮住，想从那叶子上透过来，于是那叶子几近透明，却有斑驳的影子在地上——然而那树在我千里迢迢回乡时却突然变了模样，叶子上像是积了厚厚的尘土，阳光不是燥热就是遁藏了踪影。然而这都不重要，如果这里是我的家，我又怎么能嫌弃门前仿佛是一朝就经历了霜冻的花草树木。

然而我是走错了地方吧，那陌生是扑面而来的，我迷了路一样，在和记忆中一般模样的路上茫然失措，天底下竟有这样相似的地方！这却不是我旧时的家乡，纵有相似的晚照，却少了悠闲地看的心态。这毕竟已经不是我的城市，户口上写的多清楚，我在这个城里只是个过客，我来这里也只是路过了吧。既然是路过，我看这景物便是用了欣赏景物的眼光，而不是无忧无虑的在家的旁边无意的一瞥所见的亲切的草树了吧。

竟也是"儿童相见不相识，笑问客从何处来"。

我仿佛是走在画里，画中是我思念已久的家乡，然而我触到的是冰凉的纸。

家乡已经不是家乡，现在的城市更只是个歇脚的所在。我要面向哪个方向，才能看见春暖花开。我仍是记得临别的那个假期，我从那间教室里出来，突然想起，我可能再也见不到这学校了。这天天气晴朗，太阳高照，没有任何小说里惊天动地催人泪下的情节，就如同最平凡的一天。我在我的人生路上转了一个大弯，却是轻轻的脚步，没有任何特别。

生活就是这样的吧，我自己以为的再大的事其实都不足挂齿，在一生的转折面前，除了寻常走过还能做什么。悲痛万分还是黯然伤神，都是小说里的词汇，又岂是我头也不回跨出校门时所能体会到的，未来是如何，又怎么能轻易地想象出来。

我便是常常因了一句话、一眼所见的景物深陷到回忆里。我有多厌恶我这样的低迷，却又回避不了事实。

便用一句看了一眼就忘不掉并且经常莫名其妙浮出脑海的诗做结：有愁何须借酒醉，山水一别到如今。

刘俊国 (农水 95级)

马

我是一匹任性的马，不够驯服，也无法挣脱满身的羁绊，有时在空旷的山野里奔跑，我觉得我是自由的，有时孤独前行，风呼呼地在耳旁，我是凄清的，我在奔跑着寻找那茵茵的绿洲。

我是一匹任性的马，也许我会在沉默后奔腾嘶鸣，因为我的心海已被寂寞塞满，也许我会在欢快时蹶起一段风光，因为我无法抹去心中的泪痕。也许我的浪荡惊吓了你，也许我的无畏折服了你，但你是否了解一颗疲惫的心，一段尘封日子后的辛酸？是你不愿，是你已明了，还是你亦为同样的困苦而折磨？

我是一匹任性的马，高傲和自卑集我于一身。高傲，因为我不想理喻世俗和讥讽；自卑，因为我无法超越，无法找到满意的自我。因为任性，我失去许多理解和信任。因为高傲，我收获了几许责难和冷遇。因为自卑，我无法把握每一份诱人的情谊。

我啊！从不问自己得到了什么，因为无言的寂寞告诉我：不要希求得到。

但我还是希望有人能够驯服我，因此我还是热情地追求。

每段路途的高歌，我会伤人，自己也会伤心。我总是为你躲得远远的，因为我有一颗杜鹃啼血的心。

我不知道如何成为一匹烈马，不知道如何能让我找到绿洲，不知什么时候你眼中的我是一匹骄傲而完美的天马。

我是一匹任性的马。

刘培超 (法学 06091 班)

生命是礼物 爱是真谛

生命是礼物，是父母的礼物，更是大自然的礼物。

大自然给了我们身体，给了我们可以行走大好河山的双腿，给了我们可以看尽世间美好的眼睛，给了我们可以聆听天籁之音的耳朵，给了我们一个多么奇妙而自由的身体，可以去享受它一切的美好。

大自然给了我们思想，可以用它来产生笑容，制造快乐，创造爱；也可以用它来探索未知，发现规律，追求真理；可以用它来感爱世间种种的美妙。

大自然给了我们的生命，又给我们的生命提供了无限的美好，这不是一件最珍贵最无私的礼物吗？

然而，我们许多人却在遗忘、忽视这样的恩赐。我们以为生命是理所当然的东西，大自然提供的一切也是天经地义的，于是我们不懂珍惜和感恩，也看不到世间的美好。太多的人争先恐后地扎进社会迷失了自己，钻进了生活的小圈子走不出来，也许就这样，在琐琐屑屑中了却了一生。带着对社会的留恋或愤恨，带着对大自然的漠视离开了。

然而，谁又能否认生命是大自然的礼物的事实呢？倘若有一天，大自然把这生命强硬地索要回去，谁又能阻止得了呢？

“5·12”大地震毫无预兆地发生了，地动山摇，生命消逝在一瞬间。大自然突然暴躁异常，露出可怕的一面，它把人类从社会的事务繁杂中拽出来，让人类睁大了眼，集中了精神去看，去思考生命的真实面目，还硬生生地带走了千万鲜活的生命。

许多人也正是在这样的时候第一次直面生命，第一次去思考生命的真实面目，第一次发现了生命的可贵。生命不只是对事业无尽的追求，也不只是对社会名利的追逐，更不是对生活琐屑的算计，生命的真实在于生命是礼物，是大自然给我们的礼物，而我们却一直没有好好去珍惜。

我常常想，大自然给了我们这么大的恩赐，她就像母亲一样无私地爱着我们，可怎么会无情地把生命索要回去呢？想到最后，给了自己这样的解释：母亲也有生病的时候。人类是个医生，科学水平是我们的医术，我们的医术足够高明的时候，就会有办法医治母亲或是保护生命。这也许就是母亲交给我们的使命吧！

可怎样才能尽快提高“医术”呢？母亲其实早已告诉了我们：珍惜生命，用爱创造一个良好的环境。世间充满了爱，人类才不会生活在浪费生命的战争、欺骗当中，世界才会更加和谐，人类才会把生命用在进步上。

所以去爱吧！爱母亲的身体吧！

她给了我们丰厚的食物和美丽的环境，而利欲熏心的孩子却索取太多，伤害了她的健康。现在，让我们低头认错吧，用爱来弥补，用爱来创造一个美丽的家园。

爱世间其他的动物吧！母亲给了我们同样的生命却只给了人类最聪明的大脑，正因为有了它们世界才会如此丰富多彩。我们曾无情而不负责任地使有些物种灭绝。现在，献出我们的爱吧，让我们用爱来维护一个生态平衡的自然。

爱我们的兄弟姐妹吧！同样生而为人，他们是我们最亲密的兄弟姐妹，母亲给了我们最聪明的头脑和最丰富的感情，我们只有用爱来创造一个温暖的人间才能得到真正的快乐。

迷失在社会中，遗忘了大自然的人们只知道工作才能使人进步，却不知道只有爱才能创造出和谐温暖的环境,才能使人有效地进步,只有爱才会使人间充满温暖，人类得到快乐，没有了爱，人生还有快乐和意义可言吗?

让我们都记住：生命是礼物，爱是生命的真谛。

珍惜生命，去爱吧!

刘翠然　(地质　95 级)

桂儿，你在他乡还好吗

昨夜飘零的细雨打湿了我的酣梦，你又走进我湿漉漉的梦中。桂儿，你在他乡还好吗?

烛光摇曳，洒落了满地的往事。桂儿，你是否还记得那些明媚的三月天，那条开满野花的小径，丛林里那两个爱做梦的女孩。五月的浪潮渐涨的时候,我们就开始憧憬那五彩缤纷的未来了。桂儿,我再也不会骂你野心勃勃了，我真心地祝愿你成为第二个撒切尔夫人，在政界叱咤风云，纵然我不能走进文学的伊甸园里，留下许多千古不变的文字。但岁月还是无情地碾碎了我们如歌的梦。我真的没有想到天资聪颖的你竟然摔倒在黑色的七月里，我也再一次地选择了理工。我的眼泪没有能够挽留你，你还是悄然走了，只是把思念系在我生命的桅杆上，让我在许多静静的夜里踌躇不前，让懒散在心头滋生蔓延。而你，在将逝的一年里也是杳无音讯。你是否摇曳自己的一叶方舟，在惊涛骇浪中穿梭?都市宏伟的建筑是否能遮住你疲惫的面容?桂儿，你在他乡还好吗?

如今，又要到那个执手相看泪眼的时候了。我不知道将有多少桂儿如你一般地选择。在经历了一年社会洗礼之后再看庄子，你还能读出那一痕碧青黛绿的芬芳吗?那些雨打芭蕉，长虹映日都还存在吗？岁月浓缩着生命的哲理，我探索人生的本源。是的，我们要善待生命，即使在不遂人意的日子，我们也应该时刻为心灵修枝打杈，让生命茁壮地成长。如果连心灵都荒芜了，还寻找什么生命的绿洲。对于你，我只有一片永不褪色的记忆了。

桂儿，你在他乡还好吗？

吕卓（机械设计 0241 班）

我看李敖

台湾李敖？那个特立独行、倨傲不逊、无人不骂、无书不读、舍我其谁、弃我就谁、勇者不惧、玩世不恭、琴心剑胆、侠骨柔肠、挥洒才气、恃才傲物、从不低头、不怕砍头、天神共怒、天夺其魂的家伙？就是那个李敖。

古人立言：“挺然特立做一等人物。”较之李敖的“特立”，他人的“特立”真是“特例”了。几十年来李敖一直以他“千万人吾往矣”的气魄独步于困境之中，特立于逆境之上，读他的文章是一种智慧的沐浴，而读他本人，则是看一部电影。

李敖的文章纵横开阔，海立云垂，水卧山横，气势磅礴。他的资料更是璀璨至极：当年的事件，古人的行迹好像故意留给他，今天信手拈来的一样。为什么呢？是他文笔独到，信笔所至，妙笔生花吗？非也。是他有远见卓识、真知灼见吗？亦非也。原因乃是李敖是“流氓”，他“强奸资料”，“意淫观点”罢了。这种“强奸资料”表现出他求实、顽皮、不恭的一面。

试举《岳飞案的另一面》为例，文章中李敖引经据典证明当时的岳家军亦是腐败的，它本身就谈不上光复，“这样的军队，何谈光复，反攻，真是天方夜谭。”当时国民党整天喊着光复大陆，想着光复大陆，梦着光复大陆，突然岳飞飞来，大家额手相告：“光复，光复。”民心大振，于是电视剧《岳飞》在台上映。而李敖却独抒己见，抛出两张飞刀，非搅得他不高兴不可。就是在这众口一词的情况下，李敖说了“不”。他面对的是统治者，表现的是不合作，抒发的是千古豪气。这种不合作、反对的行动，是一种大举动，一种能促成大成的大举动，这举动是高于“是非对错”的，在大行动过程中，也不能简单地用是非对错来衡量、规范。古人讲“不畏大人”是说不怕当官统治者。当时国民党白色当头，台湾媚骨成群，李敖却挥洒才气，丢出一《岳飞案的另一面》，当头棒喝，专泼冷水。李敖在文中旁征博引，令人叹服，史料确切无疑，但在史料与他的观点上的联系，他却玩起了文字游戏，“强奸资料”亦从中看出了。但，这种“是非对错”在这种大举动前已经失去作用。

当然并非说“流氓”就一定要写要赖文章游戏文章，如果李敖单靠要赖打天下，那才是台湾的悲剧呢！竟没打倒一个流氓！

读李敖文章那种海立云垂的壮观，那庞大恢宏的气势，那势如破竹的霸气，那天衣无缝的逻辑，那舍我其谁的勇气，那风刀雪剑般的攻击，感染我，搅动我，叫我不安，叫我握紧拳头，叫我以积极、乐观、豪迈的态度去面对困境。

李敖一生在我看来能用六个字概括：侠义、坚定、玩世。但是在躬行此六字时就没那么容易了。在国民党白色统治下，李敖的侠义、对真理的追求叫他大难难逃。在被封锁、被斗臭，人人喊打的窘态下，李敖又是那么的坚定。在他难觅知己、孤军独战的情况下，他没气馁，反而以一笑置之的玩世态度使自己即使被痛苦掩埋，也不为痛苦埋葬。观李敖一生是在看电影，一个战士辗转于沙场的痛快淋漓。

李敖在一首诗中写道：

“明知你——你将远去，
明知我——我志不移，
明知他——灰飞烟灭，
也要下这盘残棋。”

在这盘残棋中，李敖终究是独角戏。“残山剩水我独行”，而当年的砥砺又有几人能承受？静静地看李敖，他逐渐远去、远去，滑过、滑过，模糊、模糊，消失、消失。或许这世界只要一个李敖就够了，这样我们会更加珍惜他，这样也会少几个“画虎不成反类犬”的“小流氓”。但那样的话，“天地精神”又孤独了，没人和它往来了！

如今李敖已经垂老了，那“小流氓”变“老流氓”，最终“老流氓”变成“老骨头”，苍海浮沉，鱼与熊掌安能兼得？仰天长笑，任时光流逝，任天崩地裂，远处的李敖盯住了这个荒唐的地球。

孙恒 （英语　0293 班）

酒　祭

在喧嚣的都市，我无法入眠；在高楼的顶层，我凝视那混浊的夜空。游荡的心在苦苦地寻觅，寻觅那遥远的情结。

我的手触到了那浑厚的陶瓷，打开蜡封，饮下一口渴盼已久的米酒，于是热血开始呼啸，我神回中古……

拨开黄尘，踏进古道，走进大山，来到田园，府地洞天，是陶先生家吧。

淡淡的紫烟，
悠然南山可见。
你扶出青竹杖，溶入那秀美的山川。
方田几亩，草堂三间，
就着篱下黄菊，饮下乡酒几杯。
一曲飘逸洒脱的绝唱传响千年！
酒中诗，苦烈中有无尽的热度，酒中人，痴醉中有满腔热血。

青衫褪色，犹有酒香，月下独酌，踱步而歌，月降星落，诉尽人生几何！

一壶浊酒，山情、水情、苍生情，尽含其里；

半张宣纸，家愁、国愁、天下愁，尽含其中。

此酒无价，此人更无价！

王维劝君酒一杯，内有两行泪；辛弃疾醉里挑灯看剑，心系国家安危；李太白月下独酌，气纳山河；白居易江头送客，饮听琵琶歌，写尽生涯不易，叹尽人生起落；更有魏晋阮籍，葬丧弹饮，吐血三升……五千年来，炎黄子孙尽此矣！滕王阁上，岳阳楼边，英杰醉歌，其中有多少赤子深情。别有大家东坡，望断前人，江畔而歌。眺望东去大江，激起千堆雪浪，道尽古今英雄，一樽又尽添绝唱！

逝者如斯，精魂不灭……

而今，晚生独坐，也用一壶浊酒来纪念我的祖先，我的精灵，纪念那一曲曲绝唱，一座座人格丰碑！

夜已深，夜空又浊，再次举杯当空。就此拜别。

孙网华

花谢花开花满天

题记：带着父母殷切的希望和自己远大的抱负，我远离了家乡。我深信，这将是我希望的起点。然而，行走在陌生的地域，荒林斜日，野陌穷秋，我在异域的悲风中碎散，如一枚无足轻重的游离的单细胞。

美梦无痕

夜色怡人，微醺的风，带着香茗的味道，一眉新月，如刚沐浴般晶莹可爱，可爱的还有那么一弯诗意。群星是不甘寂寞的精灵，装点着天空的神话。

独坐窗前，望着树梢上的月儿，嘴角又荡起一抹笑意，手不经意地又触到了桌上的信封，再一次低下头，微颤的手捧起它——华北水利水电学院的录取通知书，看着信封上那轮不知已经看了多少遍的旭日，我知道，几天后，这张通知书将带着我飞向理想的殿堂，我也知道，我将离开这方生我养我的土地，独自一人去走完四年漫漫的求学路。

冷泪无声

带着父母殷切的希望和自己远大的抱负，我远离了家乡。我深信，这将是我希望的起点，然而，行走在陌生的地域，荒林斜日，野陌穷秋，我在异域的悲风中碎散，如一枚无足轻重的游离的单细胞。

登上阳台，眼前一片凄凉，冰凉的风夹杂着细雨扑面而来，寒气侵袭着骨髓，也侵袭着一颗痛楚的心，快慢班的悬差已使我无法再抬起那颗曾经自尊的头，本就短小的我更觉得低人一等，“我该怎么办？”我低语，没有人回答，一阵愁思侵袭到我的头上来，我感到了无边的寂寞。我忽然觉得这个房间太空阔，电灯太亮，人声太稀。而我，只想哭。

迷雾有情

接二连三的打击，几乎将我的棱角全都磨掉了。随着时间的流逝，我变成了一块小小的鹅孵石，静静地趴在海滩上，周围的一切再也激不起我的一丝微笑，或许是生疏的环境，或许是迷惘的心境，或许是……

然而，然而窗外，雾起了，欲放的花蕾宛若隐情含羞的少女，轻轻地，轻轻地将自己隐匿在枝蔓与绿叶丛中，犹恐弥漫而多情的雾儿窥见她盛产秘密的心田。迷雾只是默默地洗涤她怒放前的尘垢，抚慰她那莫名的惊悸。突然，我明白了，虽然，只是邂逅于朦胧之中的那一刻，雾儿还是在飘逝前默默地为她祝福。

我庆幸，我没有迷失在雾中，只因为雾儿也有情。

落叶有梦

晶莹金黄的落叶纷纷飘荡，如一只只振翅的蝶儿，铺着落叶的大道上亦金黄一片。

我在秋风中踏着落叶站着，披着晨曦的霞光微笑……

从此，我的梦境将不会再让秋雨淋湿，我的诗篇将不会再是憔悴，我会去采集火种，我会去寻找快乐，我会去享受宁静……

圣鸟集神火自焚而得到永生，落叶化作春泥而企盼来年。万物就是这样如梦如幻而又周而复始，那么，我的梦呢？

泡上一杯柠檬，看着空中黄黄的落叶和粉白的花瓣，把思绪放飞在风中……

孙祥鹏 (计算机 9721 班)

二十岁，揭下面纱好吗

二十岁，是喷薄而出的朝阳。

二十岁，是飞泻千里的江涛。

二十岁，是蒙着面纱的处子。

二十年的光阴沉淀五千年的风雨，或多或少有了些领悟，有了自己的情感，有了自己的思维，也有了自己的一块面纱。

揭下面纱是什么样子？

他总想以成熟的言语掩盖未成熟的心理，他总想以成人眼中的不可思议掩盖自己的普通平凡，他总想以狂歌劲舞、摇滚呐喊掩盖自己的空虚。

他也想领略抽烟的潇洒，却总是第一口就呛出了眼泪；他也想品尝初恋的甜蜜，咽下的却总是一腔苦水；他为了一点琐屑与人打得鼻青脸肿，只为听别人赞他血气方刚，像个男子汉；他对什么都显得不在乎，其实他很在乎。

二十岁，有二十岁的苦恼忧愁。二十岁最大的忧愁就是不知什么是忧愁。虽然他也曾独上高楼，满腹心事，仰天长啸；虽然他也曾登峰远眺，迎风而泣；虽然他也曾静卧海滩，倾听潮的悲鸣。然而他还是他，没有一丝皱纹爬上额头！

二十岁是欢笑的季节，他能把每一件事都谱写成一首歌。下楼不慎，头破血流，独自呲着牙吸着冷气幽它一默：吃一堑，长一智嘛！钱包被“借”，依然笑容未减：有劳而获，未失君子！邮票遭劫，信封咧嘴，目瞪口呆之余，他长长叹了口气：不才早想打开心灵窗口，足下何必性急？

二十岁，花枝招展，阳光普照。二十岁，晶莹剔透，光彩夺目。

二十岁，青春火热，燃情四季。他可以为一场比赛，一个进球熬个通宵达旦；可以为一个问题急得面赤筋暴；可以为一个陌生人抛洒热血。

二十岁，永不服输，和高手过招，犹能屡败屡战。二十岁，独立、自由、奔放，总想摆脱一切束缚单枪匹马闯天下。

二十岁的天空总有一片白云飘来荡去，试图给二十岁蒙上一层面纱。

二十岁，把你的面纱揭下好吗？

孙淑红 (热动 9719班)

蓝色的日记，紫色的梦

题记：那一尺多高的日记，曾漫过我一个冬季的情感，使我幼稚而天真的双眼看不到那份朦胧背后更真实的天空，我把它们捧到母亲的面前。

那时候，我是一只不知道自己是只丑小鸭的丑小鸭，是一个不知道自己是个灰姑娘的灰姑娘。

认识华，实在是一件很平常很自然的事情，就像天空偶尔飘过几朵云下过一阵雨，我们同班。

也许是因为华那双让人永远看不透也猜不清的眼睛里，有几分狡黠几分挑剔还有几分体贴几分让人不易察觉的忧郁。那时候，我是那样一个多愁善感又不谙世事的孩子，我不能明白，狡黠和忧郁，挑剔和体贴怎会如此融于一个人身上又融在一双眼睛里。我只知道，当我第一次看到那双眼睛时，心便痛了。也许当时我太单纯了，正如华后来不经意间说过的一句话："你简直单纯得令人不可思议。"

那时，我喜欢涂涂抹抹一些别人老是说看不懂的东西，便加入了文学社。我们文学社全体成员集体去人民公园玩，在溜冰场一个冷冷清清的角落里，我惊异地看到华一个人孤单单落寞寞地看溜冰场上忽来忽往穿梭而过的身影。那时候，华已经有了女朋友，和我们不同系，我看到过他们在一起很快活的样子，却从未看到过一个拥有女朋友的男孩会那样落寞而孤单地坐着。我要了一罐可乐放在华面前就溜走了。当我再经过那儿时，华已经走了。第二天下了课，华塞在我包里一只盒装的东西，我掏出来是一个包装得很精致的化妆品。那时候，我还不懂也不习惯打扮自己，就那样整天素面朝天地穿梭在教学楼、宿舍、食堂三点一线间，可是我更不习惯无缘无故接受别人的东西，华说他更不习惯送东西送不出去。华说这话的时候，眼睛里有一种逼人的不接受任何理由的霸道。

后来知道，华是广东人，父母是 20 世纪 80 年代先富起来的那一代，富起来了也离婚了。华是在二妈的关爱下和父亲对他要风得风要雨得雨又寄予厚望的环境下长大的。从那时起，我的日记里便出现了华的名字，华藏在玩笑背后忧郁的眼睛，也填满了我一个少女天真而幼稚的牵挂，仅仅是牵挂，却是那样深切但并不沉重的牵挂，我渴望华永远快乐，永远拥有开玩笑时阳光灿烂的笑脸。那时候，华喜欢和同学开玩笑，当我忍俊不禁要笑出来时，便说："你烦不烦人啊！"时间长了，我刚要说出口华便脱口而出"你烦不烦人啊”，我更忍不住笑了。同学们谈论华和女朋友很好时，我禁不住为他们祝福，我希望华眼里少几分狡黠几分忧郁多几分快乐几分光彩。

有一天下晚自习，华说让我陪他走一会儿，原来他失恋了。那个晚上华一直在说，一直在解剖自己哪儿做得不够。他说，我再也不谈了，如果大学毕了业还得分手，还不把我的心疼死。黑夜里我看不见华的眼睛，可是我看不到的那双痛苦的双眼却在刺痛着我，因为面对华的痛苦我却无能为力。过马路的时候，华没有忘记和我调换位置，我知道华会走出来的。

有一次上课，我穿着表妹为我织的毛衣，华说，他从没穿过手织的毛衣。当时我就有一个心愿，我要为华织一件毛衣，帮他实现这个愿望，虽然当时我并不会织什么东西。那个冬天里，我选好了毛线，拜师学艺，开始了那个默许的心愿。我坐在自己的床上，把毛线从一根针搭到另一根针上，一针一针，针针相连，一环一环，环环相扣。窗外的阳光溜进屋子里，映在墙上，我的心里有一种从未有过的宁静和恬淡，还有一种无可言传的感动和满足。那个冬天里，我的日记一天天多起来，毛衣也一天天成形了……

不知道从什么时候起，我开始迷惑了。华让我帮他画图，说我画得认真仔细；让我帮他写论文，说我文笔好字写得帅；当华怕考试不过要重修坚持让我考试坐在他旁边并且在同学面前扬言说我肯定会坐在他旁边时，我的心像浸在冰窖里，一点点凉下去，一丝丝冷起来。我不知道，是我根本没发现华眼睛里有一层更深更不易察觉的东西，还是多了一层更深更不易察觉的东西，总之我眼中的华变了。如果说以前我能触到他的心灵却触不到他的思想的话，那么现在连那种心灵上的接触也不在了。

面对着那一尺多高曾填满我一个冬季心事的日记，那曾漫过我一个冬季情感的毛衣，泪水滑落几许，有一种无根的失落感和无可言传的痛，这种心情我说不出，或许说出来就不是它们了。我曾问过自己，对华到底是一种什么样的感情，我不清楚，也不明白。我从没有奢求过什么，面对华和他的女朋友，我没有嫉妒，只是一种不明缘由的牵挂，我希望华快乐幸福；面对现在的华和他换了一任又一任的女朋友，我只有痛。我流着泪讲给母亲时，母亲只有深深地拥着我，没有教导，没有要求。我在那些日记的最后一页写道："灵魂在高处不知为谁所系的时候，心灵便沿着来时的路回家了；情感在高飞不知为谁所钟的时候，心情便躲进一扇门里。"然后当着母亲的面把它们烧了，看着蓝色的火苗，我把过去的日子深藏在心灵的某个角落，就像天空偶尔飘过几朵云，下过一阵雨，平常而自然。

岁月之歌

在这个冰凌乍裂春意萌动的日子，我只想写给你。

童稚的岁月里，只知道忙着玩。天真无邪的眼睛里，广阔的田野有鸟儿飞过，静静的池塘里有鱼儿游来游去，深深密密的枝叶间有鸣叫的知了，花丛中有翩翩舞蹈的蝴蝶。从来不知道，幸福是什么，甚至头脑里根本没有幸福这个概念。

走过岁月的钟声，我一步步学会倾听你流动的思想，就如一株会思想的芦苇。往事的花瓣，还有那美丽的蝴蝶，都留给了季节，留给了记忆。

踏上青春的班车，斑驳的心情时时潮涌而来，如斑驳的影子，长长短短，短短长长。看来看去，满眼里都是个性的摇滚，世间打水漂的故事里，演绎着怎样的悲欢离合喜怒哀乐。我依然喜欢你的平淡如初，寂寞如始。踩着快乐和悲伤，踩着岁月的片片断断，才知道，幸福没有答案，幸福如飞翔的鸽子，在人生的清晨，折射出水晶般的光芒，透明得触手可及，又渺茫得遥不可望。望望天边的明月，生命释然的方程里，不需要纠缠不清的解。

我依然是个孩子，睁开眼睛的时候，我依然好奇地打量着这个多彩多姿的世界。喜欢在黄昏的晚霞里，看那一片片温柔如羽毛飘飞起来；喜欢在傍晚的喧嚣里，静静地等那半个月亮爬上来；喜欢懒洋洋地躲在小巷里，听音乐如绸子般婆娑地飘；喜欢点着蜡烛，一个人守候夜的女神悄然而临。心事如莲般盛开的日子，满天的星星都坠着明晃晃的光环。

没有想过为你承诺些什么，当承诺随风而去的时候，我们的心里会结晶令人伤痛的盐巴。我不愿钟声响的时候有人在哭。生命是一片天，我只愿天天天蓝，却不拒绝白云、彩虹和飞鸟。天空没有翅膀，而我早已飞过。没有问，走了这么久，你变了没有？我只是数着即将到来的日子，迎接你。

遥远的对话

想起你，常常会想起那头奔于天涯之鹿的回眸，就那样无限凄凉而无畏的回眸，令人心颤却不忍驻足。想起你，常常会想起荒荒大漠里的梭梭草，就那样挺直着身子淡然而坦然地注视着渺无人烟生命贫瘠的戈壁滩，面对着洁净的早没有界限的时空。

你说，你是一个平凡而质朴的行路者，你曾经拥有和将要拥有的，只有自己的双手才能把握；你所经历和将要经历的，只有自己的蓝底鞋才能丈量。我想，你就那样不时回首又不时远眺，就那样定定地看着我，不叫喊，不举步，那样卑微而坚定地站在那儿，审视着自己和自己之外的命运。

你说，你来自乡村却不能沉沦于乡村，你必须摒弃乡村的愚昧封闭陈旧狭隘；你迷醉过城市又必须超越城市，你必须摒弃城市的轻薄浮飘浅劣虚荣。

你说，用大脑生活比用心灵生活更理智，而用心灵生活比用大脑生活更崇高。理智往往很残酷，崇高往往很盲目，而生活却是真实的。

你说，所谓的对手，不过是自己的另一种演绎。透过对手，可以更清晰地看清自己把握自己超越自己。

你说，你要构筑一个有梦想却不狂妄，轻盈而有分量，清新而真实，纯净而丰富的生命。

你说，一份美丽清纯的人生态度足以殷实许多渴望而寂寥的心灵。

你说，你的生命注定了要去跋涉；我说，我不会忘记那一回眸。

你说，你的生命注定了要去承受；我说，我会时常记起那坚韧的梭梭草。

那么，握住生命的缰绳吧，如你所说，我们的灵魂在做俯卧撑的时候，别忘了清洗我们的心灵，明天还要上路！

季节尽头的回音壁

——毕业前写给同龄人

匆匆忙忙也是尾声。似乎能看到落幕的场面和那将要离散的人群，却没有一个观众，因为你我都是演员，自编自导自演的角色。从此岸追溯至永远的彼岸，人事沧桑，总会消蚀去许多无关紧要的枝蔓，留下最经典的部分。

曾经用幼稚刻意雕琢一种颓废感，似乎很有吸引人的味道；曾经用年少的轻狂装扮出一身的酷，似乎很有力量的动感；曾经像孔雀开屏自作多情地等在瑟瑟的秋风里，似乎那也是一道别致的风景；曾经很有风味地在雨中来来去去溅起一路水花……所有的曾经都如雾里看花一样，太阳出来了，雾散了，花也不再是花，所有的故事都像水中望月一样，风过去了，水不平静了，月也不再是月。

曾经“为赋新词强说愁”；曾经“激扬文字指点江山”；曾经“意气风发”；曾经“灵气和固执”；曾经追求鹤的逸，马的骏，兰的幽，松的古；曾经自己永远是主角，没有观众，没有共鸣，也无所谓……曾经、曾经，像比香烟还要沉默的男人深沉的目光，比素兰还幽深的女人无声的浅笑，都镶嵌在了风的书签投寄给岁月之河了。

那个在哈佛矫若游龙又仅用一年工夫拿下硕士学位的刘轩却忽然不明白自己为什么读书去浪迹天涯四海为家了。走在季节的尽头忽然明白不喜欢那些肤浅露骨的东西，即使多么雍容华贵富丽堂皇，不喜欢让物质享受宠坏了自己的性情腐蚀掉自己的灵魂，即使自己的另一个声音在迫切地贪婪地要求着这一切；我不喜欢那么容易得到的东西，即使是使人冠冕堂皇的、众星捧月的荣誉；我不喜欢在别人的安排下按部就班地实现别人所谓的梦想，即使别人是自己的父母。站在年轻的回音壁前，忽然明白自己一直想要的更纯粹彻底的东西，也许仅仅是天高云淡清风明月；一直想让自己无拘无束地成长，即使在毫无人迹的荒漠苦觅一泓清泉拓荒一处绿洲；一直想让生命释放天然的本色，就如极光绽放。

在所有的历史面前我无话可说,在所有的事实面前我无话可说。没有什么比脚下的大地更踏实，没有什么比今生今世更直接。让我去跋涉吧，即使一次次跌倒，我仍坚信足下的土地会一次比一次更坚实。因为我知道：成功没有捷径。

晨 思

校园里空荡荡的静寂，渐渐笼起的薄雾给初秋的清晨裹上一层清凉的朦胧。我漫步在操场上。远处是灰蒙蒙的天，灰蒙蒙的树，近处一排排被修理得齐齐整整的冬青也如同这校园一样沉睡在黎明的沉寂里。

我的思绪仍然游弋在把我弄醒的那个噩梦里。我梦见星儿不见了，月亮失踪了，小窗的灯光消失了，黑暗无边无际，吞没了一切。世界像一堆废墟，只有荒原的风在呼呼地刮着，我自己也如同行尸走肉一般，不仅消失了情感，还有那充满活力的肌肉，我的每一个动作都变得那么沉重而迟钝——这时我醒了。梦中的情境竟像一个个预示着什么的符号，在我的脑子里翻腾，使我的心满满的而又空空的。

天，依然灰蒙蒙。树，依然灰蒙蒙。

“啁啾——啁啾——”一声又一声，此起彼伏。我浑身的感官都像受到一种从未有过的新鲜的刺激一样而兴奋起来。我的所有注意力都定格在这些此起彼伏的声音上了。那声音散成绮，如月光悠悠地坠地，如花影惬意地摇摆。我的心就像横躺着一架活的琴，世间并没有变成陈迹，寂寞的沙洲上自有悠闲的仙鹤在踱着步。那是蟋蟀，在这初秋的清晨，依然忘我的弹着，一如既往，好像世界本来就是这个样子，好像秋天的到来对它们并不意味着什么。

一声声，此起彼伏，和谐而宁静。我豁然轻松了许多：任何生命都不会放弃他存活空间的那一声声的“啁啾”声，好像经过了高度的概括和提炼，在暗示着大量的事实，像完全纯粹的拍像，又如意念的形象。我骤然顿悟了：随着岁月的转移，人们了解了生活，几乎经历了一切，剩下的是某些为人类终极的思索和一些崇敬的回忆，在那个静谧的极限时空中，人们不会无所适从，仿佛找到并认识了自己，那就是蟋蟀的依然安详和弹唱。

雾，慢慢散去了，操场上渐渐活跃起来了，那是晨跑的同学的脚步铿锵有力地踏起来了。

童年，那束纯真无邪的花

那是大一的时候，一个初春的傍晚，又是学校放映电影的日子。

我迈着沉闷的脚步，走向放映场。突然，一个小女孩骑着自行车，背上背着画夹，熟练地一脚撑地，在我面前停下了。

“阿姨，你喜欢花吗？”

“花？”我怔住了——当然，谁不喜欢美丽芬芳的花呢？但是我从来不习惯兜里带钱，我以为是卖花的——这时候，我注意到她车篮里那一束束只有春天才会有的淡雅的小花，夏天的花往往是鲜艳而夺目的。

“不是卖的，是送给你，只要你喜欢！”那个小女孩仰着纯真无邪的脸看着我，我的脸有些发烧了。

“我喜欢花，你会送给我吗？”这时我旁边的一个男生问她。

“只要你喜欢，我送给你。”小女孩说。

我悄悄地走开了……

也曾记得，童年的自己也喜欢钻在雨后的树林里，看雨珠在花瓣上滚动；或者在阳光明媚的季节里，看蜜蜂在花丛中飞舞，不停地忙碌着。

金乌西坠，玉兔东升，一天又一天；冬去春来，斗转星移，一年又一年。不知不觉，那个天真烂漫的小女孩已经成了别人口中的“阿姨”！更是久违了那份纯真无邪，还以为花都是用来卖的！

时光如白驹过隙，弹指即过。岁月漫漫销金蚀日，我们的生命里失去了些什么？又得到了些什么？

面对自己，有一种沉重的孤独感，就如手里握着自己的生命线，却不知应该弯向何方，最终又停驻在哪儿？面对将来，有一种不知所措的茫然感，一条路完全靠自己；面对社会，有一种深深的恐惧感，一直追求单纯，追求简单。虽然仍然是思想里以为花都是卖的，但自己还是适应不了那种纷繁复杂；面对父母，我们除了感动，更多的是为他(她)们心痛，悲哀，一生只为了孩子的父母；面对朋友，刚刚相聚的欢乐就要被离别的思念牵系……心里仍然执著地坚持着那份追求，那份挣扎的追求，却又怀疑自己是否真的能抵制住那种光环眩目的诱惑？能否守住那份心灵的清纯、淡泊和宁静？光阴荏苒，岁月如梭。我们能给自己生命的底板涂上怎样的色彩？又将绘出一幅怎样的画面？那画笔就在我们自己手里。

遥远的爱

题记：今天是母亲节。子夜了，我还不能入睡。室友均匀而安详的呼吸，偶尔梦中喃喃呓语，收音机里令人亲切的歌声，给人一种温暖的氛围，一种想家的感觉。

记得很小的时候，村里人都说，妈妈是村里最好看的人儿。那时候，我总是偎在妈妈温暖的怀里，仰起脸，用两条稚嫩的胳膊勾住妈妈的脖子，或者用小手摩娑着妈妈滑润的脸颊，看妈妈那双黑宝石般大而亮的眼睛。那时候，我就说：“妈妈，等我长大了，我要为你画张像。”

花开花落，春去秋来，一年一年过去了，我长高了，也长大了，那个儿时的心愿却从未实现。

在我刚要上学的年龄，父亲害了一场大病。从此，一家的老老小小，里里外外的事务都落在母亲瘦小的肩上。我记忆中，只有母亲那匆忙的背影。早晨，我们还没有从酣梦中醒来，厨房里已经做好了饭，母亲已经下地干活去了。夜里，我们早已进入了梦乡，母亲仍然在昏黄的油灯下穿针引线。日出披星而去，日落戴月而归，这就是我记忆中的母亲。

农村的孩子对生日观念特别的淡薄，他们是不会像城里的孩子那样大张旗鼓地过生日的，因此我也总是忘记自己的生日，然而母亲却从不会忘记我们的生日。虽然生日时只有母亲做的面条，打上两个荷包蛋而已，而在那时的孩子眼里，就俨然如过节一样了。往往是我们姊弟三个其中一个的生日，却是我们共同的生日，于是三颗小脑袋聚在一块儿，嘻嘻哈哈地把那碗面条吃完。这时，母亲便微笑地看着我们吃。我们叫她吃，她总是说吃过了。当时我们就那样傻傻地相信了母亲的话。多少年后的今天，我仍然深深地内疚，那时候怎么就想不到母亲是舍不得吃故意那样说的啊！正如有了好吃的东西母亲总是推说“不爱吃”便不吃一样。

有一天，看到一本书上说：“你知道你母亲的生日吗？”我也这样问自己，我的脸发烧了，母亲不知给我们过了多少个生日，我们却从未给母亲过过一个生日，甚至不知道母亲的生日是哪年哪月哪日。当时，我就跑去问母亲，母亲有些惊讶，也有些茫然：“生日？我忘了。”我不信，我以为母亲在故意骗我，就一直追问下去。母亲仍然说：“忘了。”母亲整天为了这个家，却忘了自己的生日！这就是母亲。

母亲有了病总是忍着，实在不行了才去看医生。那一次母亲在灶前烧火做饭，我守着母亲做作业。忽然母亲停下来，让我替她一会儿。母亲从来不打扰我做作业的，我抬头，发现母亲痛苦地皱着眉头，我知道母亲的病又犯了。我只记得医生说：“这么贫血，血压这么低，还不歇歇！”那一天，我在自己的屋子里哭了很久，我没有在母亲面前哭的习惯。母亲不仅血压极低，高度贫血，而且从颈椎骨到尾椎骨都有骨质增生，我真的不知道，母亲是怎样忍着浑身的疼痛和头晕起早贪黑地干活的！妈妈，亲爱的妈妈，歇一会儿好吗？

母亲没有读过书，却坚持把我们姊弟三个送到学校。然而母亲对于我们的学习从来都不过问，也从来不给我们太多的压力。她只是说："只要你们肯努力就行了。"而我们每次考试后，总是自觉地把成绩告诉母亲。高考之前，同学们都拼着命学习，家长总是三天两头提着大包小包的营养品到学校里看自己的孩子。我的母亲从来没有到学校看过我，她只是笑着说："别学'傻'了，睡够了觉再学习，别舍不得花钱。"

来大学前，母亲教导我说："出门在外，和别人好好地处。"尽管我从母亲那儿学到的真诚遭到过许多冷遇和冷嘲热讽，我依然不会放弃真诚，因为我真诚，才拥有那么多的朋友。

大一寒假回家的路上，真有一种冲动，心里想着到家时一定跑上前去像儿时那样拥抱母亲，但是没有。我长大了，对于母亲来说，我不仅是一个长大的女儿，也是一个远来的客人，尽管母亲喜悦的目光表现她是多么高兴。长大，已使我不善于表达感情了，但是下一次回家，我肯定会像儿时那样扑向母亲。

今天，我远离了家乡，远离了母亲。但是，亲爱的妈妈，女儿祝你身体健康，永远快乐！

我始终认为，一个农村孩子从母亲那儿学到的东西很多：节俭，勤劳，肯吃苦，能忍耐，韧性和在苦难的生活中生存下去的勇气，还有那广博而淳朴的爱。谨以此献给天下的母亲。

重读"五四"

春天和秋天依然持续着开花和结果的事业，生生灭灭的野草也在提倡着一种不变的哲学。穿过八十年如梭的岁月八十年如织的时光，我踮起脚尖来看历史。

记忆可以尘封，而历史不会。

就像一万匹奔腾的骏马，突然静止了冲动，竖起的剽悍和粗犷，骤然凝固的野性狂飙，至今仍有雷霆滚动。

万古不灭的太阳晒红了古老的蛮夷，希望的胚胎里一片等待燃烧的辉煌。

就像历史和所有故事的线索，勃发着一个时代的活力，透射出一种奋发的张力和黎明前的韧性。

走出了一个时代的一片盲区，走出了一段历史的一片空白，虽然被磨砺得血痕斑驳，虽然沉重悲凉，却是那样的斑澜悲壮，那样永恒。

如一条血脉的延伸，似一个生命的河床，在岁月的浪花里飞扬或历史的长河里流淌，飞扬着抑或流淌着一个民族一代代人的血和泪，那种执著的吟唱，那种豪迈旷达的吟唱，不怕岁月的搁置与消磨，标志着一种精神，一种高度，拓展开一种境界，一种时空。

历史的帷幕一层层地拉上了，一个一个的大时代虚掩在时间的黑夜后面。悲和喜，生与死，离与合，歌与笑，这一切渐渐地由近而远，由浓而淡，这一切已经消逝或者将要消逝了。然而，那种深入中国人的血脉和内在的精神，却有着不可抗拒的力量；那种被强化了的理念和情结，比世间任何事物都有生命力。斩不掉，挥不去，在时光的河床沉淀，在生命的源头流淌，就像中国人的根，发芽了，长成藤萝，向远方伸展开去。

记忆可以尘封，而历史不会。为了今天我们才写昨天，甚至为了明天我们才写昨天。

每个人至多只是一朵浪花，也仍然有人向往大海奔向大海。我们愿意在现实的尘世里扎下“根”，举起我们真实的双足，在古老的大地上留下我们年轻的投影。

成长课题

每每伫立在窗前，凝望窗外那排参天挺拔的杨树时，都会有一种不可名状的东西触动我的神经亦或思想的最深层，令我舍弃一切浮华浅薄的东西，抛开喧嚣繁华的外界，进入一种深沉而深刻的境界，让我陡然间把生命看得认真而严肃起来。它们的每根枝杈簇在一块儿向上生长，我想在它们的成长历程中，每根枝杈都使劲伸展向着它的方向，保持最佳姿态，努力使每片叶子面向太阳，以最好的角度接受阳光的照耀——这是它们的最佳成长姿势。我们呢？我们的成长呢？

无论是在优越中降生，还是在贫困中出世，无论是在鲜花的簇拥中成长，还是在苦难的磨砺中长大，成长始终是我们人生历程中无法逃避，亦不能逃避的人生课题。记得有一位作家说过："你可以轻视茂盛，但是你不能轻视成长。"

从襁褓婴儿到蹒跚学步，从充满欢声笑语的童年到满脑子疑问的少年，从美丽绚烂的花季到湿漉漉的雨季，当这一切随着年龄的增长伴着青春的到来慢慢地离我们远去，当现实的字眼爬上渐渐变宽的肩膀，当社会的网在青春年少的我们眼前慢慢撒开时，我们应该怎么办？

当我们从原始而混沌的自我里蜕变出来走向社会的门槛，当红灯绿灯交错闪烁在十字路口，我们应该走向哪个方向？当社会变革以飞快的速度改变着世界瞬息万变的面孔时，当花花绿绿热热闹闹的世界缭乱我们的眼睛时，当世界观人生观价值观一次次打破传统重新结构时，我们应该给自己一个什么样的定位？我们应该怎样寻找最适合自己的位置或坐标？

当我们需要和种种异己打交道时，我们应该怎样调整自身与外界的砝码才能保持平衡趋于最佳状态？当这个既要认识异己更要认识自己，既注重自己，又注重现实的年龄到来时，我们该怎样无怨无悔地走过？怎么设计自己的将来？当对生活的认识及情感人生经验一次次由幻想的破灭变得现实理性起来时，我们应该怎样调整自己的思想、心理及情感的层次和水准？

在人生的旅程上，我们刚刚上路，风风雨雨，坎坎坷坷，人世沧桑，酸甜苦辣，尤其是当今社会，各种竞争激烈，浮躁感困惑感危机感时时侵袭着年青的心。亲爱的青年朋友们，我们的《长澜》近期将开辟"成长课题"专栏，对人生意义价值，对情感的认识感悟，你有什么想法持什么观点，请拿起你的笔，参与我们的"成长大课堂"讨论中来。

闫彦宾 (经贸　9622 班)

挽留夕阳

奔飞着跃上堤畔，再看你一眼。

动情地执手呼唤，留给我一半。

哦，夕阳！在即将到来的夜晚，你的美丽，使我陶醉，你的情怀，让我崇拜。何止这些呀！还有淡金色的缕光让我欢欣，圣洁的世界让我向往……

我不崇拜小草，那太柔嫩。我也不曾忠诚于晨露，那太短暂。万紫千红的大自然，斑斓璀璨的一天，我只能属于你夕阳，因为在那里，灿烂的云霞托着一颗纯洁的心，七彩壮丽的色彩拥抱着一个充实的辉煌。

是你，作为一个承受者的角色，承接着一天收获的希望，是你，作了最完美的别离，赐予了生灵最温馨的光热，感谢你的慷慨，感谢你的温良。

你要依依地离去，你要送我一个月亮，送我满天星光，可我要的哪里是这些，我只要你再作停留，让我再看一眼——用诚挚的目光……

朱怀玉 (机械设计　0239 班)

大学透视中的“宿舍文化”

一个人在书本里呆久了，不免带上点“文”气。

大学，不仅仅只为读书而活。自然而然的，除教室之外还设有很多其他的活动空间。宿舍，似乎是重中之重。如此不可或缺的地方，在这个以书为主的国度里，单说“宿舍”，似乎有点委屈我们的天之骄子，将就将就，给这儿一个“文化宿舍”吧。

也许，来自五湖四海就已经奠定了基础，因为五湖四海皆朋友嘛，这个放之四海而差不多都准的真理，现代人也自觉地把它奉若神明。这句话不知道是谁说的，如果是今天的话，人们崇拜性的呼声，可以把他送到掉下来可以粉身碎骨的地方去。年轻人似乎都很有交往的天赋，不几天，已有“老大”、“老二”……亲密无间的叫声了。对此，恐怕最成功的交际家也不得不大喊“暂停”，因为他不想失业。其实，仔细想来，也没什么大不了的，刚刚离开熟悉又一头扎进陌生，每个人面临的第一个似乎也是最重要的一个问题就是相处。既然如此重要，每个人都不得不小心得如履薄冰，好的开始等于成功的一半，都不是天生的傻瓜，谁都不想在第一步中折戟沉沙，没有理由不把开头细细地侍弄一番，以后？天知道会怎么样。

可以看到，现在宿舍的功能强多了，不仅是我们休息的地方，还包揽了学习之外的一切。在这儿聊天，这一政策得到很好的贯彻，平时不怎么样，也被激得声情并茂，自个儿也纳闷，今个儿怎么这么健谈？卧谈，是这儿最流行也是最好的交流方式。高中时避之若虎的爱情话题，摇身一变成宠儿了，也许，是憋得太久的缘故吧。在证书打先锋的今天，不必担心证书过多溢出。这不，毕业时，又多了一份因熬夜而荣获的“卧谈毕业证书”。四年的辛勤耕耘，结果怎样，看你的造化。

宿舍是一个自由的国度，不过，也许就因为太自由了，有时也免不了一点点遗憾。一些在说者看来没什么大不了的口头禅，却能大大地影响别人的听力。而这些口头禅，像一个个白色塑料袋浮在湖面上，显得太不和谐了。湖边原本就有一些现代人的杰作——影响市容的乱纸废屑呀什么的，如果湖面上还有这些与众不同的杂物的话，更是大倒胃口。很遗憾，学校这个湖总是不负所望，经常有这些很不和谐的白色幽灵漂浮于其上。如果你是第一次听到，那么你就会怀疑这是学校还是社会，这么说不是贬低社会，而是这些在社会中已是见怪不怪，移植到学校，不免让人感到意外。林子不大，却有很多怪鸟，不能不让人吃惊。

虽然有些不满，但总得想办法对付。没有谁愿意花时间去大街上听别人吵架骂的是什么，也没有谁愿意花心思去记住大街上一个路人穿什么颜色的衣服，戴什么式的眼镜，除非这个人很与众不同。宿舍文化所创造的新名词也是如此，或许，能从这儿提高我们的免疫能力，只要够聪明，也不是不可能的了。果真这样的话，将来我们回忆起这些功臣时，没有理由不感谢他们，毕竟，伤害有时也是一种财富，何况这几个新名词呢？那些不算好听的新语言，摧毁力也不小。革命是一个大熔炉，宿舍虽小，也能算上一个。熔炉是运气，金子是生命，命运，生命运气，命运掌握在自己手中，好好把握哦。

江广旭 (水工 95级)

独爱秋

一年四季，我独爱秋。

瓦蓝瓦蓝的天空，偶有几朵白云，四处飘荡。留下了秋独有的天高地阔、神清气爽的惬意。不知从何时起，我对秋情有独钟。即便是一片落叶，一只孤雁都给我无限的遐想，给我无尽的思索和启迪。叶落归根，化作肥泥，不贪恋于世，又敢于奉献自己，无怨无悔，不能不说是一种洒脱，其中蕴含着多少情意。

秋是我生命中的小河，她那清澈透人的河水，每蹚过一次，就给我的灵魂一次洗涤。秋特别豪爽，没有许诺，只有实际，没有炫耀，只有奉献。采一枚成熟的果子，你品到的不仅有甜蜜，还有艰辛和苦痛。独爱秋，正是因为这无言的季节，给我增添了许多人生哲理。

绿叶——红叶——黄叶，萌芽——开花——结果，冬天的孕育，春天的分娩，夏天的哺乳，秋天的成熟，每一个生命的演变过程，都深含着非凡的毅力。开花终究为了结果，绿叶最终还要枯凋，人生犹如四季。只有秋，才能显示你的卓著。秋是万物复苏的始祖，又是万物最终的归宿。有了秋才有新陈代谢，有了秋才有万物一代一代的传递。想到唐代王勃的“落霞与孤鹜齐飞，秋水共长天一色”，宋代范仲淹的“碧云天，黄叶地，秋色连波，波上寒烟翠”，看到天高云淡，北雁南飞，萧瑟秋风，人间转换，能撩动多少锦绣情怀；战地黄花，经霜犹艳，斑竹滴泪，红霞万朵，能泼洒多少豪情笔墨；激情式的思索，睿智式的冲动，聪慧式的胆气，无一不在渲染秋五彩斑斓的才思。

独爱秋，因秋是春的凝芳，秋是夏的冷焰，在含蓄中喷勃，在恬静中激荡，在粗犷中展示，在旷远中充实。

独爱秋，因为秋是哲人，是豪士；秋是超脱的，是博大的；是一首深湛的诗，更是一首豪迈幽邃的歌。走进了秋天，你就走进了充实；走进了秋天，你就走进了希望。

湖清岸静，水落石出。怎能不让我爱秋？

何玉新 (工艺与设备　9821 班)

爱，怎么会是这样

七月六日。黄昏。

“爸呢，妈？”门开了，“说好了去跟老师谈的，白白让人等了一下午！妈，等爸回来，您得替我……”

女儿这才瞥见母亲那双红肿的眼睛。

“怎么啦，妈？我惹您生气了？——那，是爸爸？！哼，就会欺负咱女人！我找他！”

“走了，他……走了……”母亲的声音有些嘶哑。

“走了？！”女儿一怔，“连女儿高考都不顾？！”女儿生气。

“出差，到很远的地方……”

母亲突然激动了，张臂把女儿抱在怀里：“琼儿，咱不靠他，妈陪你去考场，妈给你调理心境——他水平又不高……”

“眼镜……”突然，女儿不屑的双眼亮起来，“爸的眼镜！”

母亲一惊，脸变得煞白，并不转头去看那眼镜，她只是不知所措地盯着女儿。

母亲心跳得厉害。

“出差不戴眼镜？……妈，您不知道这有多危险！他上个月给我送伞就让车给撞了。幸好只擦破点皮。唉，我亲爱的老爸呀，命根子都忘了……”女儿担心。

“嗯，亲爱的老爸……”母亲声音很抖。

母亲想流泪。

……

九日。

连绵了三天的雨，仍不肯歇下。

“我回来了，妈！考得棒极了，真的！我要让老爸知道，他不陪我，咱照样考清华……”

女儿的声音塞得满院的人都掉眼泪。

女儿推开门……

女儿呆呆地看母亲，母亲呆呆地望父亲，——却是父亲凝固的笑容！

寂静……

“爸他——”

像梦！

"琼儿——原谅妈妈，原……谅……"母亲已经泣不成声，"爸……本来……可……可一辆……车……"

雨，住了……

……

这一年，天凉得早。

一切都静，枯叶落地都没声音。是黄昏。

"子英——"母亲在父亲的坟前流了一会儿泪，沉沉地道。"睁开眼啊，子英。——这是女儿在'清华园'的照片，你想了整整二十年的照片……"

母亲的微笑

上个周六，母亲打电话过来，嘘寒问暖后，我告诉她：下周我就要到云南参加全国"红河杯"演讲比赛了，很想得到一些鼓励。然而，母亲只是沉默了一会儿，然后，便轻轻地挂断了电话。此刻，只有我明白，母亲心里正在默默地微笑。

二十年来，很少看见母亲的微笑，现在于我记忆中有据可查的，全在我家的四张全家福中。

照第一张全家福时，这个世界上还没有我，那是四张全家福中唯一的黑白照片：父亲的双手搭在两个淘气的姐姐肩上，母亲怀里抱着正牙牙学语的三姐。年轻的母亲甜蜜地笑着，眼里满是希望。

照第二张全家福时，我正上小学。照片中的三个姐姐鲜艳得像三支月季，幼稚的我卷着母亲传下来的弯刘海站在一旁歪着脑袋幸福地笑。家庭的美满让四十出头的母亲如此满足，她的脸上全是微笑。在我记忆中的那些日子里，母亲总是很忙碌的。那时，家中搞过许多副业，包括种蘑菇和养紫貂。那时，我家的日子已过得在村里数一数二了，可是母亲还是那样拼命地挣钱，日子一直很节俭。父亲每日都上班，所以所有的担子都落在了母亲一个人的身上。母亲很关心我的学习，现在，我仍能清楚地忆起在橘黄的灯光下，母亲边剪蘑菇边看我学习的情景。当时我很不明白，后来才得知，母亲是听老师说我是上大学的苗子，所以才一直默默地为我攒钱准备供我将来上大学。

照第三张全家福是在二姐的婚礼上，那时，我在辽宁省一所重点高中读二年级。这一次，照片中不再有父亲了。是前一年，年仅五十二岁的父亲突发脑溢血，带着他对家的依恋，匆匆地去了另一个世界。母亲怀里抱着大姐的儿子，仍在笑，她绷紧了脸上所有的肌肉，且在腮边造型两道淡淡的纹，仿佛在全家福里必须要笑才像样。父亲的突然去世对全家人来说，就像做了一场恶梦。父亲只不过有点高血压，却没想到他竟然在一夜之间从一个世界去了另一个世界。那些日子，全家每个人的心里都压抑极了，那时常在梦里见到父亲，可是，一觉醒来，却只剩下被泪水打湿的枕巾。眼瞅着我的学习成绩从全校前十名一直滑到一百多名，我毫无办法，怎样也摆脱不了父亲的身影。那些日子，母亲从来没有在我面前掉一滴眼泪，甚至在父亲的心脏停止跳动的时候。我明白，她怕在我面前哭泣，她怕我见了会让我更摆脱不了对父亲的怀念。可是，第二年的除夕之夜，在听春节联欢晚会里的那首《常回家看看》时，母亲却禁不住泪流满面，她颤抖着声音，对我和三姐说："你们两个将来一定要出人头地，要对得起你们死去的父亲！"听着这些话，我和三姐都禁不住泪如泉涌。这一年的除夕之夜我一辈子也忘不了，因为在孩子的眼里，母亲的眼泪是最珍贵的，再美、再好的东西也换不了！

照第四张全家福时，我离家千里在华北水利水电学院追求自己的梦想。这一次，是在三姐的婚礼上。母亲坐在中间，依然染黑了发，却再也遮不住黯淡的目光——那目光里藏不住一丝她不愿表白的感情！可是，她仍是笑，抿着嘴，努力使嘴角上翘，但谁都能看出她的悲伤——从明天起，她就要一个人孤单地支撑这个家了！从那以后，我便经常给母亲写信，告诉她我在大学里参加了什么活动，组织了什么活动，得了什么证书，评了什么先进，而母亲每次打电话却都是用近乎训斥的口气跟我说："你在大学里一定要好好干，家里的事用不着你操心！”可是，我又怎能不操心啊？！我的母亲患有糖尿病，我又不是不知道患这种病的人会很容易消瘦下去。真是母子连心啊，我每次放假回家的时候，母亲都会叫我用手量量她的小腿，又掏出一叠血糖和尿糖的化验单给我看，然后一本正经地问我说：“妈这些日子没瘦吧？”可怜的母亲，每次您的儿子在学校里变胖了，而您却总是心疼地说瘦了，瘦了，可是您自己在家里熬瘦了，您却违心地说自己胖了，难道您真的觉不出自己在一年年瘦下去吗？我常劝母亲说如果有合适的，就找个老伴吧，毕竟人老了需要有一个人在身边照顾。可是每次母亲都说：“等你成家以后吧，妈怕给你惹麻烦。”

这就是我的母亲，她的心里从来就没有为自己想过什么，但她却为孩子们考虑得那么多！这就是我们中国人的母亲，她们勤劳，她们纯朴，她们善良；这就是我们中国人的母亲，她们就像我们身边的这片土地，她们努力地要让我们这群孩子成为最灿烂的花朵，却贫瘠苍老了自己。

我常想，我们的母亲为了我们这一代人付出了她们的一切，可是，我们这一代人会让我们的母亲绽开她们最真心的笑容吗？每次想念母亲的时候，我的眼前总会浮现起母亲额头的皱纹来，它历经了沧桑却刻满了希望，那是怎样的言语才能形容得了的皱纹啊！它那曲折的纹痕像长江一样充满了气息，它那浑黄的颜色像黄河一样流淌着感动，它那分明的印迹像长城一样写满了尊严！我常想，有朝一日，当我们用自己的双手把这长江，这黄河，这长城装扮得更加雄伟壮丽的时候，那便是我们的母亲绽开她们最真心笑容的时候！

现在，我一直在默默努力着，我想，拥有这样伟大的母亲，我们便拥有无穷的力量，我们有了力量，这一天早晚会实现！共同努力吧，我的兄弟姐妹们，为了我们的母亲能够绽开她们幸福的微笑，为了我们祖国的明天更加美好，让我们共同努力吧！

吴　莉

淮河·家·母亲

淮河、家、母亲已经水乳交融般地融汇进我的生命里。可爱的淮河故土有我温暖的家，家里有我两鬓斑白的母亲，亲爱的母亲偎依着淮河，守护着家园。三者像一条无形的纽带时时刻刻缠绕在心头，解不开，斩不断。

如果说一泻千里的黄河是位英俊勇猛的方刚少年，那我们家门前的淮河，恰似一位端庄秀丽、明眸皓齿、光艳照人的江南女子。霞光万丈的时候，宽阔平静的水面像泼上了层水银，闪着明亮的光辉，又像闪动着的千万只明亮的眼睛，凝视着两岸沃野的景致。微风吹来，涟漪阵阵，好像女子笑弯的柳叶眉，让人不禁想起一句古诗"美目盼兮，巧笑倩兮"，真是美不胜收。

河那边有良田千顷和一片天鹅绒般的茵茵草地，牛儿、马儿、羊儿在那里悠然自得地享受着大自然的美味佳肴，饱餐秀色之余，它们还互相追逐嬉戏，怡然自得。马儿还时不时地长嘶一声，好像做好了奋蹄疾驰的准备。登高眺盼，灵动的如跳跃的音符的山曲线在树梢中时隐时现。其山名曰：濮公山，"千锤百炼出深谷，只留青白在人间"，已成为此山化身的濮公老人的千古写照。如今青山依旧在，而老人却早已驾鹤杳然而去，留下一段传说，一个故事，一段佳话，几分凄迷，几分悲壮，几分美丽，留给后人细细琢磨、品味。

我童年的快乐是向淮河索取的，她是我童年的游乐园地。春和景明的日子里，母亲带我去河边洗衣服。我总是卷起裤筒，光着脚丫，激起水边浪花朵朵，那水波是怎样轻轻地荡漾着啊！好像母亲摇篮中的婴儿一样，阳光下，点点银星在浮动，那是刚出生的小鱼。他们在清澈得像水晶一样的水里，无拘无束地游来游去，一会儿头撞头聚在一起，还没等你走近身旁，他们却倏地一下散了，机灵的很哟！有些胆大的，在你的脚丫边蹭来蹭去，欲捉不能，欲赶不忍，甚是顽皮。

我们家地势高，在一个土丘上，又是淮河边的第一排房子，真是“近水楼台先得月”，每天睁开眼睛，第一眼看到的便是白茫茫的一片水天相连，十几年如一日。不知从哪一天起，睁开双眼看到的不再是那熟悉得再也不能熟悉的白茫茫的一片，而是钢筋水泥筑成的灰白色，一阵阵惆怅密密丝丝地爬上心头，于是我的梦境大多数变成了水天相连的背景下，一个小女孩或泛舟其上或游水嬉戏。

母亲给予我生命，哺育我长大，淮河赐予我欢乐，灵性和智慧；虽然我不能永远陪伴母亲，但我知道母亲正在村口盼我、等我，而淮河水仍在缓缓地流呀流，唱着永远也唱不完的歌。

吴彦峰　(水工　0413 班)

不为搞笑而搞笑

跨入学校不久的一个周六晚上，按惯例要有电影看了。那部影片名为《决战紫荆之巅》，是一部让我失望的影片，失望于影片的选择，更失望于影片的拍摄。

影片的拍摄技术是随着科技的进步而进步的，按理影片的思想也应随社会的发展而有所提高，不幸的是还存在着这么一些影片：大牌名星们穿着古装说着现代的词汇，目的是为了引人为了搞笑。这些搞笑是否太过庸俗与浅薄？

笑是一种艺术，搞笑如果发展成为幽默，则亦会成为一种艺术。如果搞笑者能稍微为搞笑附加上一些内容，搞笑便不再单薄，便有了分量。

搞笑应显出人的睿智。一日，鲁迅的朋友见鲁迅头发越来越长却仍不去剪，便说：“你看你的头发，多难看，快剪剪吧。”鲁迅则歪着头说：“我出钱，你好看，不干，不干！”简单一句话让人笑的同时不禁折服于鲁迅的睿智。

搞笑应发人深省。著名影星周星驰，在影片《鹿鼎记》中抄鳌拜家时，一边往怀中揣银子，一边咬牙切齿地说：“在这个世界上，我最恨贪官！”我们会笑，笑他言行不一，但收起笑容，马上又想到如今有多少这样的“人民公仆”呀！如果这个片段被为官者看到，他们会不反省自己吗？

搞笑应给人以启迪，中央电视台在《大风车》中曾放映过一系列成语故事，有这样一段：丈夫看了书中说螳螂捕蝉时，藏于叶后，便不被发现，自己便也打落树上所有的树叶，一片片地捡起遮住自己的眼睛，问妻是否看得见他，妻子终于烦了说看不见，丈夫便拿起这片叶子上街偷东西，结果我们自然可想而知了。这个片段会让大多数的观众大笑“丈夫”的愚蠢，可我们若有些头脑，闭上眼睛想，我们又何尝没自以为聪明过，犯过掩耳盗铃的错误。

是的，搞笑不应该单纯，愿单纯无聊的搞笑剧不再在我们周围上演，不再被某个导演拍摄！

让我们不再为搞笑而搞笑！

吴春红

情有千千结

忘了与她的初次相见，忘了与她何时结缘。可是当心灵的纸鸢飞于她的天空，当漫长的脚步穿梭于她的芳草地，我就无法抗拒她惊心动魄的美、撼人心魂的魅力，于是便对她——文学结下难解的情结。

依然记得背诵第一首诗时心里由衷的兴奋与欣喜，依然记得读第一首词时莫可言传的欢悦与感动，依然记得失去一本诗集时的流泪悲伤，依然记得得到一本文学巨著时的心花怒放，依然记得读《红楼梦》时彻夜不眠直到窗外射进黎明的第一缕阳光，依然记得看《三国演义》时忘记吃饭直到钟声响起已是下午三点。真的，总是很清楚地记得那些与文学相遇的趣事，记得对她的喜爱与痴迷。

总是醉心于那一首首对仗工整、音律和谐的诗，喜欢一个人在一盏孤灯下独自吟咏。在“留恋戏蝶时时舞，自在娇莺恰恰啼”中体会春天的生机与活泼；在“接天莲叶无穷碧，映日荷花别样红”中欣赏夏日美景；在“见面怜清瘦，呼儿问苦辛”中感悟母爱的平凡而伟大；在“洛阳亲友如相问，一片冰心在玉壶”中深感友情的真挚与纯洁；在“月落乌啼霜满天，江枫渔火对愁眠”中体味落第学子复杂的情思；在“青霄有路终须到，金榜无名誓不归”中感受莘莘学子的雄心壮志……

更是痴情于那长短不一、别有情韵的词句。“晓来谁染霜林醉，总是离人泪”的离愁别绪，“无情不似多情苦，一寸还成千万缕”的苦苦相思，“夜深风竹敲秋韵，万叶千声皆是恨”的深深怨恨，无一不让人感而下泪。而“莫等闲，白了少年头，空悲切”的教导，“衣带渐宽终不悔”的执著，“风休住，九万里风鹏正举”的豪情，又让人信心百倍，豪情满怀。

诗词，短小精悍，韵味悠远，精练更是经典，在诗词中穿花度柳、跋山涉水，在诗词里感悟情思，品味妙言，韵味更是无穷。

也曾经步入古典名著的殿堂，在《红楼梦》中品味怡红公子和萧湘妃子木石前盟的爱情，欣赏每个才女的聪明灵秀，感伤每个薄命女子悲惨的命运，为她们而喜，也为她们而悲。读《三国演义》，诸葛亮舌战群儒、刘备马跃檀溪、周瑜火烧赤壁、曹操煮酒论英雄……无一不在人脑海里留下持久而深刻的印象。

古典名著，文学的精华，读它们真是让人惊叹折服，让人永记难忘。

无论诗词、小说、名著，即使只是一篇小小的散文或一个小小的哲理性小品文，无一不展现了文字的魅力和美感。读它们，就仿佛清脆的风铃声响在清静的耳畔，潺潺的清泉流过干涸的心田。与智者对话、与仁者交心，情感与之共鸣、思想与之交流、灵魂与之相会，那种快感真是可神通而不可语达，可意会而不可言传。因为那种至真至纯至美的感觉，只有你亲身沉醉其中，才能真切体会那种“难与君说”的妙处。

当潜心于文学中时，一个人就可以忘记身外一切烦恼，一切忧愁，一切苦闷，因为读到美好欢愉的篇章时，你的心就会与之同喜同乐，从而驱除了自己的烦恼与忧愁。而读到忧伤悲苦的篇章时，感受他人的不幸和苦难，与自己的苦痛相比，自己的苦痛又算得了什么呢，于是心就会变得释然。所以，文学不仅让你享受她的美，更让你从中得到安慰和鼓舞，吸取营养与力量。

文学，她润泽生活，仿佛春日暖风、夏日急雨、秋日甘露、冬日白雪。

文学，她装点生活，好比晨霞映朝阳，青松立峭壁，三月阳春映白雪，万里平沙落秋雁。

因为有了她的润泽和装点，生活才如此绚丽多彩，才能成为一幅绝美的图画。

文学双丝网，情有千千结。像鸟儿迷恋天空，鱼儿痴情池塘，我愿是一叶扁舟，永远轻扬于文学的海洋，遨游于她的怀抱，欣赏每朵浪花的美丽，感受每个波澜的壮观，用我最真挚的心，追求生命最本质的真、善和美！

宋利娟　(法学　0496 班)

再给自己一个机会

或许是命运的不幸注定要将自己缤纷多彩的梦撞碎，或许是天地的无情终归要将自己夜以继日的辛勤当做泡影放飞，或许是许许多多的难以理解却又实实在在的障碍与挫折早已将意气风发的拼搏与百折不挠的进击化为道道忧愁阵阵孤寂。那么，就请在凄惨中反省我们自己吧！

希望中的亮光色原本很纯净很单一，根本就经不住太多躁动的浮夸与太多遐思的点缀；梦幻中的氛围起先就是深沉的呼唤，同样也受不了太多渴盼的煎熬与太多急不可耐。

耕耘中的汗水不一定就会浇灌出令人欣慰的金色收获，因为付出与得到的天平也会发生不尽如人意的失误，追求中的脚印不一定就会寻觅到万事如意的归宿，因为适得其反的弯路总要为初涉征途的陌生者铺垫上自我磨砺的基石。

纵然几经一而再再而三失败的考验，但最终的结果依旧是一个求知与未知的履历过程，因为在品尝失败酸楚的同时就会预感到那份沉重的收获那种夺目的成功。

宋宛净 (电气自动化 0456 班)

我是不是你的故事

站在图书馆高高的台阶上，漫天飘洒着雪花，连树上那最后一片倔强的叶子也落了下来，心中充满了惆怅。突然手机一震，屏幕上显示着“好久没联系，你还好吗”，这话好让我欣喜，这是一种久违的感觉，再一看号码是陌生的。

是呀，好久没联系。我已经好久没有和朋友们联系了，以前大家在一起是那么的开心，这一切似乎都还在昨天，但现在看来是那么遥远，那种我们以前所谓的能产生美的距离真的又回归距离本身了，大家都有了新天地。

那不是昨天小慧还吵着让我请她吃德克士，璐璐在寝室大念邻班小男生写给她的自称是后现代主义的情诗，小洁则对阿依莲那件价格不菲的小棉袄放不下心，想到这我禁不住笑了，她们是我的小姐妹，她们那时是多么可爱呀。

唉，才半年我们打电话时好像彼此已经找不到共同的话题，但我还是很想念她们的，但不知她们是否也惦记着我，她们是否已经坚强到不需要我的安慰。我很清楚我是不够坚强的，我需要她们，我需要朋友的问候，即使是一个陌生人的短信都足以让我幸福一阵儿了。

算了，不想她们了。朋友最后的结局总会是这样的，她们既然不想和我联系，我也就不去打扰她们了。我欲走回现实，突然手机又一震。

“对不起，我发错了，但仍然问候你，你最近和你的朋友联系了吗？想念是无法遮掩的，山是水的故事，云是风的故事，你是我的故事，但不知我是不是你的故事？我想答案是肯定的，友谊是时间带不走的东西，不必计较是谁主动联系，我们大家都是需要朋友的。”感谢这个发错的短信，是它让我下定决心拨通朋友的电话，补救我们的友谊。

你最近和朋友联系了吗？他(她)是你的故事，同时你也是他(她)们的故事。

宋冠涛 (工程力学 0335班)

平淡的悲情

“平平淡淡即是真”，许多人都这样想过，当遭遇不幸时我们这样想，当富可敌国，而生活充满烦恼时，我们也这样想。平淡成为大多数人的奢望，清静无为也成了道家的精髓。

平淡的生活中人们相安无事，认真地品着生活中的点点滴滴。过着把酒话桑麻的桃源生活。平淡中人们精神沐浴着和风细雨沿着宁静致远的道路越走越远。平淡越来越让人向往。

然而，平淡是悲情的。当人们刚从茹毛饮血的远古走来，战战兢兢地逃过奴隶时代的残杀屠戳，又进入了春秋战国的群雄争霸，追求平静的百姓从来就没有得到过喘息，从来就没有得到过安逸。老子、庄子他们只不过是这千万个百姓中两个高层次的人罢了。他们再不堪忍受这纷乱的战事，那血腥的厮杀，于是躲了起来，藏了起来。庄子《逍遥游》何其洒脱，何其自在。“北冥有鱼，其名为鲲……”当我们默念这篇文章时，不禁心潮澎湃，我们不再平静，开始飞腾，默念已经不够，唯有高声朗诵方能舒胸中豪气。如此看来，庄子也不平静。在眼看那芸芸众生的悲剧后，何以平静呢？他只能让一腔热血埋在那冷眼旁观的文章之后，只能在出世与入世间徘徊，反复。庄子又何尝平淡呢？

春秋战国被始皇帝终结了，大秦的铁骑停歇了。天下百姓心想可以过平淡的日子吧！然而孟姜女哭长城为何故，秦直通道旁堆满白骨为何故，陈胜吴广揭竿而起为何故。太平统一百姓仍没能摆脱纷繁乱杂的生命轮回。百姓不奢望平淡，唯有忍耐。汉朝不断的异族战争，皇帝痴迷求道成仙，三国的鼎立……历数封建王朝，我们何曾有机会平淡。然而现代文明的闯入却又让我们旧痛未复又添新伤。鸦片战争，甲午风云，侵华战争，三年内战，战争与文明的交替交织在了一起。人们在经历着思想冲击的同时，伴随着身体的创伤。人们对平淡彻底失望了。

崛起，唯有进取才能赢得生命的主动，唯有活跃的思维才能取得更大的进步。由反抗到自主，自落后到强盛，都有因于此。

平淡是难得的，在纵观历史长河后，你还奢望吗？

平淡是悲情的，在物竞天择的法则面前是脆弱的。当我们选择平淡时又何尝不是选择逃避呢？

不要再乞求平淡，握起拳头对困境宣言，未来属于我们。

张 刚 (土木 9913 班)

看黄河

早就诵读过“黄河之水天上来，奔流到海不复回”的诗句，然而我却从未有幸目睹它的飒爽英姿。

曾几何时，梦中脚踏黄河两岸，头顶一片蓝天鸟瞰那九曲十八弯的壮丽图景，我惊讶地叫一声：黄河母亲。

曾一度仙游黄河古道，在那里她用自己的滴滴汁液滋润神州大地，哺育一代一代中华儿女，我自豪，因为我是黄河人。

……

梦终成真。

今天，我终于有幸涉走黄河岸边，浏览那条东方巨子如何蜿蜒流动于神州腹地。

“到啦！到啦！”同学们惊呼着，我尾随其后。

暮春时节，风平浪静，黄河没有呈现出往昔那气势磅礴、一泻千里的气势，她平静而又自若地从西向东流着，却有一种永不干涸的意蕴。

同学们开始絮叨起来，一脸不屑的表情。

“怎么，这就是多少人魂萦梦绕的黄河呀！”

是的，我心里坚定地说。这就是黄河，这就是我心中的母亲。如今她的儿女驻足其脚下，她不会气势汹汹地惊动你，而是用安宁慈和的笑容注视着你，我向您致敬，黄河母亲！

可是，我总有一个疑问，风平浪静不是黄河母亲的内质，这只是她稳健的一面，她这稳健之中一定蕴涵着一种精神。

带着疑问与敬意，我游走于黄河岸边。

对了，就是她了——永远不跪的精神，正如此刻的黄河，平静而坚定，温和而倔强，这是黄河母亲的精神，这是黄河人的精神，这是黄河子孙的精神。

我骄傲，因为我是黄河人。

张 雯 (水工 0210 班)

秋叶飘飞的故事

瑟瑟秋风徐来，片片秋叶摇曳。树叶在冷空气的威逼下，枯了，黄了，飘落了。一枚枚落叶像舞倦了的蝴蝶，恋恋不舍地离开了枝头。又一阵冷风，吹醒了我麻木的意识，吹开了我的思绪，一股思念的潮水将我淹没，消融在这辽寂而又凄美的秋季里。

我踩着落叶，发出沙沙的响声，这一刻我的心似乎也早已碎了。我抬起眼睛，凝望着远方，不知道远方的他现在如何，是不是也像我一样对新生活茫然得不知所措，是不是和我一样在理想和现实的巨大反差下孤独伤心，默默哭泣。不，他不会像我一样，他是一个适应能力很强的人，况且他去的是他梦寐以求的武汉大学。他怎么会没有激情，怎么会没有抱负呢？他肯定胸怀壮志，想大展宏图。或许，他不再记得我了，但我不怨他，我会一生一世地感激他。

认识他是在金秋送爽的季节。我那时很自卑，总感觉自己像只丑小鸭站在一群白天鹅里，格格不入。我有意地将自己封闭起来，融进小说里来保护我那颗脆弱的心。然而，《平凡的世界》却搭起了我们友谊的长桥。那天我正如痴如醉地怜悯孙少平与田晓霞凄美的爱情故事，他在我耳边惊呼："《平凡的世界》！"像是守财奴发现金子一般，闪电似地从我手里抢了过去。我们就这样认识了，共同的文学爱好竟让我们有了不少的共同语言。

我们在文学的天地里侃侃而谈。时而争执不已，时而点头称是。

日子久了我性格上的缺陷就像枯河里的泥沙，全都暴露无遗。他说要我克服自卑，鼓励我参加文学社、英语演讲，还要我投搞广播站。在他的鼓励与引导下，我终有了勇气去尝试这些活动。可喜的是，每个活动都有一点丰收的喜悦。我真的不敢想象生活是这般丰富多彩，这般美好，以前的生活让我过得太苍白太低调了。

他成绩非常出色，每次考试你只须问谁排第二。然而，我的成绩却勉强维持，尤其是理科成绩将我置于悬崖上。坐前后桌，难题向他请教是再方便不过了，他总是很耐心，很慷慨。记得有一次向他请教物理，他每讲一步都问我懂了没有，但天生驽钝的我老是摇头，他只有重新开始。我分明看到他额头上渗出了汗珠，而且是在冬天，这令我很感动。

在他的帮助下，在自己的刻苦下，我的成绩有了很大的提高。我更加地敬重他，他像一个大哥哥，成熟，懂事，优秀，有活力。然而人言可畏，渐渐地谣言四起，在以后的交谈中，总会有周边传来的怪异的、刺耳的嬉笑声。我终于认识到问题的严重性，我很愤恨，很伤心，为什么全世界的人都可以有白昼，却偏偏给我黑暗呢？难道非要我刚有一点起色的成绩一落千丈吗？你们为什么这样对我？……

我们还是被分开了，这是注定的结果。我们都眼睁睁地接受了这个现实，我的眼睛噙满了泪水，我多想大声疾呼，但我还是听从了命运的安排。在这样一个重点中学里，我们还是得受到封建思想的束缚，况且在我们开学典礼的大会上校长明确声明要将爱情扼杀于萌芽状态。可悲的是，我们之间仅存是友谊，纯洁的友谊呀！难道所有异性之间的友谊都是爱情的前奏吗？也许我们都很懦弱，是的，我们的反抗只会换来更加惨重的牺牲。

高一、高二就这样无声无息地过去了，我们之间什么都没有了，没有语言，没有交往，只有对视时的无奈、绝望。其实，在被班主任强制调开后的一段时间里，伤心、愤恨长期占据了我整个思想，我差一点又回到了我从前的生活。然而，是他，不，是他的眼神给了我力量，让我有了崛起的欲望。我一直都很努力，都很刻苦，也许是在赌气，也许是在证明什么吧！如果一个人发誓做好某事，并确实拼搏了，那么成果也应该是丰硕的。我的成绩达到了一个那时从未有过的高度。

高三一开学，学校就大幅度调动学生，好多朋友都被拆散了。我没有期待能与他有缘分在一个班，因为这样的期盼太不现实，太奢侈了。我们成了邻班，仅一墙之隔，但那比银河还宽。

一个晚自习后，班长喊住了我(班长和他是好友)，“他病了，病得不轻，你去看看他吧”。我突然愤怒了：“你为什么要对我说，与我有关吗？别总拿别人开心好不好？”说完我扬长而去。那天晚上，我久久无法入睡。我后悔自己怎么这样，毕竟他曾像大哥哥一样关心过自己呀！但由于胆小，我终究还是没有跨进医院的大门。

以后的日子里，我像个做错事的孩子，不敢正视他的眼睛。就在高三的最后几个月的冲刺阶段，不愉快的事还是发生了。我班的一个男孩子过分的关心、过分的体贴搞得我心绪不宁，后来更要命地明示。也许以前的种种暗示，我还可以欺骗自己，说自己太过敏感，但后来的明示，让我再也无心学习了。我模拟考试的成绩一次比一次差。天啊！我本无错，为什么要在错误的时间、错误的地点折磨我，纠缠我。在万般无奈之下，我用他的名义打退了我班那个男孩子的纠缠，换来了暂时的平静。然而，我却万万没有想到此举却将我置于无际的苦痛与煎熬中。于是，我把发生的一切都写给了他，琐琐碎碎，点点滴滴。“对不起，Let’s come up together，please be self-confident”，是答复我的全部内容，也是让我在最后两个月里安心学习的镇定剂。我很感激他，在我伤得最深的时候，他依然能带来最及时的抚慰；在我最无助时，他仍能抽出自己宝贵的时间，给我以温暖的援助，我又能说些什么呢？

不知不觉落叶满地，每一枚落叶都是故事的点滴。秋叶飘飞起的故事里，有了你的鼓励，我的心不再飘浮，秋季不孤独，真的。

秋叶飘飞的故事，你听到了吗？

张　黎 (英语　0493 班)

书香永存

十五年的等待，十五年的期盼，在这个金秋的岁月里，在这个收获的季节里，终于收获了硕果满筐。

风吹过，大树依然存在；浪埋过，礁石依然存在；阳光晒过，海洋依然存在；浮云遮过，光明依然存在。经过岁月的变迁，风雨的洗礼，“长澜”仍以她自信而坚定的步伐前进着，认真地存在着。

迈步在这书香满怀的青青的校园，聆听林间的鸟语，细数春天的细雨，静观无边的落日，遥看天上的星星，你会发现生活真的很美好、很美妙。只要用心观察，你会发现生活就是那丛水仙花幽幽的花香，就是那弯新月静静的微笑，是那潺潺流水多情的歌唱……

没有蓝天的博大，也可以有白云的悠然；没有大海的辽阔，也可以有小溪的执著；没有鲜花的芬芳，却可以有小草的宁静；没有玫瑰的文雅，却可以有野花的淳朴。

沉浸在书香的氛围里，你会坚信：历经风雨的洗礼，险情的磨炼后，定会是阳光灿烂的日子；你会明白：谨慎乐观，豁达坚韧的人才能茁壮成长；你会体悟到：世事谁也无法预料，该追求的永不怨悔，该舍弃的不再牵挂，该拥有的好好把握；你会懂得：逆境造就人才，不必抱怨自己不幸被阴云吞噬的心空，不必徘徊身边的每次机遇与挑战，厄运不过是脚下的绊脚石而已，最重要的是绊倒了，还要再爬起来。

我喜欢书的香味，喜欢以书为友，与书结缘。

它让我遨游其中，而不至于迷失方向，迷失自我，它始终为我导航，告诉我人生的方向。

它告诉我：我身是船，灵魂是帆，生命便是海洋，成功当然是彼岸。它让我体会到人生的真谛，即弱者在泪水中徜徉，强者在风雨中翱翔，我纵然不是苍鹰，也要有自己的一双翅膀。

与书牵手，走过田间小道，轻吻含着露珠的小草，接受初升红日的缕缕金光，一股暖意由心而发，那种感觉是如此的舒畅，如此的惬意，它让我感受亲情的可贵，尤其是母爱的伟大。

我记得汪国真的两首关于母爱的小诗。“我们也爱母亲/却和母亲爱我们不一样/我们的爱是溪流/母爱的爱是海洋/我们的欢乐/是母亲脸上的微笑/我们的痛苦/是母亲眼里深深的忧伤/我们可以走得很远很远/却总也走不出母亲心灵的广场。”还有一首：“半是喜悦/半是辛酸/最难与人言的/就是慈母情怀/盼望，果子成熟/成熟了，又怕掉下来。”

是啊，母亲是岁月的收藏者，永远走在我们的身后，悄无声息地拾起我们遗漏的心情和初始的纯真。母爱是默默无语的，是伟大神圣的，是无法用言语表达的。

与书为伴，徜徉在时空的隧道里，追随古今文人墨客的踪迹，感受体会他们的思想，是人生一大快事。

穿梭在这个时空隧道里，我能够感受到越王勾践卧薪尝胆的忍辱负重，屈原“世人皆浊我独清，众人皆醉我独醒”的悲苦无耐，李白“仰天大笑出门去，我辈岂是蓬蒿人”的潇洒飘逸，陶潜“不为五斗米折腰”的怡然自乐，岳飞“莫等闲，白了头，空悲切”的铁骨忠魂，毛泽东“江山如此多娇”的万丈豪情，鲁迅“俯首甘为孺子牛”的无私奉献，与他们的思想灵魂进行零距离的接触，进行交流，使我对他们有了更多更深层次的了解，让我知道真正的文人总秉持着自己的人格和情操。

书，对于我来说，就像一片河畔的草原，像一层江山的薄雾，像一场春天的细雨，像一道绚丽的彩虹。

书，像风一样，湖面上的层层涟漪是你前进的步伐，淙淙流去的溪水是你执著的向往，你笼住了临空而降的微笑，吹绿了婀娜的柳枝；你打开了心灵的窗户，让新鲜溢注其间；你吹醒了曼陀罗的美梦，融化了爱与恨的隔阂；你萌生了花草树木的点点绿意，安抚了颗颗失落的心；你托起了金轮的明月，撒落了思乡的情怀。

每当有空闲的时候，我喜欢一个人静静地看书，沉浸在书的海洋里，我会觉得有几分惬意，几丝感触，并且快乐地读着。

我虽然没有雄鹰的矫健，但有蜗牛的执著。我喜欢书的淡淡的香味，所以我要读更多的书，让自己也能沾上一点书的香味。

我喜欢书，我更喜欢书香永存。

张文刚 (建筑 9811 班)

丈量心情

我用脚步，一步一步丈量大地，土地的厚实造就了我的性格。

我用目光，一点一点丈量天空，天空的广阔博大了我的胸怀。

可是，喧嚣纷扰的生活中，我用什么丈量心情呢？用什么去丈量在欲望背后荒芜了的心的原野呢？

反反复复之后，才蓦然发觉：我只有用感受来丈量了。

初来时的向往，已在匆忙间，被失落打得粉碎；再次点燃的希望，也在失望后，被自己抛离身体。

很苦地走过这段路：每次细心的经营，结果带来的都是凄楚；每次勇敢的付出，得到的却又是那么可怜。于是，再次面对挑战而冲动时，我学会了退缩。

年轻没有罪，有罪的是总渴望激情的我。爱恨交错时，心情是很糟的。受伤便趁机而入，钻了感情的空子，让年轻的心变得冰冷，激情又何谈？剩下的只是我发不完的牢骚，平衡不尽的痛。那时，坚强的人也会很脆弱。

心情就是这样，只有真切的感受才能丈量，而反省是最好的自慰方式，让我不再用火爆的音乐和疯狂的足球去发泄。还好，年轻的心情就像一根弹簧，有很好的伸缩性。但拉得太长，会拖垮自己；压得太短，便会欲望横流。因此，我便尽力调节自己的感受，让心情处于平衡中，不会再让琐事荒芜。

今天，性格依然如是，拥着大地的纯朴，我脚步悠闲；而白云占据了我眼睛的空间，湛蓝了我的目光，胸怀坦坦荡荡。只有心情了，从现在开始，在感受里，保持一份清醒的素淡。

张宏磊 （会计学 0279 班）

找个真正的朋友

人是孤独地来到这个世界上的，当然，也必将孤独地离去，如果在此过程之中又是在孤独中度过，那，岂不悲哉！

找个真正的朋友，才能远离那种悲哀，才能感受到人生这一过程竟是如此快乐，这般美好！

找个真正的朋友，不一定要求这朋友与你形影始终，事实上，你们可以相隔千里、万里，但只要你们心灵相通，情谊相融，那人也就近乎眼前。有人说，友情是看不见的空气，是捉摸不到的阳光，这样的比喻，只能用一个“妙”字形容。你想啊，离不开空气和阳光的我们，生命中怎能缺少这么一位真正的朋友？

找个真正的朋友，之所以谓“个”不谓“些”，并非指“些”不好。因为真正的朋友太难求、太可贵，那是彼此拿心交换来的，远离世俗的利欲熏心，远离令人作呕的尔虞我诈，彼此间只有默契，只有坦诚，只有欣赏。鲁迅曾经慨叹：“人生得一知己足矣，斯世当以同怀视之！”由此可见，这“个”真正的朋友不是睁开眼就有，伸出手就触摸得到的，更无处去批发。

找个真正的朋友，要擦亮眼睛，要用心、要耐心。一个真正的朋友对你的影响将不亚于伴随你一生的爱人，这绝非夸张之词。所谓“同志”，志同道合，目标一致，是神圣、是同盟。得意之时，朋友一声劝勉，让你翘不起尾巴；失意之时，朋友一声安慰、鼓励，东山再起，重振雄风，使你消沉不了，堕落不能。真正的朋友，是那湍流中的踏脚石，是那雾海中的航标灯，是那黑夜里的启明星，给予支持，给予指导，给予希望。

找个真正的朋友，辟一处心灵的港湾，在这里，无拘无束，畅所欲言，冷眼看世界，笑脸对人生，平日里要说的话，要做的事，都不用去说，都不必去想，只有脉搏，只有心跳，只有呼吸。于是乎，远离浮躁；于是乎，远离奢华。

李白这边吟道："人生贵相知，何必金与钱。"达尔文那边对曰："谈到财富、地位、名声、快乐这些东西，如果同友情相比，它们都是尘土。"一中一外，一古代一近代，时空差距巨大，竟也能在感情上产生强烈共鸣，只可惜他们无缘相聚，不然，定能成为彼此心目中的那个真正的朋友。而现在，只能是历史性的永久的遗憾。我们，现在所能做的就是：防止这种遗憾的漫延。

今生，朋友，你在哪里？

音乐是天堂

如果孤独苦闷是地狱的话，那么，音乐就是与之相对的天堂。

音乐，在我看来，是一种试图将情感喷发的物质。她能使深情更深沉，激情更激烈，柔情更似水，爱情更纯洁。

几千年，可能忘记许多人、许多事，但却可能流传下那么一首曲子；全世界，可能永远不会有共同的语言，但却完全可能拥有共同的音乐。

我对音乐的崇拜可能超过了儿时对父亲的崇拜，我对音乐的痴迷可能超过了对意中人的痴迷，我对音乐的喜爱，可能超过了圣人对书籍的喜爱。因为，在我看来，音乐就是天堂。

很难想象，如果没有音乐，人类现在是什么样子。很可能依旧发达，"爱智慧"并不见得会多么高明，感情方面将更是无从谈起。动物们的"音乐"是全凭本能的天籁之音，再悠美久了也是枯燥，再和谐长了也是单调。只有人类最伟大的灵魂，懂得把握灵感，歌唱并用音乐赞美伟大的一切，其中爱情是永恒的主流对象，因为她神圣、伟大、自由——在每个人心中。

而现在，我对音乐理解得愈深，愈是痛苦，愈是感到现实的贫困。因为有时音乐无从传达自由美好，她被摧残，被蹂躏，但她始终在前进，尽管路是曲折的，但音乐家的灵魂一代代相连接，就像无数线段首尾相接而成的平直的线，使得音乐始终能够围绕着她前进、前进、再前进。

于是，时代前进了二十年，音乐就前进二十年。

于是，时代再前进二百年，音乐就再前进二百年。

如果说时代是永恒的，那么我们的音乐也必将永恒！

在永恒的音乐面前，我们有时会感到自己的短暂。没关系，试着享受音乐，沉醉其中吧。你当然不能把音乐彻底搞清，那样音乐岂不太肤浅？听音乐就像乘一叶扁舟行游茫茫江海，微风吹过，好惬意，好洒脱。有这种感觉，就已经足够，别的什么都不要想。真的，音乐就是音乐，正如面包就是面包，牛奶就是牛奶一样，发挥着自己独特的作用，这就够了。

如果你原本就喜欢音乐，那太好了。

如果你对音乐略知一二，没关系，试着亲近她。

但如果你对音乐一窍不通，甚至横加指责，那真要大改造才行。

朋友，让我们用耳朵来听音乐，用心来体味音乐，用灵魂去追随音乐吧！

因为，音乐是天堂。

张志赋

心灵等高

可以不是伟人，但心灵要与他等高；可以不是英雄，但心灵要与他等高；可以不是智者，但心灵要与他等高。

所以，卑微者不是指一个人成就的微小，地位的低下，而是由于心灵卑微导致的人格低下。所谓高贵者也不是指一个人功可遮天，名可盖地，而是指心灵永远与高贵者等高的人格崇高。

凡事总想自己应该低人一等，自然永远抬不起头来。不抬头正视现实，不抬头目视前方，会步伐稳健地前进吗？总想自己不如别人，用崇敬而胆怯的心态面对别人，心中的别人永远高大，心中的自己永远渺小，会潇洒快乐吗？

许多人事业有成，学识很渊博，生活很丰富，可就是让人觉得一脸紧张相，一脸卑微相，一脸无奈相。他们把成败得失看成人生的全部，不如自己的人瞧不起，比自己强的就必须眼红耳热而流露出一种不如人的姿态。那些看见乞丐就唾口水的人，看见功名就走不动的人自然诚惶诚恐。他们的心灵永远在左右摆动，也就无法心态宁静了。

所谓人生需要修养品德，我看应该从心灵等高开始。把自己的心灵放在一个确定的高度，按这个高度去追求奋斗，自然不会被眼前的一切所扰乱了。不自认比人低下，才可以扬着头走路，那多畅快呀！

心灵与伟人等高，心中就会装着整个世界；心灵与英雄等高，心中就会成长得勇敢无畏；心灵与智者等高，心中就会开满智慧的花朵。这样，你的人格脊梁才会挺得直，才可以真正昂着头生活。

张灵锋 (给排水 0162 班)

品味父爱

题记：早就想写一篇关于父亲的文章，只是每每提笔又放下，总觉得这支笔太重，写不尽那清淡却又浓浓的父爱。父亲的影响不时地游进我的生活，终于忍不住为父爱而歌，写此篇谨献给全天下所有心系家庭辛勤工作的父亲们！

母亲是一部大书，读她，字里行间都充溢着爱。

她的一生为着你：为了消融你生命中的烦恼与委屈，她才有慈爱的目光；为了消除你前进道路上的伤痛与苦楚，她才有抚慰的手心儿；为了消除你在人生中的孤独与无助，她才有温暖的怀抱；甚至在我惹她生气的时候，她那责怪的目光，也是带着爱的馨香。母亲爱我，我能直接而深切地感觉到。

父亲也是一部大书，然而读父亲和读母亲的感觉却是完全不同的。打开书的前半部，你会觉得它艰涩无味，甚至有些不合文法，不同常理。他严肃、严厉、不苟言笑，甚至冷漠无情，于是你漫不经心的匆匆翻了过去。等到你慢慢长大，忽然有一天，你发现了书中爱的主线，它隐蔽得那样深，以致你发现了它，也不易理出个头绪。既然已经知道这部书是一杯香茗，那就经常试着咂上一小口儿，品味出它的真谛。

我在默默地品味着已感受到和未感受到的父爱……

小时候，父亲是一种庄严，心中只是对他的敬畏，那是一种可望而不可即的感觉。幸而我还有那伸手可及的母爱，可以跑向母亲的怀中去尽情地吸取爱的甘露。毕竟是孩子，那时感觉如果没有父亲，该多好啊！那样就没有严厉的话语，没有打得很痛的板子，没有那么多让人觉得很拘谨、很烦琐却又不得不遵守的礼节，没有……只有快快乐乐，无忧无虑的童年。可是我错了，当我第一次面对挫折——因一分之差与市重点中学无缘时，我呆住了，无泪无语，是父亲给了我这艘在海浪中欲沉的小船一个避风的港湾。他低三下四地求遍了四邻亲朋，终于给我交上了那笔高额的借读费。这对一向自尊心特强的父亲来说需要付出多么大的勇气和毅力！

从那时起，我就下定决心，一定要以自己优秀的学习成绩来报答父母。我做到了，成绩给了父亲那深陷的皱纹一些抚慰，可是由于过早地离家到外地求学，与父母交流的时间太少，以致偶尔的电话也主要是关于学习的问题。父亲望子成龙心切，他对我的学习要求越来越高，我的一切只有学习。但我的潜意识告诉我，成绩不是我生活中的唯一，这个矛盾的问题在我的心中愈发清晰起来。当时我感到心灵上的落寞，孤立无援，我与我的家庭特别是我的父亲在不同的方向上走得越来越远，但我依旧尊敬热爱我的父亲。父亲也似乎发现了这些微妙的变化，他在竭力地寻找着矛盾的结合点，但我那倔强的性格使我竭力地回避着，无情地拒绝着……

矛盾终于在那年寒假的一天夜里激化了，我因成绩没达到优秀，父亲动手打了我一个耳光，并与上前阻止的母亲吵了起来……我一气之下走出了家门，带着饥饿、寒冷和满心的伤痛走了三四十公里，终因体力不支，晕倒了，最终被好心人送进了医院，并且通知了家人。外婆知道后坚持把我接到了她家，在那儿一下子呆到第二年的秋初。在那段日子里，我的心一直在徘徊，它像一只孤雁，向空长鸣，却只有空空的天空和那凄凉的回音，雁儿在空中不停地盘旋，好像在嗅着雁群飞过后的空气的味道，我也常常回忆往日平凡却幸福的家庭生活，回味起我的父亲……

父亲是个好强的人，不甘为人后，他希望自己的子女比自己更强，更健康，更聪明，更高尚，更幸福，能够超越自己，超越过去。他用自己的全部精力，使孩子们有耐劳的体力，纯洁高尚的品德，广博自由能容纳新潮流的精神，也就是能在世界新潮流中翱游，而不被淹没。叶圣陶先生的文章中经常把父亲比做蜗牛，回想起来确实如此，上要孝敬两对父母，中要面对爱妻，下要教育子女，同时他们还是社会中的一个正常人，有自己的理想、兴趣和爱好，但上帝让他们背上一个厚厚的壳儿，负重前行，他们比别人多出了更多的责任和义务！这虽然是不公平的，但他们必须承受！霎时间，我仿佛被击醒了，我发现了做父亲的难处，我太不理解父亲了，可我还在坚持着、倔强着……

中考是在外婆家的那段日子里进行的，我独自去应考，由于心情出奇地平静，一切都很顺利。可在进考场的时候，总感觉有一双眼睛在注视着我，回眼望时却什么也没有。后来听小姨说，我参加中考那两天，父亲天天开车去考场看我，可是怕影响了我考试的情绪，只是远远地看着我。那个躲闪的身影竟是父亲！

那次我和父亲一下子七八个月没有见面！等见到父亲时，我已进入了高中，那是一次家长会，见到父亲时，我惊呆了！这哪是我那个伟岸、精力充沛的父亲，眼前的父亲仿佛大病初愈，鬓发已变得花白,仿佛一下子老了十年……我的悔恨的泪水再也抑制不住了，一下子涌了出来。泪眼望望父亲，他也早已泪流满面，从来不流泪的坚强的父亲在他唯一的爱子的精神折磨下流下了眼泪！不，那不是泪，而是父亲的心血！父亲的双手颤巍巍地放在我的肩膀上，欲言却被泪水塞住了喉咙，好半天只说了一句说："孩子，回家吧！"孩子的一个大错误竟被父亲的一句话给溶去了,而父亲也毫无怨言。

后来在与班主任的一次谈话中，我才知道，在高中的最初几个月，父亲每个月都要来学校几次，了解我的情况，与班主任交换意见，并且还特地买了一本《青年心理学》去细读，他始终都在思索着我们两代人之间的代沟，他一直在用自己执著的行动苦苦地等我回家，一直在忏悔着自己的过失。

多么伟大的父亲，多么深沉的父爱！就算是与你毫无关系的人做到其中的一点，也会令你感动上一阵了，更何况是自己的亲生父亲！我悔恨，任凭风抽着我的身体，雨点打击我的肉体，任凭雪花儿吸取我的体温，太阳蒸出我的汗水，让大自然惩罚我的罪过吧！即使是这样，也只能暂时让我忘记过去，却无法再直视父亲那深邃的目光——我欠父亲的太多、太多，给他那前半生深重的苦难又加上了沉重的一笔。

伟大的父亲用实际行动给了我真诚善良的品德和知错就改、懂礼貌的习惯。这些对于良知、道德以及感情稀缺的现代社会是一件多么重要的瑰宝啊！

噢，我伟大的父亲，独生子将永远爱你！

一个著名的作家说过："如果说母爱是滋润心田的甘露，那么父爱则是强筋壮骨不可缺少的阳光，父亲使你站直了，成为一个懂得在心里不断积累人格内涵的人。"感谢父爱，感谢天下的父母亲，愿天下父母平安度春秋！

张洁梅

遭遇 SARS

年轻的我们，正当青春年少，充满生气的美好年华。假如一切正常，我们的日子将照旧度过。正如平静湖水被一颗石子激起了波纹，我们的生活在遭遇了 SARS 之后，也呈现出了另一种色彩。

在一定程序上，是 SARS 开启了我们心灵的另一扇门窗，促使我们开始思考一些不同寻常的东西。

一、生命

以前，总以为生命是个很大、很抽象的话题，很少有胆量去碰触它，现在才发现，生命，它原是如此的鲜活和具体。

从来没有想过生命会在转瞬间消逝，总以为人生之路漫漫而又修远。谁料，SARS 竟使许多生命丧失了色彩，才感到生命竟是这样的无常、这样的匆匆，以致我们还没有来得及思考我们的一生将怎样度过。

SARS 不是不可战胜，关键是它使我们学会了在对比中去重新审视自己，从而发现自己、充实自己、创造自己。

还是那句话：在敌人面前，我们才能把自己看得更清楚些。

二、关爱

任何事物都是相对而言的，不存在绝对。

战争的水深火热，使人们渴望和平的心更加热切；同样，和平的时间长了，人们就会认为那是理所当然，对它熟视无睹，战争留给人们的伤痛也就会慢慢地被遗忘。

相安无事的时候，人们也会慢慢地淡漠，甚至是淡忘了关爱。

那是因为心中没有失去的恐惧。

电话里，急切的声音频频地寻问着，不厌其烦地叮咛着；信件也传递得比先前更快，一声声问候，一句句关切，使我们倍感温暖；政府的保障，公民的自律，让我们感到了前所未有过的凝聚；尤其是白衣天使们在这危难关头所显示出的大义凛然，以及他们的无私奉献，唤回了亿万人民对他们的无比爱戴。

所有的所有，一切的一切，在这危难中，我们殷切的心，真切的情，在共同谱写着一部壮美篇章——相亲、相爱一家人。

不是我们冷漠，不是我们淡忘，而是我们忽视了。

还是那句话：困苦中见真情，困苦中才更懂得真情的可贵。

三、力量

人间因为有爱，才有温暖。

我们因为有爱，才拥有力量。

战胜 SARS，勇气是必须的，但决定的中坚还是力量。

患难中见真情。也是在患难中，我们拧成了一根绳。可怕的不是 SARS，而是孤军作战，只要我们团结一致，共抗 SARS，那还会有什么是不可战胜的呢？

正是那句话：团结就是力量，爱能战胜一切。

正如《石缝间的生命》中写到的：愿一切生命不致因飘落在石缝间而凄凄艾艾，愿一切生命都敢于去寻求最艰苦的环境。生命正是要在最困厄的境遇中发现自己、认识自己，从而才能锤炼自己、成长自己，直到最后完成自己、升华自己。

在这“非典”时刻，让我们也作一次“石缝间的生命”吧，用自己顽强的生命力去赢得对“非典”的最后胜利吧！

拥抱冬天

冬天就那么冷峻地沉默着，曾经悠扬的快乐鸟儿孤孤零零地呻吟，任凭鲜花枯去，任凭小河冰封，冬天无语，如哲人。

难道仅仅因为寒冷就可以为自己失去生机寻找借口吗？难道仅

仅因为严酷就可以为自己的冷漠无情开脱吗？

青松不是在北风呼啸天昏地暗中挺拔依旧，寒梅不是在大雪纷飞万籁俱寂中傲然微笑吗?!还有那迎着浩然长风奔跑得大汗淋漓的虎虎生机，还有那纵身扑进刺骨冰水酣畅冬泳的激动人心……

冬天没有迷人的诱惑，浅薄的人觉得它冷面肃杀音调呆板；冬天没有浮华的躁动，平庸的人悟不出冰冷背后的激情和深刻。

冬天原本是位睿智的导师，它分明在用磨难和困苦为我们设计着考题，并且是在我们拥有春华秋实之后完全有可能自鸣得意的时候。

拥抱冬天，可不是简单地为了半是害怕半是躲避地应和“冬天来了春天还会远吗”那句诗意。

拥抱冬天，更是为了填补人生四季的缺憾而使四季永葆魅力的自觉磨砺。

冬天，更使我们清醒。而这种清醒则使我们永远有生气，又永远在开始。

张晓明　(热动　9921 班)

绿草地的故事

曾经无数个清新的早晨，曾经无数个美丽的黄昏，当太阳隐进云海，当星星闪烁夜空……我在你的怀抱里，好像一直在寻找着什么，是寻找失落的诗篇，还是老校友远去的踪迹？是寻找三月的江南雨，还是寻找十月的枫叶情？是寻找父亲的威严，还是寻找母亲的温柔？……

五彩缤纷的海报前，迷茫过太多的选择；周末华尔兹的旋律里，感知过心灵的寂寞；演讲台的雄辩中，追求过麦克风的魅力；幻影机的灯光里，沉淀过咖啡色的回忆，品尝过每一个或真实或虚假的情节。

细雨飘飘玉兰芬芳的季节，独自的身影流连成不可言说的等待，诞生了“在红叶飘零的季节，你没有来；在芬芳开遍天空的时候，你却走了”的永恒诗句。

在你的怀抱里，有过海的咆哮，也有过浪花的温柔。夜晚图书馆那不灭的灯光，清晨运动场上充满生机的身影，树林里太阳与月亮的对话，课堂上老师期待而深沉的目光……如今，这一切即将成为一种回忆，一种充满力量与感情的回忆。

我曾幼稚过、天真过、痛苦过、失落过么？

我曾奋斗过、拼搏过、消沉过、思索过么？

许许多多的人来了，留下了许许多多的故事；许许多多的人走了，又唤起了许许多多的记忆。这便组成了校园的历史。几年前，我轻轻地来了，可我现在再也无法轻轻地去了，这里毕竟倾注了我奋斗的泪水，孕育了我不息的诗情，带给了我许许多多没有开始也没有结局的故事。母校，请不要忘了我吧，我曾是你宽阔的怀抱里一朵跳跃的浪花，无论奔流到哪里都带着你的气魄与风采。

那么让我再亲吻一次脚下这片绿色的草地吧——我思念的校园，我的母亲！

窗

深夜，翻起往昔的日记，捕捉往日的岁月及岁月的往日，不禁有些感慨。悄然流逝中抓不住我的踪影，不留痕迹的时光已无声地将我改变了。但，窗依旧是那扇窗。

躺在黑暗里，心是无边的宇宙。此时，最好别拉上窗帘，就让月光如水般倾泻到床头。细听天籁，那是天国里最美妙的童话。就把自己放进这样一个孤独而又自由的世界里，让所有形而上学的思索化为蜕变后的虚壳，让自己的心沉在虚无的真空里。

喜欢站在窗前听雨，尤其是在叶落时节，尤其是深夜。

听雨是需要心静的，雨里有诗，有画，有情，有梦。雨在我耳边低语它的故事，细诉它的未来……

雨点轻叩着窗，那是五线谱上跳跃的音符；那雨点唱出了我心中的歌，谱写着我心中的曲。

停电的时候，月夜特别的明，小村格外的静，窗也越发的幽黑。点上一根蜡烛，对窗而坐，翻开那本早已褪了色的《唐诗选》，黄而脆的书页上满是陈旧的斑点。那是还小的时候，从爷爷枯瘦的手中接过来的。从那以后，小窗之前便有了我欣赏绝句的静夜以及静夜里琴弦般颤动的心绪。于是，我学会了品尝寂夜孤独的意味。

烛光跳动着，一闪一闪。我渐渐做起了梦，做着数年来一直做的那个梦。梦里有风，有雨，有流云，有放飞的风筝，有远航的风帆，有沙漠，有海市蜃楼，还有村头那百年的老樟树……当然，梦里也有我。但梦里的我，是那般缥缈。我伸出手去，轻轻一捻，梦就碎了……

抬起头，睁开朦胧的双眼，窗外的流星一闪而逝。

窗，依旧是那扇窗。

张豪磊　(工程管理　0020 班)

我的美丽乡愁

每当节日的脚步临近，天空中就飘荡着思乡的味道。拿出一块方巾，让她随风而摆，悠悠思乡的愁绪，飘荡在朝向老家屋顶的方向。

我是农民的儿子，城市里花花绿绿的节日无法让我有太强烈追随的冲动。然而，每当一个东方的或西文的、阳历的或阴历的节日向我们靠近时，少林寺、云台山、岳阳楼、鸡冠洞的招贴便布满了从教室到宿舍所有的墙壁，红红绿绿的，我被扰乱的思绪便有了回家的冲动，老家的那方庭院才是我最留恋的旅地。

我的思念也同这美丽的乡愁，悠悠落在了故乡灶房的上方。

母亲端起了猪槽，向猪舍走去。那两只蠢笨的家伙，把前肢搭在墙上，嗷嗷地表白着对饥饿的抗议。母亲慢慢弯下腰，拣起一根棍子，却无法让它们安静下来。我幼时的调皮，有着近似的缘由。不安分的天性，每每使母亲的笑脸平静下来，她便把手掌高高地举起，然后轻轻地放在我的身上。我从来都不在意这种吓唬，仍只是调皮地跑来跑去。

母亲的裤角上溅满了星星点点的猪食，回头对我笑笑：没办法！总免不了这样。

于是，我便常常把书拿成颠倒的凝视！

父亲的叹息，在子夜中持续，我的心脏便如湿羊皮张起的大鼓，沉闷而无耐。

家中的黄牛粗喘着气把麦草磨进胃中，尚在乳期的小牛，在身边欢快地跳跃。

鞭子有节奏的起落，催促着老牛的步子，父亲叹了口气：“5年了，牛老了。”老牛浸润的眼角证明了父亲的观点，我忽地就想起，今年我22岁了。

夕阳像一颗红透的柿子，正向西山谷底沉落，我牵着牛，父亲拉车，父亲突然说了一句：“这年头用牛干活的不多了。”其实，我早已发现这句话中所隐含的“唯一”的成分。

太阳的余辉长长地照在小路上，拖拉机的声响已安静下来，牛蹄声在凸凹的车痕中踏回暮色苍茫的村庄。

室友们打点着行装，我笑着，祝他们泰山之旅开心！我的思绪却只向着长炊烟的地方。

长炊烟的地方是人的归宿，也是牛的故乡啊！

村头的小河，仍保留着一具优美的轮廓，那是我拣到过太阳烤焦小虾的地方。

桥头上，一队叽叽喳喳的大军，妹妹和堂弟、堂妹们守候在我回乡的路口。其实，她们早已知道，我并不能给他们带回什么好吃或好玩的东西。

我只有把皮肤晒成美国太平洋边缘海滩上最健康的颜色，把汗水尽情地灌注到炙热的土地中，除了这样，我似乎别无选择。

“爸，我快毕业了！”我常常这样微笑着对父亲说。

张海娥 (英语 0493 班)

大约在冬季

雨一直下。

冬，我独行，苦思。

淅淅沥沥的雨吻着我的发，吻着我的额，也淋湿了我的心。

那天，一样地雨蒙蒙。我漫步于校园足球场，一种叫做落寞的感觉充斥我的心，回首走过的校园生活我感到迷茫。我是风中一朵雨做的云，没有了目标，孤孤单单随风飘曳。雨渐渐大了，凉凉的，砸在我身上，我感到了心痛。紧咬双唇，告诉自己不要哭，因为我已不是孩子，但，泪还是慢慢滑落。

理理乱发，抬头，竟发现自己拥有了一片晴空，是他——一个陌生的男孩，为我撑起了一片晴空。他笑着，露出两排白白的牙齿，我也笑了，于是两颗心交汇在了一起。

从此，我不再是一朵雨做的云，我懂得了依赖。

早晨，我喜欢与他沐浴着阳光晨读，看草地上满满的阳光，看草叶上晶莹剔透的露珠；中午，我喜欢与他一块打乒乓球，看他如何发球，看他如何扣球，喜欢听他讲解打球技巧，很酷；晚上，我喜欢与他一块上自习，看他如何画工程图，看他如何画电路图，喜欢听他讲解高深莫测的高等数学，清晰的思路，明了的方法，很棒。

喜欢听他讲人生讲未来讲如何度过大学生活，于是，我不再迷茫，我懂得了如何珍惜大学生活，懂得了如何度过大学生活。

我的生活里似乎满是阳光。

直到一个飘着橘黄色光影的傍晚，他告诉我，不要依赖，要学会独立，然后转过身，不再看我，我的心开始下雨……

雨还在下，淅淅沥沥的，吻着我的发，吻着我的额，凉凉的，但我的心不再痛。我应该独立，我应该以自己独有的方式度过我美好的大学生活。

也许他是对的，我想起了他真诚的眼神。

理理长发，爽爽的。

大约在冬季，我发现雨其实很温柔。

张祥鹏

踏平坎坷路

从第一声清脆的啼哭声起，磨难便鬼符般附在了我的身上。而我却从它不时施展的绊脚法中获得了最有价值的东西——自强不息。

上小学时便从长辈们的眼中读懂了一个道理：判断学龄中孩子好坏的最重要的标准就是分数的高低。我自然不能当名坏孩子，于是每年捧回几张奖状，以博取父母的微笑、邻居的赞许，还有伙伴的妒忌。为了我的进一步发展，父母思虑再三，将我转到远离家乡的一所重点中学。那年，我未满十二岁。

在那自由的环境中，摆脱了父母的约束，摆脱了师长的教诲，却摆脱不了寂寞的纠缠，于是，我独自沉醉于武侠小说中，无法自拔，一心只想练成一身登峰造极的武功，笑傲江湖、行侠仗义、惩恶除奸。不幸的是，我的武梦尚未做定，一个残酷的现实摆在眼前，高考落榜！退学？复读？

面对现实，我惊呆了，欲哭无泪。垂头丧气的我卷起铺盖迈上了回家的路。家门外，我徘徊许久，但里边静悄悄的。难道无人？我绕到屋后，透过窗户，心骤然一沉：父亲默默地抽着烟袋，地下磕了一堆烟灰；母亲在旁边静静地打着毛衣，那仿佛是我的！一切都是那么熟悉，一切又都那么陌生！不知不觉中进了屋，望着母亲日增的白发，望着父亲暴着青筋枯瘦的手，迎着姐姐忧郁责备的目光，我的泪终于落了下来！

第二天，我扛起被褥来到了一所窑场。那天，日头正毒，叶子蔫蔫巴巴耷拉着脑袋，路上什么都没有，只有知了还在高一声低一声烦躁地叫个不停，路面晒得发软，走在上面黏乎乎的，更感到一股炙人的热流，但我扔下包裹，二话没说，拽起板车就往前冲。从堆砖坯处到窑口有一段长长的陡坡，别人一趟未到，我已跑了个来回。但车子越来越重，腿越来越沉，如同灌了铅，前腿拖着后腿，后腿撑着前腿，一步一挪，掌心黏乎乎的，好像渗了血，肩头被车带勒出一道道血印。我渐渐麻木了，眼睛死死盯着路面，机械地迈着腿。

天忽然变了，一道闪电在眼前划过，一个霹雳在头顶炸响，平地卷起一股黑风，飞沙走石，倾刻间，烟雾弥漫，紧跟着，豆大的雨点打了下来。我有点发蒙，雨雾中，那些砖坯仿佛成了一摞摞正遭摧残的课本，我猛然一跃而起，发疯般拽着板车狂奔……终于，我体力不支，倒在地上，泪水掺和着雨水倾泻……那年，我十八岁。

桂花飘香的时节，我踏上了复读之路。临上车时，父亲什么话也没说，只是深情地望着我，他知道，我也知道，言语已是太多余了。

终于，又一个金秋时节，我收到了大学录取通知书。

我虽然跨过了一道壕沟，但前面的路还很长，有着数不清的坑坑洼洼，我必须加倍努力，才能踏平坎坷路。

张琦楠 (法学 0497班)

神 殇

题记：鱼问飞鸟：为什么海洋的面积远远大于陆地？

飞鸟说：因为海洋是天空的眼泪，凝聚了这世上所有的哀伤。

约翰问玛利亚：为什么我举不起这马槽中的婴儿？

玛利亚说：因为他是耶稣基督，承载了这世上所有的罪恶。

他是一个过客，带着沙漠的风尘与海水的咸涩，破烂的衣衫下是铁一般的身躯，虬起的黑色的肌肉在阳光下散发着原始的味道，那从远古流传下来的歌，被他用怪异的曲调哼唱，带着预言的气息。他是一个吟游诗人。

远处的青山，被彩色的云霞笼罩，那里的人，奉行着圣洁的信条。他们仁慈、博爱，尊敬每一个人，没有私欲，简单的木屋，清水和干面包是他们所拥有的一切。他们恪守神的意志，对一切感恩，不愤怒，不怨恨，也不快乐。那里，被称为“神之乡”。

吟游诗人拖着伤痕累累的双腿来到“神之乡”，聆听着恢宏而单调的圣歌，用淘气的笑容面对送来面包与清水的圣哲，他用粗野的话语打趣那些笼罩在圣洁的光辉中的神之信徒，人人都认为他只是一个过客，可吟游诗人知道，他身后是希望。

第一天，神之乡闻到了烧烤的香味；

第二天，神之乡尝到了美酒的芳醇；

第三天，神之乡听到了喧闹的通俗音乐；

第四天，神之乡看到了琳琅的生活用品；

第五天，神之乡的茅屋变成了摩天大楼或别墅；

第六天，神之乡出现了形形色色的政客、奸商……

第七天，神之乡已经完全成为一个世俗的都市。

吟游诗人又一次背起行囊，穿越了嘈杂的街道，哼着远古的歌谣，带着一身尘土，走向太阳的方向。

神之乡在世人的眼中堕落了，曾经圣洁的地方弥漫着世俗的味道，那些敬仰着圣洁的生活的贤者们和所有的世人一起开始咒骂。

第一天，他们将吟游诗人描绘成长角的恶魔，吞噬了天使的光辉；

第二天，他们诅咒吟游诗人坠入永恒的地狱，被冥河旁的烈炎炙烤；

第三天，他们哀叹神之乡的不幸，被一个恶棍骗走了她的声名；

第四天，他们抱怨神之乡的人们意志薄弱，迷失在黑暗的丛林；

第五天，他们感慨世道的无常，原来欲望隐藏在每个人心中，包括所谓的圣人；

第六天，原本铺天盖地的论争狂潮退至酒馆的角落，成为醉汉们偶然想起的谈资；

第七天，世人认可了新的城市，就像神之乡未曾存在过一样。

上帝用六天创造了世界，然后说第七天，我们休息吧。

吟游诗人仍旧孤独地旅行，背负着诱惑的骂名，完美与神圣的存在，使世人得到救赎，可没有人拯救过完美与神圣，所以，基督死在十字架上。

当英雄泯灭于群氓，群氓就得到了永恒。

这是很久远的传说，没人知道是否曾经有过这样一个吟游诗人，连神之乡也无迹可考，只剩下据说他曾哼过的远古的歌。

曾经的荣光/湮没在时间的殿堂/天使/堕落在世上/承受痛苦与哀伤/却徘徊在/真实的边框/也是/梦破碎的地方。

李　宁　(水工　0017班)

今夜给你回信

题记：“西部大开发”是一个离我们很近又很远的热门话题，年轻的心却喜欢杜撰一个个风花雪月的故事，去体味一种凄凉的感觉，用笔尖来寻找那些砥砺着民族不息的力量。

小兰：

今夜给你写信，此时屋外秋雨已停，只有屋檐的雨点滴滴嗒嗒砸在地上。

电又停了，点上蜡烛，对火焰凝视良久，才想把那封拖欠很久的回信写了。

整个校园又恢复了宁静，我的心里很乱，犹如窗外那株饱经风吹的槐树。

你说，让千里马代替小毛驴去拉磨，千里马并不会比小毛驴出色多少；你说，你城里的姑父能给我找一份重点中学的工作，是回城，还是留在这穷乡僻壤继续做我的“西部”梦，由我来选择；你最后还说：“请现实点吧，回来我们可以随时结婚，不然，你绝跨不出那所破学校半步。”

小兰，我也说不清楚我那时的心情，痛、沮丧，同时还有一点犹豫，但你应该理解我，自从来到这偏僻的小学第一天起，我的内心便一直充斥着矛盾和冲突，神圣的使命感和沉重的现实一直折磨着一颗本已疲惫的心。真的，在忍受和奋斗中挣扎，太累了。生活条件差，我可以将就着，工资微薄，除吃饭买书外，我可以不要积蓄，别人的不理解以及冷嘲热讽我都可以默默地承受，但我真的不能忍受这仿佛与世隔绝的孤寂和凄凉。在这里，当校园里只剩下我一个人时，当把疲劳的眼睛从学生作业本上移开时，当那颗敏感的心开始跋涉时，我越发觉梦想的遥远、未来的渺茫，以及自己痴想的可笑。我会学着饿狼嗥叫，会狠狠地弹我那把破吉他，会苦苦吟唱心中无声的歌，但是当我看到他们作业本上那稚嫩却是工整的算式，那写错字却因没橡皮而用手指头沾唾沫抹得一塌糊涂令人心酸的一页页，还有在我给他们写着“优秀”的评语下写着“这次妈妈没给煮鸡蛋”那样充满童趣的谐语，我仿佛看到了童年的自己。当我在做饭或看书时，他们会怯怯地把脑袋挤在门边好奇地看着我屋里的一切，他们会小心翼翼地抚摸我放在桌子上的饰物，会问我大海是什么样子的，高楼是什么样子的。当我尽量把我所熟知的以及想象的都告诉他们后，他们又会用刚刚学会却错误百出的话语且一脸自豪地争相去告诉其他伙伴。我呆呆地望着他们远去的背影，我会微笑，含着泪。

小兰，于你我也理解，你所要求的都出于常理，都是爱的自私。但你应该明白一颗滚烫的心徘徊在两个炽热的希望之间是多么痛苦，选择一个就必须舍弃另一个吗？有时，我真的想走，去奋斗去开拓一个新的天地，但是我又真的怕离开这些孩子。我怕他们在冬天坐在四处漏风的教室没有柴烧，怕在下雨天没有人背他们过那条小河，怕狗蛋因为不小心惹他娘生气被打得不敢回家吃饭，怕英英因为抱弟弟而被她爹从学堂拉回家。我曾发誓让他们有一个比自己幸福的童年。此时，我才知道，对未来的向往渴盼越强烈，对现实的沉重就越发觉得浮躁。的确，有些“痛苦”根本无法用语言来形容。

小兰，我有我的理想，你有你的选择。当曾经充满爱和理解的小船再也承载不了太多无奈和牺牲时，放弃也许是最好的选择。

我也崇尚忠贞不渝，我也羡慕泰坦尼克上的 Jack 和 Rose，我也渴盼连理枝、比翼鸟以及什么鸳鸯蝴蝶。但是，在这贫瘠的土地上，在这落后的边缘上，在这些愚昧而善良的父老面前我深知这些孩子比你比我都更需要爱。

今晚，我做了选择，不悔。

夜已深，不再多写，最后想纠正一下你的说法，“西部大开发”不仅仅需要高科技，精管理；我不是千里马，教育也决不是拉磨。

最后，祝你快乐！

李　红

瞬间的温柔

“你的爱情线曲折漫长，你将终生忍受感情的折磨之苦。”似乎这声音来自太阳，徐徐地随着一缕光柱渗入我心。微风轻轻撩拨起我的几绺头发，遮住了双眼，脑子里闪过一双分明的眼睛，一份无奈的伤感便滑进了西天的晚霞，那云，便燃烧起来……

十八岁的心是稚嫩的苍白的。它喜欢秋天和秋雨，喜欢秋叶和秋霜；它期待生命在血管里搏动，在血管里萌芽；它祈求着爱，它害怕摧残，无数次地在等待，在真诚而真实地生活着。直到有一天，你坐在了我的身后。我明白了，你就是那个我生命中正等待的人。

白天我偷偷感觉着身后的你轻轻的呼吸，翻书的声音，挪动椅子的声响，甚至你那轻微的咳嗽声都是我心中最美妙的音乐，一切归于平静。

每当夜晚来临，灯光亮起时，就会映出你明亮的眼睛，我却看不清。我祈求我潮湿的眼睛不要流露出我所有的哀伤，让我永远只将它锁在七重门里，要煎熬，也让我一个人去煎熬。

爱玩的你下课、饭后总是不在教室，看不见你的时刻很是难挨，平静的心开始混乱。终于，我向你提出了无理的要求：不许出去玩，饭后马上进教室学习直至高考。出乎意料地，你答应了。我战栗地从上帝手中接过那一刻，我想我要用我年轻而朴素的生命将它无限地拉长，铺尽我空白的人生。以后的日子里，你总是准时地坐在我身后。十八年来，我一直企盼着这样的时刻，企盼着不用言语就能听见你心里的话，凝望着你，感觉着你，温馨和平静在一瞬间胀满了我的生命，再也没有失落和缺憾，再也没有空荡荡的凄凉，整个世界都如此美丽。有你的日子，时间总是过得特别快。在我的心底，飘忽着一个比岁月还要悠远深长的叹息：毕业后，没有你，我怎么办？

终于，你要走了，我也要走了，有你陪的那些温柔的日子似烟、似雾、似纱、似幕，迷迷蒙蒙。我孤寂地站在水泥路上，目光投向正打乒乓球的你。等你，孤影，泪痕。你只用短促无声的语言写就了关于我们昨天的问号，巧合？命运？小径？呼吸……你是你，我是谁，我已分不清，那一刻，我无话可说。

车来了，在前方，轰轰地呼唤着你……

车嘎然刹住了，一本蘸满心血的日记被风吹散……

一页一页，宛如一片片彩色的花瓣，只有一片红色的花瓣，从轮下飞出，在空中飘扬，飘扬……在这飞舞的花瓣中，你正在逃远。我久久地望着你，看到了千百年的永恒，也看到了千百年的无望。

于是，我知道，一切都结束了。过于自知，使我明白，我不可能再回头寻找似曾存在的梦。我不知自己来自何处，到过何处，要去何处？我只知道那一个冬日属于你我，我知道怎样燃起火柴，关闭所有的小窗，让温暖和你的影子一起来临，弥漫在只有我一个人的小屋……我满身尘土，满脸疲惫，我泪流满面，笑容满面。从一开始，我努力忍住每一滴眼泪，我以为一切都可以咬咬牙作结束。可夜深人静时，我终于放声大哭，这是我真正的泪水，它飘飘洒洒，漫无边际。

我更喜欢秋天了。立秋后的枫叶与晚霞交相辉映，听那微风中飘舞的落叶之歌，一片片黄叶毕竟绿过呀！在与同学的通信中，我多次写道："只要上天在我生命的大部分时间里都给我一个回忆的日子，那我就满足了。"究竟回忆什么呢？一份永恒？一个瞬间？还是自己企求的那一瞬间的温柔？

我相信，关于星宿，关于命运，关于一个人漫长的一生。我还在寻找，在等待，等待用美好的未来注释所有温柔的过去。

李　颖　(法学　06126 班)

有风来过

青春的日子在眼前疾驰，我不知道还有多少日子能被纵容着单纯下去。这种心情就像红彤彤的山楂不舍得离开枝头，只因心中的些许酸涩，可事实告诉我，成长的风已来过。

暖暖的午后，我还是那个喜欢看书的娃娃脸女生，一头扎进书里，谁叫都听不到，但是成长还是姗姗而来了。现在的我虽然仍然在用“明天又是新的一天”来安慰自己，却不再去续写《飘》中斯嘉丽与白瑞德的未来；虽然不忘鲁宾逊在荒岛上盖房子、搭葡萄架、种麦子地悠然自得，却不再幻想成为孤岛英雄；虽然仍感动于宝哥哥的“都道是金玉良姻，俺只念木石前盟”，却更多地想到“千红一窟(哭)，万艳同杯(悲)”的悲怆。我想成长已带我上路，打开门窗，放进阳光，拿起架子上的《西方哲学史》，品味着大师的传奇与经典的魅力，感受着时空交错，古今中外智慧火花的碰撞带来的乐趣。书海之行，让我流连忘返。不知不觉中，感受到成长的快乐，成长的风为我打开了更广阔的知识殿堂。

从小到大都是老师、父母眼中的“好孩子”，一晃进了大学，忙碌地学习与工作，拿一些奖，想“自己的付出还是值得的，做好孩子没什么不好的”！但有时也会生出一些想法：“这样的生活到底是不是我想要的?这种紧张且有点单调的生活是不是掩盖了什么?”我不满足小小的虚荣，想探寻一下适合自己的生活，思想被成长的风裹挟着前行。

在心情好与不好时，都喜欢站在高处，感受着从四面而来的风，临风而立，想着开心时的笑与难过时的泪，其实青春不仅仅是阳光灿烂的日子，它更是成长风起时，这中间带有风沙，更有风采。

李小民　(市场营销　08105 班)

刻在理想中的零星碎语

一切，只是在静默中悄无声息地变。

时间，只不过是很公平地给每个人提供着一天 24 小时、一年 365 天或者 365 天实现自我价值的可能。

如此，年复一年。

有的人追逐奔跑，汲取着每分每秒出乎意料的生活。有的人晃荡停留，错过了一次又一次命运的逆转。于是那些离去的光阴就成了一些人的理想，幻灭了许多人的梦。

于是我们在成功和挫败的打磨之中，变得棱角分明。

——写在前面

十一月，我在这座北方城市微弱的阳光照耀下，开始无可救药地想到有关理想，想着很久以后我所设想的美好生活。

理想常常是不情愿触碰的话题，因为太深刻；未来常常是不愿意想起的幻影，因为太渺茫。路很远，却又很窄。

也许只有脚踏实地地走好现在的每一步才能够有资格谈及未来，才可以清晰地看清以后的路。想起曾经保持了很久的 QQ 签名：“就算最终失败，也要对得起每一天。”

于是紧紧握住自信和坚强对自己说：“嗯，要努力。”

十月的最后一天，我看着手机屏幕里的时钟跳过零点，然后面无表情地跨过月与月之间的界线，走进了又一个月份的第一天。

还是更习惯在夜晚刻字。被文字和音乐包裹的世界可以不被任何人和任何事打扰，可以暂且抛开任何事任何人，不去烦扰。

没有了白天的喧嚣和琐碎，思绪淡定，表情从容。

连续很长的一段时间，郑州因为寒流的侵袭而渐渐冷了。那几天的状态也因为无端的忙碌以及没有任何预兆的感冒而特别糟糕。心情像极了阴雨天里惨白的天空，聚拢着一整片的阴云。骨子里的血液翻腾着浮躁、紧张和不安。

过久了安逸堕落没有任何负担的日子，猛然间进入了忙碌为未来拼搏的生活，多少有一点不适应。

在夜里不经意间想起了儿时的梦想，想起了儿时那些幼稚的梦想，而现在却不得不为了生存而努力奋斗。

看到别人都已成功，功成名就；看到贝拉克·奥巴马实现了自己的美国梦，我为何还在混混沌沌地打发日子呢？

下一天，不再漫无目的地过。

李永鑫 (水工 9808 班)

失败也是一首歌

花，有开有落；人，有离有合。成功固然给人以欢乐，但失败也是一首歌。

因为你年轻，岁月似乎就给你更多的蹉跎。步过一个个低谷，跃过一个个险滩，经过一次次顿悟，你方才体味些什么。这时，你已不再害怕失败和挫折。你坦然，因为失败就是一首歌。

面对失败，你固然要怅然寂寞，可你毕竟追求过，今天的失败不正是为了明天的腾飞？

面对失败，你也在咀嚼。啊，人生也不总是开心果。初涉尘世，扯起你心爱的红帆吧，不要再错过那奔驰的青春快车，无奈，那失败如阴影总是追随着你我。好在，你已经有了心理戒备。失败、逆境又能把你奈何？

青春似火，理想闪烁，失败也是一曲可以弹奏的歌。只不过，少了鲜花陪伴，掌声衬托。

李立峰 (水工 9805班)

感受余秋雨之余

在心中沉沉地思索了许多时日，终于不得不写出一些东西来，的确是不得不。

一种激流在胸中涌荡，使我胀闷。《文化苦旅》有这种魅力，她能使人无法沉默，无法镇静，有的只是无休止的一连串的关于人生、关于历史的思考。

余秋雨实在应该首先是一位哲学家，然后才是一位作家、文学家。在《文化苦旅》铺陈的广阔时空里，纵情挥洒一位哲士的满腔情怀：洒尽血泪，写满屈辱的道士塔；气势磅礴，层累历史的莫高窟；柔丽凄迷，清新婉约的江南风情；上海人几代的风云变迁，中国文化的悠远深邃；中国文人的心路历程，等等。无不渗透着一种对民族、对人生的深厚透彻的理解和一种超越文字本身的情感，直至升华为一种精神，一种文明。这就是余秋雨，把人生真谛诠释得如此淋漓尽致；也就是他，无处不在展露一位哲学家高深的思想境界和一位大作家渊博的写作功底与丰厚的精神世界。

真的是无法不去敬仰余秋雨了。他把人生看得太透彻，他把对人生的感悟溶入了大地山川、历史过往，与它们共悲喜、同欢笑，分明已与天地和成一曲共鸣交响乐，铿锵作响于宇宙之间。而这一切都溶入了他的散文之中，使人在品读时，不得不时时掩卷沉思，心底激起关于人生命题的猛烈冲撞的层层波澜。

无意中又忆起余光中，真是巧得很，他也姓余，也是以同样的手法将人生的感悟溶入这样的文字之中。我想他们才是当代真正的文人。然而，令人遗憾的是，我们目前的许多所谓“文人”却领略不了或者说根本无屑去领略他们的那种精神高层，而仅仅只是追寻一些华丽奇异的文字，只为了一时的猎奇，一时的利益，一时的迎合，一时的荣誉。这样，反而容易把人的心智埋没。

社会总是在不断地向前发展,全民整体文化思想水平逐步提高，“而许多文人在稍稍做了点学问后就变得如此单调窘迫了”，这难道还不应该引起我们深深的自省吗?

“真正走得远，看得多了，也会产生一些超凡的想头。”唯愿写者们都能把心放得正一点，眼放得远一点，脚踏得实一点。也唯有如此，才可能出现更多的“余秋雨”、“余光中”。若果真如此，则文化有幸，民族有幸了。

当然，这也仅为希望而已，更何况又只是一小子之言。

不要选择

每一个人，每时每刻都在希望与失望、幻想与现实的金刚石结构中度过。他们也许得到了他们梦寐已求的生活，正在努力奋争那新的一页，也许他们什么也没有得到，于是他们寻找解脱，并无的放矢地说要再次选择。

不要选择了吧，朋友！选择只会湮没我们已有的心得，使我们感到一时快活，而失去终生欢乐。

不要选择了吧，朋友！珍惜我们已拥有的获得，再扬帆击波，奋力拼搏，去标志自己的人生价值。

不要选择，选择有什么自得，那只会是怯懦！勇敢的人永远不会重复选择，每一次漫漫的人生之航，他们都扮演着不示弱的水手角色。

不要选择，选择不会寻得解脱，理智的人保持沉默，他们只是不停地向前跋涉，在每一块开垦过的土地上把希望撒播。

选择算什么？幸福者这样说。既然已拥有了生活，就要努力拼搏，生活不会因为选择而增添第八种颜色，也不会因为没有选择而失去七色。

选择算什么！成功者这样说。最重要的是要塑造自我，在哪里跌倒了，就从哪里爬起来，做一个不畏挫折的强者。

选择是一杯苦酒，只会尝出它的苦涩；选择是一洼沼泽，走进去就会陷落；选择是一团迷雾，你将面对又一次诱惑……

失落的人啊，不要在乎已有的过错，只要我们还拥有那一份属于自己的执著，就——不要选择。

李志高　(计算机　0179 班)

考研，你准备好了吗

我曾经听过这样一个寓言：一个女孩儿问她的妈妈什么是幸福，这位母亲并没有回答她，只是顺势从地上捧起一捧沙子，圆圆满满的。女儿笑了，伸手去握母亲的手，沙子从指缝间滑落，待到母亲张开手时，沙子已所剩无几。母亲说："孩子，幸福是追求，但不是刻意去追求。"

——序言

当我还踌躇满志地徜徉在自己用汗水筑起的象牙塔中的时候，一个沉重的脚步慢慢向自己逼近。仰身而望，城外已风起云涌，兵临城下，急忙找来锈迹斑斑的铁枪，牵来瘦骨嶙峋的战马，不禁怅然：我还能去战斗吗？虽然我也曾经战斗过，四年象牙塔中的生活已经使我慵懒迟钝，毫无斗志。仰望苍天，天亦狭小，原来自己竟成了井底之蛙！

四年的大学生活造就了多少象牙塔中的弱者呢？花前月下，卿卿我我固然令人快慰；耳鬓厮磨，缠绵悱恻已然令君销魂；酒肉桌前，人机大战更是让君流连忘返。不自觉间，已然刀枪入库，马放南山，谁人还记得千军万马争过独木桥时的惨烈？谁人还知披星戴月废寝忘食的艰辛？更无人再提形单影只、孤身奋斗的寂寞。因为眼前是一片歌舞升平的景象，已经不用再去战斗，再去流汗。终于到了兵临城下的那一天，手足无措了，惘然不知了，面对千军万马，你还能放马千里，一骑绝尘吗？你退缩了，你畏惧了，难道你要做阶下之囚，任人摆布，随波逐流吗？藏在内心中的那仍未泯灭的豪气不允许你这样做，但确已兵临城下了，怎么办？

有人大开城门，拼死决战，但求一线生机，虽难免处处碰壁，头破血流，但终会在伤痛中醒悟，在疾苦中成长，虽不能称雄于人前，亦不必示弱于人后，不失为勇者之举；有人深知他山之石可以攻玉，一路顺风顺水，虽飘忽左右，但亦能于风口浪尖中逞一时之雄，亦为人羡；但还有一部分人却向往着另一座象牙塔，因为它更为高贵，更为华丽，只是道路也更加艰辛。考研大军日益壮大，声势汹涌，又现他日孤单寂寞，又现他日披星戴月。欲把凳坐穿者有之，欲破万卷书者有之，欲不食不寝，近乎疯狂者有之……所求者皆“大鹏一日乘风起，扶摇直上九万里”。

如果你有足够的勇气，有足够的耐心，有足够的斗志，千万不要错过这次机会，为的不完全是镶着金边的象牙塔，为的只是生活中了无遗憾的回忆。

如果你已悔恨自己虚度光阴，羞耻自己碌碌无为，千万不要错过这次机会，为的不是人前逞强，为的只是证明自己依然存在，依然坚强的存在，不让人轻视的存在。

如果你还有足够的青春、足够的智慧，更不该错过，因为你还可以让自己更加明亮，为别人也为自己照亮更远的路。

这条路也许不会有结果，但至少它在你不算辉煌的一生中留下了不算浅薄的一笔。

但对于一个有准备的人而言，兵临城下只不过是期待中的必然，是展示自己的舞台。

如果说这是场战斗的话，没有人会嘲笑你做的任何一个选择，因为这没有对与错。如果说这不是一场战斗的话，你应该学会如何去享受生活、享受自我。所有的这一切都是为了让我们在垂垂老矣的那一刻，能够坦然面对凋落的残阳，释然面对流逝的人生。

如果你没有选择，请摘下奏着绵绵乐曲的耳机，走出迷雾重重的围城，即使是暂时也要清醒一刻。

如果已有了选择，那就动起来吧！岂不闻白驹过隙，逝者如斯。

如果你选择了考研，那么你准备好了吗？

后记：女孩听了母亲的话笑着说："我为的不是沙子，为的只是握着您的手时温暖的感觉。"

李江华 (环工　06090 班)

归去来

苏苏不是什么文化名人，只不过一普通的大学生而已。说这句话时，我和刚认识的苏苏在学校食堂进餐。苏苏轻轻吸了一口豆浆，沉默良久，才开始断断续续地讲起她的大学生活——似乎有所顾虑，这大概与她的性格有关。苏苏的故事讲完了，日头落下去了，一缕余辉落在她脸上，我猛然发现她独有的美丽——尽管她一点儿都不漂亮。

独斟独酌

乡下来的苏苏刚入大学，在一群活泼开朗的女生里，显得过于沉默，过于木讷，过于乏味，能跟苏苏聊一块儿的更是寥寥无几。苏苏像一只误入天鹅堆儿的丑小鸭，惊慌得东跑西撞，最后跑累了，倦了，绝望地紧紧缩成一团，躲在黑暗的角落里，忍受着异样的目光和有意无意的冷落。怀着七分试试一分侥幸的心理，苏苏报名参加了几个社团，可结果均是杳如黄鹤。苏苏心里的一团火渐渐弱了下去，开始否定自己，否定相貌，否定性格，甚至开始怀疑自己的能力了。她甚至拒绝与太多的人交往。无聊时就静静地看几个女生在一块儿说说笑笑——不掺杂任何嫉妒的羡慕。

苏苏认定自己是堕落了。她整日泡在图书馆里看小说，陪着人家哭、笑、怒、乐，唯独做不了自己。听课时，盯着黑板，看着看着就痴了过去。只有到了晚上，躺在床上，翻来覆去，想着含辛茹苦供姊妹几个上学的父母，苏苏心里便一阵刺痛。她意识到自己在做一个可怕的游戏——一直往下坠，往下坠，远离了前程，昔日的梦也越来越模糊……

晨曦微现

一到晚上，苏苏便陷入了巨大的空虚之中——图书馆闭馆了。吃过了晚饭，苏苏就一个人在校园里乱逛。昏黄的路灯下，一对对情侣相偎相依，卿卿我我；一些社团的负责人与干事在讨论内部事宜；几个人在打羽毛球、踢足球……白云野鹤式的闲，如狼似虎饥渴般的忙，有爱来的蜜甜，爱去的伤痛……

苏苏抬头望天，又是一个没星星没月亮的夜晚！无尽的黑暗！“To be or not to be, This is a problem”。苏苏在闲逛的第 N 个夜晚，脑子里忽然冒出了莎翁这句精彩的台词，一阵战栗，也许是天太凉了，总不至于是精神上的震撼吧……使惠普公司重获生机的女总裁卡莉相信行动和精神动力的重要，相信梦想的必要。幸福之神只青睐那些有准备的人。齐国的无盐，孔明之妻黄氏，都是丑女，却能万古流芳。我不漂亮，第一印象不接纳我，内在散发的美丽会使我得到大家的许可……

这天晚上，苏苏枕着美丽的梦入睡了，从未有过的甜梦。

笑依危楼

第二天早起，苏苏就决定改过自新，继续做真正的自己。现实往往要比想象中残酷。苏苏要做的是打破同学心中那个冷漠、严肃、不苟言笑的女孩形象，树立新的积极的形象。更重要的是，向着自己的梦奔跑，充分发挥自己的优势，走过忙碌而多彩的大学生活。

“由奢入俭难。”懒散惯了的苏苏也曾有过犹疑、胆怯和退缩，每每如此，她便嘲笑自己，嘲笑自己是中国式的罗亭——言语下的巨人，行动上的矮子。

苏苏开始适应了把自己融入新的生活，一点点地靠近人群，一点点地改变自己，青春飞扬，梦想起航，新的美丽的画卷慢慢延展……梦寐以求的生活，做普通人也自有一番快乐啊，尤其在人才济济、卧虎藏龙的大学。

再见到苏苏时，她正与一个女孩打羽毛球，一脸自信的笑，有一种感染的魔力，注意到她已换掉了那身让人压抑的黑色外套……我笑了：“你的那身黑色外套呢——压抑的？”苏苏的球拍迎着飞来的羽毛球在空中划了一道美丽的弧线，又是一阵爽朗的笑：“脱掉了，再——不——穿——了！”

李秋君 (热动 9924 班)

隔海相望

有位作家曾经说过：“澳门的一切都是借来的：借来的时间，借来的空间，借来的人；只有伟大的祖国才是他的归宿，只有伟大的中华民族才是他的根。”也许，这份凝重、这份深情我永远无法感同身受。但我知道，此时此刻，我们在享受着同一份喜悦，在同圆一个觅祖寻根，回归故里的梦。

从第一批葡萄牙人以“晾晒货物”的名义窃居澳门，历史已经走过了446年，我们澳门就要回到祖国的怀抱，我无法想象这一天举世瞩目的空前盛典，更无法形容这一天所有中国人内心的情感波澜。但我可以用白纸黑字为民族备忘这一天：炎黄子孙终于洗雪了四百多年的耻辱，找回了失去的神圣与尊严。

四百多年啊！十六万两千多个不眠之夜，再也听不到普济禅寺悠扬的钟声，再也看不到西望洋山的巍峨。

四百多年啊！濠江怒吼，归声如潮，那是填海精卫衔来石子投入大海的迷惘，那是太行山愚公的子孙一锄一担搬山的慨叹！

四百年啊！年复一年，沧海桑田，你的青春也许不再，你的情怀却始终不改！黄色的脸永远不变，炽热的魂永远不变！

斗转星移，五星红旗在天安门城楼升起，中国实现了独立和解放，昭示出祖国统一的曙光。改革开放又带来了中华民族振兴的崭新局面，国家出现了百年从未有过的繁荣富强：国际上确立了我们的尊严，“一国两制”为统一指明了方向；国家强大了，母亲唤子归航。全国人民在等待着那片土地和四十五万人的归来，在“跨海飞虹”的大桥上，在“莲峰古寺”的钟声里，在十二亿中国人民盼望的泪光中，我们共同走进那繁荣美丽的“莲花宝地”，注目鲜艳的五星红旗在澳门蓝天升起，聆听嘹亮的国歌响彻九澳海湾。四十五万澳门同胞一齐高呼：祖国，我回来了！

在这个普天同庆的日子里，澳门，你一定不会忘记是谁，用殷殷母爱擦去了四百多年前那滴浊泪；又是谁，描绘了“一国两制”的蓝图，让我们今朝相聚。这绝不是苍天的恩赐，更不是殖民者的施舍。在漫漫的归途上遍布着一个古老民族的血性和顽强！China，不再是不堪一击的瓷器，中国已岿然屹立于世界的东方！

中国由强大而统一，由统一而强大，这是何等令人向往、令人振奋的美好前景啊！真正爱国的中国人怎么能不团结携手，共同为之奋斗呢？怎么能忍心搞“台独”，闹分裂，鼓吹“两个中国”，做“仇者快，亲者痛”的事？尽管宝岛台湾还没有回家，但日月潭的水终究连着长江、黄河。听，那可是流沙河笔下的蟋蟀在夜夜歌唱：如果有一天长江冻成冰河，还有我，还有我的血液在呼啸；如果有一天，我的血也结成冰，那么还有你的血、他的血在合唱！

而今天，我站在这里，与澳门隔海相望，仿佛嗅到了他泥土的芬芳，听到了归航风吹的海浪。

如果我是放牛娃，我要折下故乡最绿的柳枝，做一支高丽的柳笛，心灵的笙箫，奏鸣古老的，归去来兮。

如果我是诗人，我要放声歌唱，太阳为鼓，月亮为琴，苍天起舞，大地震撼，从塞北到江南，从大海到长天！

我站在这里，与澳门隔海相望，“白日放歌须纵酒，青春作伴好还乡”！

我站在这里，与澳门——隔海相望。

李瑞仙 (环工 0064 班)

灵魂涅槃

——谨以此文祭别高三

阳光很灿烂，细腻腻的，静静地洒在桌子上，偶尔在过云的时候有些轻微的躁动，兴许也对 Mr 火(顾名思义为爱发火的 Sir)的男高音感到些烦躁。

Mr 火不厌其烦地讲解着排列组合，灵魂专注地欣赏阳光，身体和桌面演习着心照不宣的默契，一切是那样的和谐自然……

“你上去写在黑板上。”Mr 火敲敲桌子。屁股没有挪动的意思，“我不会做。”“上去试试，不试怎么知道不会。”——无奈！灵魂和肉体合作走上讲台，将手里一支洁白的粉笔，从头到尾，再从尾到头仔细观察了两遍。——无聊！灵魂有些厌倦了，肉体也感到累了，于是又合作走下讲台。“还是凳子最亲密。”灵魂这样想，这个精粹见解，肉体立马赞成。

阳光又霸占了一些桌面，温文尔雅、不动声色地侵略。灵魂知道 Mr 火会射出一些失望的眼光，接着是一些抑扬顿挫的长篇宏论，这些都是无需再温习的课程。灵魂想到校园里走走。

不知不觉又走到了光荣榜前，心情已不能仅用伤感来形容，怨恨，无地自容，落寞的喟叹只想逃避。没有肉体这个重负，灵魂可以尽可能快地逃避，但却永远逃不出悲伤的掌心。趴在喷水池边喘气，泪水打在浮萍上，泛开去，形成一面绿色的镜子，透过绿镜，灵魂看到两年前活泼快乐的自己，腰里别着随身听，伴着流行歌曲跟余秋雨一起苦旅；脖子上挂着金闪闪的奖牌，脸上淌着得意的笑，耳朵不断接收着含有高深嫉妒成分的“Congratulations”，嘴巴也不断送出一个个“Thanks”……

往事如烟，不堪回首，唯恐被迷失在记忆里，淹没于泪流中。“人要活得现实点。”灵魂将这句话写在日记里，作为自己退出理想主义行列的祭言。

但泪却是止不住要流的，“叮咚”打在浮萍上，又招来了绿镜，一个傻瓜自觉地锁起自己的随身听，主动放弃自己喜欢的娱乐活动，边骂边将自己从图书馆门前拖走，时时告诫自己，“要加倍努力，不能玩物丧志，争取在九科会考中全拿 A”……可傻瓜错了，她自编自演了自己的悲剧。每况愈下的成绩，无法再透支的自信，心如止水。“哀莫大于心死”，灵魂没有想死，因为世上还有几个人的关爱使她无法了却凡心，但心却是死去了，无声无息、无可奈何地去了，不是涅槃，而是进了地狱。

“叮咚”，又一滴泪打在浮萍上，就再也没有继续了。泪会杀死浮萍的。灵魂想施舍一些怜悯，但突然浑身一颤，它们会接受吗？它们有足够的信心，不屈不挠地繁殖不息，以及掩饰不住的勃勃生机。灵魂突然有一种冲动，想再去看看光荣榜，照片上一张张笑脸后面是一个个充实的积极向上的灵魂。活着多好！有的人一辈子也走不出的问题竟被自己无意看透，灵魂觉得自己涅槃了，她该有个鲜活的明天！

后记：高三紧张而烦燥的生活使人变得脆弱和可怕，几次考试的失败就没了信心，觉得心已死，活的好苍白好空虚。别人的安慰听来像是怜悯与讽刺的暗箭。能及时了悟渗透“信心永不倒”的人生哲理，可谓是涅槃了此篇为“为了忘却的纪念”。

杨 荣 (给排水 9925 班)

中国古典音乐与唐诗宋词

在风格多样的音乐中，我独独偏爱极富东方神韵的中国古典音乐。我喜欢笛子跳跃的灵动，喜欢箫略带伤感的低沉，喜欢古筝空明的宁和，也喜欢琵琶的塞外风尘。那韵味独特的旋律在一片热闹的喧腾中，以唐诗宋词所描绘的意境，静静地守护着自己的圣乐和净土。

中国古典音乐是流动着的诗词，而唐诗宋词是永久固定下来的圣音。用心聆听，你便会发现，中国古典音乐所追求的境界不是醇厚秀雅极尽苍茫之致，就是音韵磅礴充满雄浑之气。无论《广陵散》还是《浪淘沙》，无论《汉宫秋月》还是《夕阳箫鼓》，那弓弦上流淌出来的是诗词一般的境界。

“风乍起，吹皱一池春水”，听一曲古筝，吟一首佳词，心弦也就被触动了。眼前出现：古道西风，驿路客栈，一匹瘦马于塞外风尘中踽踽前行……

“闲梦江南梅望月，夜船吹笛雨潇潇”，皇甫松的《梦江南》轻柔婉约，最适合配上竹笛吹奏的江南小调，轻轻地，如燕语低喃。笛声是湿润的、空灵的，像江南细密的雨丝，直渗心田。

《十面埋伏》的金戈铁马，《渔舟唱晚》的闲谈欢畅，《雨打芭蕉》的清丽柔和，还有《哀郢》的凄冷苍凉，无不带有几分诗情意境。

若没有词的描绘，音乐就不完美了；而若没有音乐的韵律，词也就少了灵动。苏轼的词配上古筝，豪放间多了些壮志疏狂；辛弃疾的词配上琵瑟，更多了些大漠孤烟的塞外风情；而李煜的词总笼罩于一片愁云之中，笛子吹来太欢喜，琵琶弹来太疾，古筝又悠远似流水，唯有萧，悠悠的，低沉而不失圆润，呜咽着如泣如诉，最能表现这浓得化不开的愁。

日之将夕，风物趋静，月照荒原。这时，听一曲古典音乐，读一首唐诗宋词，心中便充满感动。

杨　雪 (会计学　0176班)

等待春天

曾在夏天的素日清辉中，感受心灵的纯静美丽；曾在秋晨的落英缤纷中，感受爱意的博大精深；也曾在冬日落日熔金的壮观中，感受生活的充实坦然。但是我一直在等待春天，等待那个奉献着生命的绿色，渲染着每一寸土地的春天，等待那个把阳光洒满波光潋滟的湖泊的春天，等待那个插上翅膀便能飞的春天。

春天没有赠给你一轮太阳，因为她怕灼热烧伤你嫩绿的希望；春天也没有赠给你一枚弯月，因为她怕冷清浇灭你热切的期望。春天赠送给你的是那孕育了一个冬天，沉思了一个冬天之后，提炼出生命的绿色，揭去自己的面纱将那充满生命的文字镌刻于小路边、大堤上的小草，这不是象牙塔，而是实实在在的绿的使者！这一切的一切难道没有让你希望永远留住春天的脚步，而无悔地等待春天吗？

沐浴着春雨，你就会笑脸迎接生活中的坎坷，用拼搏挑战生活中的风雨，因为在生命的道路上你是主宰。春天是梦幻的季节，她往往会只给你一朵浪花，叫你去想象海的浩渺；只给你一钩弯月，叫你去想象夜空的宁静；只给你一颗露珠，叫你去想象黎明的清新。不是吗？“一粒沙里可看世界，半瓣花上能说人情”。你还有什么理由去否认春天就是一位伟大的哲学家呢？

所有的果实都曾是鲜花，但不是所有的鲜花都能长出丰硕的果实，春天的花儿，又如何得知秋天的果呢？于是她告诉我们：成功的花儿，人们只惊慕它现实的明艳，然而当初的芽儿却浸透了奋斗的汗水和牺牲的血雨。所以，无论何事，只要有千分之一的希望，就要做百分之百的努力，生活中我们常常不缺少愿望，缺少的是实现它的意志和力量。

“春风得意马蹄疾，一日看尽长安花”的兴奋来自春天。

“春风又绿江南岸，明月何时照我还”的思念来自春天。

“几处早莺争暖树，谁家新燕啄春泥”的甜美来自春天。

“碧玉妆成一树高，万条垂下绿丝绦”的壮观来自春天。

我等待春天，因为我渴望那个有着一双渴望上学的大眼睛的小姑娘脸上洋溢出灿烂的笑容；我等待春天，因为我渴望那只衔着绿色橄榄枝的和平鸽的到来；我等待春天，因为我渴望与科索沃的小姑娘一起欣赏春日草原上“大漠孤烟直，长河落日圆”的美景。

也许等待是漫长的，然而不能不说是种幸福。有理想为伴，有志气为侣，何不潇洒等一回，等待春天，等待一个崭新的千禧之年。

紫罗兰

女孩卧室的阳台上放着一盆紫罗兰。

女孩长大了，所以女孩明白了：珠贝原来不想有粒沙子镶在心里。只要想想，假如我们的眼睛，被吹进一粒沙，取也取不出来，那样子，你就会了解珠贝的痛苦。她的错误是那偶然的张合，于是，一粒沙在心中挥之不去。日夜交替研磨，珠贝流泪叹息。心中的沙子也在那里运动。然后，奇迹出现，沙粒成了珍珠。有谁能想到，这熠熠闪光的宝物，前身竟是一粒丑陋的沙石。珠贝为之付出了痛苦的代价，珍珠报答了她。

花盆里的那株小小的紫罗兰，耷拉着脑袋缩在小小的地方。旁边旺盛的草木，慢慢地侵略着本属于它的那一小块领地，好像要使它在这个世界上消失似的。所以女孩天天都悉心照顾它，百般爱护它，紫罗兰在一天天地成长。

女孩也在一天天地成长，突然有一天，一个男孩送给女孩一条美丽的纸项链，并且说："这是我亲手做的。"女孩笑了，从此也开始有梦了，这花季的梦幻里，有浓浓的绿色，淡淡的粉色；有一幢湖蓝的小屋；有淡蓝淡蓝的雨丝儿，轻轻的，柔柔的，是雾又像是烟。女孩对雨情有独钟。她爱那五颜六色的彩虹，爱那万物在风雨中茁壮成长的顽强，包括梦中的那株紫罗兰。

女孩很普通，但从此女孩脸上有了会心的笑，并且也常一个人站在穿衣镜前，小声嘀咕："怎么又变胖了。"因为女孩怕男孩说自己胖了。女孩也很喜欢男孩。因为男孩很优秀，也很会哄她，常常令一向沉默寡言的她笑得那么的灿烂。女孩不懂得到底什么是爱，但她似乎明白爱一个人就是希望他幸福，女孩相信纯洁的初恋是美的。当女孩置身于这样一个清新自然的世界时，她陶醉了，她小心地踏进这个王国，小心地呵护着这个世界，轻轻地编织着这个纯洁的世界，因为这个世界太美了，有莹白的野蔷薇，莹蓝的百合花，还有一株小小的紫罗兰。男孩喜欢紫罗兰，他说："在萧条的秋天象征生命活动的绿色——一小株顽强地争夺阳光的紫罗兰，它生命的动脉里充满了生命的气息和那份刚毅与坚强。"

女孩每天早上起床后的第一件事就是给她的紫罗兰浇水施肥，但紫罗兰并没有她想象中的那样茁壮成长，女孩有点伤心，但仍在不懈地努力，因为她始终坚定不移地相信男孩所说的话。

可是，女孩越是努力地去呵护它，它越是不开花。

可是，正当女孩不知如何是好的时候，男孩离开了女孩。

女孩很伤心，她觉得他的离开是因为自己无力使紫罗兰开花。天上是淡蓝淡蓝的雨；地上是残缺凋零的雨；心中，是悔恨的心雨。悲剧，就是把有价值的东西毁灭了给人看，那么这是否又是一个悲剧呢？

突然有一天，女孩在书上看到这样一段话：问如何能养成一株硕大的紫罗兰，这里的“硕大”，指花，答案是奇特的。说是“旱它”，不给太多的水，于是叶子就长少，花就长得大。即使看到泥土干透，也不要心软。如果心太软，结果是只长叶子不开花。种花要懂花的性情，花不语，想深入了解不容易。女孩略有所悟，女孩又明白了一个道理：熟，有时候是很好的事，熟能生巧，滚瓜烂熟，熟手总比生手好。熟，也能坏事。人与人太近了，太熟了，没有了距离，有时就会出问题。开玩笑开过了头，不尊重对方，倚熟卖熟……还是要有距离才好。一幢建筑物很美，是要有距离才看到的，假如把脸贴在墙上，只看到一块砖头，何美之有？把脸埋在花丛中，也只能闻其香，而不知其美。

女孩有所感悟，所以她不再养紫罗兰。

女孩现在还在做着梦，但这个梦已不全是美，还有一个个给人告诫的小寓言：一根纤细的火柴被主人划着了，火苗欢舞着，异常兴奋。远处的风看见火柴纤弱的生命顷刻间即将灰飞烟灭，感到十分惋惜，便疾速跑过去，一口气吹灭了燃烧的火苗，救了火柴。熄灭的火柴被主人扔在地下。火柴抬头对着风说：“风婆婆你怎么吹灭了我呀！”风回答说：“孩子，我不忍心看着你短暂的生命那么快就完了啊！”火柴听后，叹息道：“唉，风婆婆，我短暂的生命最大的价值就在于燃烧呀，可您却扼杀了我短暂生命中的亮点……”

有时候，爱也是一种伤害！

女孩明白了许多，她不再悔恨而要振奋。于是她又在自己的卧室墙壁上挂上了一幅名为《孤松》的风景画。画面上，风雪交加，一棵孤松傲然挺立于万丈巨崖之上，一任风刀霜剑疯狂地刺裂它那伤痕累累的躯干。它的脚下，是深不见底的沟谷和茫茫的雪海，它的周围寸草不生，所有的生命都销声匿迹，唯有它在顽强、勇敢地与风雪搏击……因为她想通了，女孩愿做一棵孤松，傲立寒雪的孤松。

女孩常想：别来几向梦中看，梦觉尚心寒。

女孩又一次阳光地走向明天。

杨莹莹 （电子信息 05085班）

水 梦

来上大学那天，我在校门外的小摊上买了一盆很小的玻璃翠，将它养在阳台上。这是一种喜水的植物，需要定时给它浇水，每当看着它那翠绿晶莹的叶片如吃饱了的娃娃一般，我的思绪就禁不住飘向千里之外的故乡。

我来自陕北一个偏僻的小农村，干旱是那里唯一的特点，庄稼总是耷拉着脑袋，土地总是咧着大嘴，风起的时候满天都是黄沙，让人睁不开眼，张不开嘴，也许不亲身经历你根本无法体会那种被干旱折磨的疲惫不堪的生活。听娘说，我出生的时候正逢大旱，已经三个月没下一滴雨了，那时候家里除了吃饭能有一盆多余的水就已经很满足了，于是爹就给我起小名叫阿水。

记忆中做的最多的事就是跟着娘到离村子两里地的一口深井处拉水，井水很清澈，掬在手里能嗅出甘甜的味道。就是这口井供养着周围三个村子的人，每天都有很多人到这里来拉水，所以为了早点打到水，娘和我总是摸黑就要起床，将那个生了锈的大铁桶固定到架子车上，然后赶路。最痛苦的要数冬天去拉水了，天很冷，我推车的小手总会被冻得像红萝卜般，有时会刮大风，在你张口呼吸时那些沙子会钻进口中，有种苦涩的味道。那时候最大的愿望就是洗个澡,有时甚至痛痛快快地喝上一瓢水都是让人值得高兴的事了。偶尔会听说上头拨款赈旱了或是修水利了，可结果就是杳无音讯，后来终于明白，无人来救时只能靠自己了，而知识是唯一的出路。

从课本上我渐渐地知道了许多外面的世界，知道大海里有很多很多水，知道了南方有水乡，那里种水稻，那里养出来的女儿都是水灵灵、娇嫩嫩的，可我们这儿始终是个闭塞、落后的小乡村，贫穷使这里的人愚昧，而愚昧更加深了贫穷。那年大旱，发生了件大事，成为我一生的转折点，那时地里的庄稼都不成样子了，村里的人都排着队在井边打水给庄稼浇水，可就为争那些水两家人打起来了，一个人被捅了一刀，他躺在地上，手握着刀柄，呆滞的目光中透露着痛苦，全身抽搐，身上的血汩汩地冒了出来，染红了那干裂的土地，那土地因为鲜血的滋润而丰盈起来，可那奄奄一息的人却永远地闭上了双眼。那个场景一直留在我的脑海中，久久挥之不去，使我更加坚定了学习水利方面知识的决心，不只为了自己，更为了那祖祖辈辈都受着干旱折磨的故乡的亲人们。

就这样，我带着父母的希望，带着对水利水电的梦想走进了华北水利水电学院。我的心满满的，我知道我的梦想就如阳台上那生机勃勃的小植物一样正在发芽、成长，我将用汗水来浇灌它。我是故乡的阿水，我相信总有一天，我会将那清凉甘澈的水送进故乡的每一户人家中！

杨梦起 (热动 0453 班)

漫漫人生路，郁郁文字情

世间有许多事情是讲求缘分的，我想我与这文字的关系就是如此。

与文字交友，应该从与某本课外书邂逅算起，至今大约六年有余吧。其间坷坎曲折，风雨阴晴，一言难尽。我不敢妄谈文学，因为我知道的就那么一点儿，怕只有谈文弄字的资格，至于其他，最好等将来瓜熟果成再说为好，免得玷污了“文学”之名。那么，我们今天就随便谈谈吧。

六年前我迷上了读书，但我痴迷的并非武侠、言情之类的小说，而是那些铿锵有声、如珠迸玉溅的古文，以及那些超凡脱俗、不沾染市侩习气的散文，虽不甚解，却读得津津有味。可现在大都“吃”掉了，记起的又都是诸如“千里之行，始于足下”之类浅显易懂的诗句，不足为外人道。

岁月流逝，我读书的数量与日俱增，然而坦白地讲，我涉猎到书的数量与广度是极其有限的，但我并不感到难堪，因为我所追求的是前人的思想精髓，而非某些人引以为自豪的物质财富。

如果生活就如平静的湖面毫无波澜地延伸下去，也许此时我仍旧是那个不谙世事，沉醉于春华秋月吟咏中的无知之辈。不幸和幸运总是同时从天而降，让人猝不及防，但又潜藏几分惊喜。

一场大病如晴天霹雳，几乎将我击垮。疾病是十恶不赦的魔鬼，它使我们这个本来在生活上就捉襟见肘的家更加困顿，同时亲叛邻离，更如雪上加霜，这个家庭一下子陷入一种孤立无援、贫病交加的境地。对此父亲愁眉不展，母亲背着我终日以泪洗面，我则整日缄口无言，对这个造化弄人的局面无能为力。

无所事事的闲暇给了我思考的时空，煎熬锻炼着我的意志和思维。我思索着，咀嚼着，竟然发现了自己原先所忽视或者视而不见的丑恶，但同时也更加明彻地能摸到那永远让人温存的美善。从此，我对这世界有了一个双面的认识和了解。当我再次剖析人性时，我不再跌入幻想的梦境，陷入偏执的泥淖，囿于成见的圈套。

我思考，我写作，但这件事给我的巨大触动，促使我的文风由清新婉丽而转为沉郁尖锐，从而我的思想也开始由浮浅向深的层面挖掘。如果说我与文字接触的初衷是为了怡情，那么从此我作文的目的就是为了揭露与展示，拼杀和疗救。

我与文字的感情日益亲切，每次见到文字我总有一种莫名的冲动和喜悦，并且日见剧烈，以至于字字动情，时有一种想痛哭的感觉。然而到泪盈眼眶时，背脊却如电击一般，浑身陡然一悚，泪落无声。

我一点一点领略文字的内涵，某时灵犀一通，竟从文字的背后看见人生趣味，看到社会百态，看到一些该知道和不该知道的东西。

当我的人生列车将要驶向第二十个隧洞时，我于冥冥之中真切地感觉到人生确实犹如朝露，这几年苦苦思索的人生趣味问题也在内心深处剧烈地翻腾，使我夜夜不得安寝。梁任公曾为“趣味”下了一个定义：凡一件事直做下去不会产生与之相反的效果，便是趣味。我认为这趣味也可以说是一种目的所在，倘若你是一位真性情的人，为一件有意义的事情，而努力拼搏并乐此不疲，我敢说你定会在充实与进取中找到人生的趣味。那么当你若干年后面临死神时，也定是面蕴笑容，从容不迫的。

人不可能离开社会去过离群索居的生活，所以人的一生总是频繁而广泛地要与社会发生这样或那样的关系。人不能消极地适应社会，而要主动带有技巧性地征服社会，但决不取悦社会。无论何时何地，人必须拥有独立的人格。

人只有精于世故而不世故，才能在社会上游刃有余地生存下去。举个例子说，犯罪心理学专家可谓深知心理，凭此他可以摧毁罪犯的精神防线，达到破案的目的，但这并非说，因此犯罪心理学专家便有犯罪的心理，可以为非作歹。恰恰相反，他是脱离这种思想意识的。所以，这“精”便是能观其局而不入其局，解其味而不醉其臭的意思。

人在社会上生存的经验，大多要从生活中汲取。“大千世界，无奇不有”，我们要描绘这个世界，最好的素材莫过于生活中的人与物。比如，我们与某人交谈时，此人对于关乎本身利害的话题表现得异乎热情，不惜打断他人的对话，以获取他需要的信息，而毫不顾及他人的反应，我断言此人定是自私自利之辈无异啦。我喜欢看人的眼睛，此人是凶恶还是善良，是虚伪还是真诚，是坚定还是犹豫，是玩世不恭还是愤世嫉俗……数次盯视之后，便一切明白。

人思考的多，探索的多，并不一定都是好事，现实中叵测的事总是很多。要么变成一个生活的琐人，为鸡毛蒜皮的小事分神担忧；要么变成一个超然的道人，对人间万事抱着“无所为而为”的态度；

而要成为一个“中庸”之人，如歌德、苏东坡之人，怕是“蜀道之难”啦。

不管结果如何，中国的知识分子最后都要著书立说，不论是慰藉自己，还是为了将自己的思想传播于后世，这都是无可厚非的。这里面有文字情结的因素，“个中滋味，如鱼饮水，冷暖唯自知”，这在千百年来都是有目共睹的。我与文字的情缘大概也可作此论。

杨雪岗　(城市规划　0328 班)

静水流深的震撼

初见“静水流深”，心中便有一种说不出的涌动，像久久寻找的一个信念在刹那间闪现出来，有几分激动，有几分思索。

暑假到烟台写生，有幸平生第一次与大海亲密接触，了却了多年来盼海的夙愿。远远的，坐在公共汽车上就听到了海的呼唤，像是母亲在呼唤贪玩的孩子，那么亲切，那么温和，那么慈祥。

来到海边，无风也会平空而起三尺的海浪，一波接一波地涌起来，拍击着黑色的礁石，抚慰着金色的沙滩，耳朵里只剩下阵阵轰鸣，让你立即感触到大海它那磅礴的气势和超凡的魄力。如果认为大海是靠滚滚的浪涛和凶猛的咆哮展示其胸怀的，那么你就大错特错了。

乘一艘快艇，投入大海的怀抱，随着海岸线的渐渐后退，驰向海天相接的地方，另外一番景象更是撼人心扉。且不说海天一色是多么地单纯，也不说海鸥翻飞、鱼翔海底是多么的惬意，单是那无边的空旷和深沉的静就足以震撼人心了。这里的天是空灵的，海是剔透的，无垠的天海和静谧的天籁，是一种怎样的气度啊！让你窒息，让你不知所措，让你渺小得甚至不如一粒沙子。这又是怎样的一种静呀！静得让你无力辩白，静得让你无处躲藏。大海以其特有的静向人类展示了其无比宽广的胸怀，更显示了其深不可测的内涵。在这里，你只是随波逐流的一片落叶，或者什么都不是。

忽然想起了第一次见到黄河时的情景：那窄窄的河面，几近凝滞的河水，似乎是浑浊的泥浆，缓缓向前蠕动。打小在心中聚集起来的那种奔腾不息、不可一世的母亲河形象被眼前的一切击得粉碎，甚至在心里嘀咕了一句：怪不得人家都说“不到黄河心不死”呢，原来如此。可是同行的人却说，别看这窄窄的泥浆，没有哪一个艄公敢在这里放船，任凭他是弄潮好手，也必须谨记在心，因为没人能知道河水有多深。

是啊，静水流深，多么浅显的字眼又是多么深刻的意境！但又有几个人明白了呢？每当看到一些初出茅庐的“文人”，拿着自己的“豆腐块”到处炫耀时，不禁心里一阵发酸。看历史，论古今，有多少的文学家、思想家甚至科学家、发明家是吹出来，捧出来的？尤其是写作，没有丰富的人生阅历，没有数十年读书破万卷、韦编三绝的积累，甚至苦行僧般的磨砺，单是凭着充满幻想的小脑瓜和年轻的冲动，该是多么的局限啊！司马迁惨遭宫刑和监禁，却写出了“史家之绝唱，无韵之《离骚》”的《史记》；岳飞戎马一生，含冤风波亭，不仅留下了万古芳名，更留下了气势雄壮的《满江红》；曹雪芹遭遇家境巨变，才“披阅十载，增删三次”，写出了震惊世界的《红楼梦》。还有陆游、李清照、南唐后主李煜等等就更别说了。

由此想起了看过的一个故事：一个朋友找到书法家求“静水流深”四个字，书法家沉思良久，不肯动笔。朋友问其何故，他说：“我不敢写。”是啊，但凡一个舞文弄墨之人，对方块字有一种与生俱来的敬畏，有多深的功夫才敢写多深的字。“静水流深”，确实无人敢写，这不是造作的谦虚，而是一位谨慎的艺术家的艺术灵魂，就像金子总是要发光的，珠宝终究要夺目的一样。

淘金者用汗水从无数的沙子中寻觅最珍贵的一粒。可是谁又在平时把满身臭汗的淘金工人看在眼里呢？

静水流深，难道不是吗？

情系河海，志普恋歌

有人说生活就是一首诗，生活中处处有诗的足迹，以前我不太信，尤其是在被理工科学校录取后，心中的文学梦似乎一下子变得遥远、飘缈，不可接近。好像在以后的日子里只能跟烦琐无聊的图纸和枯燥无味的数据打交道了，我甚至都把加入长澜文学社作为我文学生涯的终点了。但是看了闫世全老师的诗集《河海恋歌》之后，我的看法改变了:生活中的点点滴滴似乎都可以折射出文学的光芒，“文学＝生活”，关键是要有一双善于发现的眼睛，要有一颗勇于探求的心。

闫世全老师是从事水利事业的，却把工作、情感，乃至生活琐事用诗歌这一崇高的文学形式表现出来了。闫老师的诗语言朴实，没有华丽的词藻；内容充实，没有空洞的虚构；有的只是无比真挚的感情。这种感情涵盖了对生活、对工作的热爱，对爱情、对祖国的忠诚，对后辈的关怀，对劳动的歌颂，这些无不是其精妙所在。闫老师的诗以情取胜，是它的一个显著特点。读他的诗，你会时而心潮澎湃，时而掩卷沉思，时而开怀大笑，时而眼泪涟涟，这就是一种升华，感情上的升华，能够让读者与其产生心灵上的共鸣，碰撞出感情的火花。

有人说一个人的作品可以反映一个人的内涵，闫老师的诗如其人，其中充满了正直、负责、不求名利和无私奉献。《水滴啊，水滴》中，小小的水滴折射出了团结一致，共建社会主义的情操。诗分三个小节，压同一个韵，用到了比拟、对仗等手法，既写实又寓情于物，写出了在水电工作者的辛勤劳动下，小小的水滴化成了电力和光明，化成了任鱼儿漫游的池塘和滋润田地的喜悦，化成了滚滚东流永不停息的河流，但这又何尝不是上一代人对建设祖国的无限热情，谆谆教导后辈的耐心和永远向前的精神和意志的化身呢？我仿佛看见一个苍老却坚定的身影，用热切的目光注视着祖国日新月异的变化，用慈爱的目光注视着朝气蓬勃的后辈，然后升华成一颗晶莹的水滴，和千千万万的水滴汇在一起，永不停息地向前，向前，再向前……《三峡梦》分为七个章节，每一个章节里面都有一个“梦”，每一个梦既有相同的含义又有不同的内容，章章相贯，节节相连，用一个“梦”把七个部分统成一体，读起来既独立又统一，朗朗上口；细细品味，三峡美景中寻梦，古今中外的三峡梦，新中国的民族振兴梦，无名水电人三峡逐梦，全国人民的盼梦，切身体验三峡逐梦和对三峡未来的憧憬梦，各章节中句句错落有致。《写在想念的时候》是一首现代爱情诗，形式自由活泼，语句中包含着深深的思念。由盼信引发出来的感情潮水，一发不可收拾，对女友的爱恋和思念,第三节上升到了对他们所共同钟爱的水电事业，共同为之奉献的祖国的热爱，对全国人民的忠诚，最后又以思念和期待收笔，表现出了爱的纯洁和高尚，对当代那些口中喊着“我的爱赤裸裸”的年轻人，确实作了一个该怎样爱，该爱什么，什么才是真正的爱的榜样。特别指出的是《从炊琐记》和《戒烟》等，在啼笑皆非之间，你无疑能感受到作者豁达、乐观的生活观。

《河海恋歌》中的每一首诗都值得一读，不管你是不是文学爱好者，因为它不仅用朴实的语言告诉你怎样做诗，更重要的是教会你怎样做人。看到现在一些毛手毛脚的人用毫无实质内容的词语堆砌到一块，或者这儿抄一段，那儿拼两句，“用自己的脚走着别人的路”，无疑是对“文学”这个崇高字眼的亵读，令人心寒。闫老师的诗无疑是文学界，甚至是思想界的一缕清风，但愿它能吹走虚伪，留下真诚。

读完这本诗集，按捺不住心头的激动，“太岁头上来动土”地用笨拙的笔写下了自己的感受，经闫老师的指导修改了一下，现抄录下来，希望大家指正。

读闫世全老师《河海恋歌》有感

生华妙笔何处寻？
闫师《恋歌》篇中闻。
一腔热血铸功业，
万种风情谱人生。

怎道花甲力已衰，
却见古稀抖精神。
拳拳爱心念学子，
怎敢惶惶耗青春？

肖　坦 (工程力学　0335 班)

枕着书本睡觉

打开邮箱一行字符映入眼帘，“土旦，我的文章又获奖了，这次是一等，全校性的。想看的话快来信吧！友，珑”。我微笑着摇头，她还是那么热衷于写作，而我似乎江郎才尽，到了大学就很少能写出好文章。本来叫坦，被人拆了叫土旦(蛋)，看来现在真是应了这名字。

拿不出真才实货，担上文学社副社长心中总有不安。晚上枕着书本睡觉，心里才踏实许多。但这做法并非缘于此，而是多年的习惯了。妈妈说那样对头不好。我想她是不懂得分子运动论的，要不也不会多次在我熟睡的时候抽去头下的书，断了我难得的好梦。

其实与书结缘应属于我的天性。出生百天抓福，我抓到了书，家人说我读书一定行。再大一点能抓起书时，我就时常双手抱了姐姐的书用嘴去啃，口水流出来浸湿书皮，总招来一顿嚷嚷。如今命运的年轮已在脑袋中留下二十一个印痕，不敢说读书破万卷，却也阅文千百篇。不明白的是上帝却让它在第二十个印痕处错了轨，上错生命的列车，录到理科院校，热衷于文字却不能如鱼得水，心中实有不爽。珑来信时，心中便又多了一块石子。她文字功底比我厚，曾三次在新概念征文大赛中入围，却因种种原因未能参加复试。一个心怀文学之梦的才女竟拿起了手术刀，一下子离梦想如此之远。

中国一个韩寒足矣，我不敢也不能埋怨教育制度的不合理，怪只怪自己没有全面发展，不是全才。偶尔发发牢骚，却发现沉闷徘徊中，梦想越来越远，剩下的只是枕着书本睡觉，做虚无的梦。

到文学社报名时，我想到高中进体育队的事。老师问为什么进体育队，我说热爱运动，身体素质好，想发展业余爱好。老师笑，让我回去自己运动。后来经人指导改口说是为了上体校才得以通过。对于不同场合同样的问法，这次我还是说出了自己最原始的想法，“热爱文学，想找回梦想。”幸运的是这回通过了，自此我又有了精神乐园。然而理科学习任务重，大学活动又多，真正坐下来看书写作的时间就少。心中就又不安起来，干脆抱一摞书放在床头，塞两本在书包里，再把笔记本放在口袋中，一有空就看，一有感觉就写，心中才踏实些。

初识闫世全老师是在文学社迎新大会上，记不清他讲了些什么，只是觉得他很和蔼可亲。当看完其著的《河海恋歌》时，心中不禁感叹了：一个从事水利事业，转战南北的人，历经风雨却始终没有放弃自己的爱好，数十年来坚持写作。用感情真挚而语言朴实的诗句写下了不朽的人生。他使我看到了文学无止境，更没有界线。纵使每个社会都有其不完美之处，但在今天这个崇尚人文科学的社会，绝对埋没不了你的文才，断送不了你的梦想，除非你自己不去追求！至此我再没有上错列车远离梦想的感觉。一种坚守爱好的信念在脑海中扎根。我明白这是一种追求的永恒。

当子夜钟声传来，笔尖在纸上划过，我再没有倦意。在给珑的回信中我写到：“当梦想和追求与现实相容时，失落便没了。为梦想铸一颗恒心，向不如意微笑，生活是如此美好。”印第安酋长对他的臣民说：“上帝给了每个人一杯水，然后你从中饮入了生活。”当我们接过这杯水时，它清澈透明，无色无味。然后我们根据自己的梦想与追求为它着色，通过不断地吸收经典思想为其添加溶质。这样才不至于让人生之水淡然无味毫无色彩。

忙碌的工作和学习，梦想有时好像不在身边。但习惯了枕着书本睡觉，让字符扩散到大脑中，做一个旖旎的梦，明天会有足够的精力去追梦……

让诚信探出头来

高中毕业考上大学后再没见过鹏。那天，鹏突然来电话说他在一家公司做事，我很是高兴。然而当他提出让我代他去参加升职考试时，我犹豫了。我们可是一个枕头睡了三年，彼此愿为对方两肋插刀的好友啊！真的不去吗？真的去又明明是在骗自己，也是在骗别人。万一漏了馅，我的学位证便没了，还谈何前途？而即便是考过了，他也绝对胜任不了那职位。

这一刻我的大脑飞速地在转，沉默一会儿后，我还是问了他考试时间，当他吭吭哧哧说出口的时候，我似乎突然来了灵感，不知是不是失信于人的“灵感”，总之我告诉他：“哎呀，太不巧了，我已和我的签约单位定好那时候要去那实习的，现在公司都很注重诚信，如果我失信于人，将来肯定无立足之地。”鹏没再讲什么，挂了电话。我突然有一种对不住朋友的愧疚，我拿“诚信”骗了自己的好友，然而心中又有一种摆脱失信的轻松。因为我没有欺骗自己，却不知鹏是否能理解我话中的内涵。

对这件事的记忆慢慢被时间冲淡，直到有一天电话响起，鹏来了，而且就站在我们学校大门口。我的思绪翻腾了片刻，会友的冲动推我冲出去接他。当他熟悉的身影映入眼帘时，我不敢相信自己的眼睛。除那饱含激情的双眼外，他所展现的都在我意料之外：缺了营养似的出奇的瘦，衣衫虽不寒酸但已不是我记忆中仪表考究的少年，而且两手还提了大包小包许多东西站在那里。我们傻傻地相对站着，彼此的眼睛都有些湿润了，然后几乎同一时刻我们冲向对方，紧紧拥抱在了一起。

安顿好东西，在餐馆里坐定的时候，我忍不住向鹏坦白了上次在“考试事件”上的谎言。鹏竟然哭了，我一时觉得很对不起他，不知是不是自己没有出手相助，才导致他的职场失意，可从他的眼睛里寻不出半点责怪。终于他直视着我说：“坦，我今天能坐在这里，应该感谢你才是。”我有点摸不着头绪，惊异地看着他含泪的双眼，直觉告诉我，他不是在说反话，但又何来感谢？

“坦，知道吗？是你把我从深渊里拉回来的。”鹏认真地说，并抬起头看着我。“我被他们骗去搞传销，他们给我灌输传销的思想。他们说当今社会搞人际网络最挣钱，拉人进来组织自己的分网络，三年可以挣五十万，我被这个诱人的数字蒙住了眼睛，当诚信被利益的诱惑完全覆盖时，我选择了欺骗。那次哪里是请你代考，是想拉你下水啊！骗你是因为你对我信任，我在骗你的时候其实是在骗我自己。我好后悔呀！”此时鹏已泪流满面，稍为沉默后又慢慢地说：“幸亏你话中的‘诚信’唤回了我理性的灵魂，几番努力我总算摆脱了组织的束缚，虽然赔光了钱，但是我找回了真正的自己，我相信你说的‘人无信而不立’。知道吗？我出来后，想的第一件事就是来看你，我不能原谅自己，相信我，我会重新做人的。”鹏说完深深地叹了口气，似乎轻松了许多。此时我倒激动起来，紧紧地握住他的手说：“鹏，你是好样的，我们要永远做朋友。”

我不相信人性的丑恶，只相信每个人心灵深处都保存着一层完整的诚信之膜。即使抛弃了诚信的人，也总是在渴望找回诚信。在思想斗争的过程中，向善的力量终会战胜邪念。鹏能够在那样的情况下找回自己就是最好的证明。

现代社会对诚信的要求日益提高，曾几何时诚信一度成为人们街谈巷议的热门话题，然而诚信到底从何来？从教育和环境中来，从社会实践中来，从德治法治和市场经济中来……其实每个人心中都埋有诚信！

掀去心中世俗的污垢，让诚信探出头来吧！

老　苏

我记事那会儿，老苏就一个人住在村后的小瓦房里。孩子们都叫他老苏伯，听大人们说他以前跟着戏班子做事，会拉弦子，吹笛子，高兴的时候就来一段《卷席筒》。平时大人们都爱到老苏那里打牌、下棋。老苏的棋艺特好，很少有人能胜他。

老苏没有地，也不是五保户，我很好奇，但从来没听大人们讲过。至于他为什么叫老苏也无从知晓。老苏平时爱推一辆破车，吱吱扭扭地到集上去。听人说他在集上贩菜。但很多时候他还是呆在家里的，他那两间小瓦房简直就是村民的娱乐所，人们见面时总爱说："走，到老苏那儿玩去。"孩子们爱热闹，一放学就去老苏那儿嬉闹，老苏也不嫌烦，总是乐呵呵地和孩子们开玩笑。

农村里杂活挺多，谁家有事都爱叫老苏帮忙，老苏从不推辞，一叫便到，而且从不要什么报酬，只要有酒喝，有饭吃就行。他整天说："一顿一杯酒，不愁不闷精神抖。"老苏生活过得很滋润，整天乐呵呵的，隔几天就炒些小菜邀村人一块喝酒。我总觉得老苏如果有儿孙在一块儿会更好，那样他可以在夕阳亲吻大地的时候拉着孙子，领着狗到田埂上去散步。

孩子们总爱围着老苏转，让他讲故事，老苏满肚子故事听得孩子们饭都懒得回去吃。老苏有什么好吃的，也总是分给孩子们。一次，孩子们嬉闹着进小屋，老苏正在炒肉，馋得孩子们直流口水。老苏便用筷子夹了送到孩子们嘴里。不大一会儿，锅里的肉已经不多了，老苏便一手扣了锅盖，一手挥舞着嚷道："不多了，不多了，我还要喝酒呢！"看他圆睁了眼睛，八字胡上下抖动着，孩子们便哄笑着散开了。

一天老苏家里来了两个年轻人，中午在那里吃饭，由于怕生孩子们便没过去。两天后老苏不见了，人们心里一下子平淡许多。听人说那天来的两个年轻人是老苏的儿子，老苏被他们接回家了，他家是江苏的，老苏这个名字也就由此而来。从没听老苏提过，他以前是有工作的。孩子们结婚后，两个媳妇不孝顺，总是闹，老伴有冠心病，气不过早逝了。老苏心里难过便来了这偏僻的村庄。大约半年后，老苏回来过一次，村人们挤满了小屋，问长问短。他依然那么开朗爱开玩笑，只是看起来比以前消瘦许多，目光中有一种难以掩饰的哀伤。

以后再没见过老苏，人们偶尔会谈起他，但渐渐地就没了消息，不知如今的他是在夕阳亲吻大地的时候，拉着孙子，带着狮子狗到大街上散步，还是又去了某个偏僻的山村，过闲居生活。

邹 勇 (水工 0320 班)

攻城记事

在这片繁华与浮躁后边，我总有股无法抑制的失落与痛楚，就像一锅海水蒸干后总要留下一撮小小的盐渍，抹不去挥不掉地缠绕着我。我于是姑且接受了它们，现在把它们写下来，也许懒散或者凌乱，其实更多的是童稚。我比较欣赏孙睿写《草样年华》的那份勇气以及二月河“拿起笔来天下第一”的那种霸气。我所追求的是“盖棺论定”的闲适，虽然有一些妄想和张狂的成分。

对文学有种与生俱来的情愫。小学就稀里糊涂地在一本省级杂志上写了篇游记，是那种典型的乖巧文章，什么一大早高兴集合去哪里游玩，到了那里更高兴，然后上看下看左看右看一阵后感慨一句：啊！我一定好好学习，为建设祖国的大好河山而努力！不过，现在倒挺佩服那份自信以及把文章完整抄写一篇再夹到信封里投递出去苦苦等待的激情。其实，人是带着满腔激情来到这个世上的，他们的哭啼能证明这一点。当感受到激情殆尽的时候，在心灵上就至少进入终暮之年了。我感觉激情就应该像血液一样在人的血管里沸腾。

初中就浑浑噩噩，模模糊糊了。除几篇文章被老师当做范文在班上像宣读章程似的读了两次外，实在平庸。可能是思维的棱角还暂未萌芽或是被中考压力所抹平的缘故，初中就像我的写作，平淡得差点遗忘。

遗忘就像死亡，一步一步地遗忘也就是逐步成长直到死亡，可以换句话说：我的初中已经走向死亡。

高中是个愤世存活的时代，那时的我们也不知道到底在反抗什么，只是有种莫名的愤世嫉俗，有股年少轻狂志在英雄的“牛”劲，总以为自己未来是个振时济世的人物，或且做个针砭时弊、声名远扬的作家。

那时比较喜欢的作家先是鲁迅，买了套《鲁迅全集》，每天模拟着他那种浑厚的口气、铿锵的语调，写一些自以为绝对经典的语段。后来，偶然机会接触到了《围城》，又迷恋上了钱钟书，他那种突然而来的机智与幽默，“看山总看到山的背后”的功底让我羡慕不已。于是，和几个志同道合(也可叫臭味相投)的家伙冥思苦想了一阵，组建个“鲁弟书邦”，总幻想某一天合上鲁迅的严肃与钱钟书的风趣而一举成名，家喻户晓。

于是几个家伙常凑在一块儿交流写作心得，把自己的“大作”拿来民主地批判与表扬一下，还信誓旦旦表示一定以写作为中心，坚持鲁迅风格，坚持钟书传统，紧密团结在文学创作周围，大胆拼搏，积极进取，为开创“鲁弟书邦”的新时代而奋斗！

后来，我们的组织在年级都名噪一时。记得有人看见我们，毕恭毕敬地问候一声，说什么佩服得五体投地，然后也有人写了篇《痴人说梦》到处传递，又着实让我们伤心了一阵，后来才知道就是班上一男生所作。他又创建了个“流星雨诗社”，好像那阵子的“流星花园”和“F4”一样让人熟悉。由于我们比较信奉钱钟书“诗的意义是诗的不幸”的论调，而他有种天然的“后来者不居上”的尴尬，于是我们又互相嘲讽了一阵，再后来，还是高考站出来让我们别计较个人利益，一切以它为重。由于大家都感觉很无辜和憋屈，都又转入到了数学物理的堡垒中去了。现在令我同样感激的是我的几位语文老师，是他们的承认和赞扬维持了我这点可怜的爱好。文学是一种高雅而清淡的艺术，在现代物质社会，很可能被人们视为造象牙塔。但作为写手却自己乐在其中，用笔墨去勾画意识中的世界，去判定某个人的生存命运。还记得高考前老师跟我谈我的写作风格与高考有些格格不入让我颇受感动，直到现在还历历在目。我不是刻意去说谁比较伟大，现实的渺小的才是真实的。我认为作家首先是生活的，而写作是一件很纯粹、不含任何功利性的工作，否则对于文学是一种不可估量的玷污。

高考后进了所理工学校，适应大学后感觉到闲适却日益空虚，好像迷失在一片大森林中，后来在文学社寻找到一种平衡和心灵的慰藉。稀疏地写过一些东西，但大都半途而废或随写随丢，到后来才恍然发现所剩无几，懊悔不已，后跟大二加入文学社的朋友交谈中得知是想在社团里找一份监督，着实感到文学就像人们赖以生存的空气，像无孔不入的馥香，有着不可估计的亲和力和感染力。

对于文坛，不算涉足，只是在外围小打小闹，梦想靠作家来光耀门楣更是一种奢望。旧时的故事已成为月淡风清的往事，但对自己爱好的执著追求却是我生活中永远的一部分。承诺有时候是一种更险恶的欺骗，生活需要一种踏实。

我就随心所欲地写下上面一些文字，我喜欢毫不掩饰地表现出一些东西。这篇文章像是传记，这是名人的专利，而我却只是午饭后端着茶壶坐在街上闲侃的无名小卒，这点算是冒昧。至于题目，城是理想之城也好，文学之殿也罢，总之，我会一步挨着一步向前走。

“情流感”时期

她说，我已经有了个他，我们只可能是朋友。

感觉世界猛地下沉，有气无力地把话筒挪回到机座上，它们本来就应该是长相厮守的。上帝当初造人的时候，就应该把男人和女人作为一个整体的，这样凡间会减少多少不必要的无奈与痛苦，所以上帝一定是个涉世之初乳臭未干的毛头小子。

于是室友陪着我在台球桌上“化悲痛为力量”。看着滚得乱七八糟毫无规则的台球，我忽然觉得它们其实也挺无辜的。其实 ，人生又何尝不是这样追逐拼搏的啊。到最后，主人赢了，把你赶出了舞台，直到销声匿迹化为尘土为止。陪伴你的还是只有你自己。

放下球杆，闭上眼睛，长叹一声。这个夜晚，风很大，灯光却很消瘦，像坟场的鬼火。对面网吧的广告牌，红得让人吃惊，在这苍凉的夜，替代了坠落在天际的月牙。月光爬过了实验楼的脊梁，爬上了嵩山的顶峰，正对着二七塔的尖端。

华北平原的春天，比家乡冷。

倚在窗口，架腾枝上的月光从东塘肩上倾泻下来。无聊的云烟，萧条的秋月，也清冷地穿上了轻便的衣裳。城市本身就是座图书馆，街道是它的走廊，建筑物是它的书架，每个窗口都是一部书，而我们同时演绎了读者和书中人物两个宿命角色。

以前郁闷的时候，大吼几声，痛哭一场，然后睡个天昏地暗，一觉醒来，想一想，21世纪才开始不久，咱还年轻咱怕谁？生活又重新开始了。可是今天我却不能再用泪水去证明去诠释什么了。小孩流泪本无可厚非，女孩流泪那叫可爱，可对流泪的男生只能用懦夫诠释。华仔的宣言“男人哭吧哭吧不是罪”恐怕是本世纪最愚昧的谎言和最高尚的抽象名词。蒙上被子，听周杰伦的“东风破”，一盏离愁，孤单伫立在窗口 ……不知从什么时候开始喜欢他圆滑流畅的旋律以及怪异的音调。后来，周杰伦停了；再后来，我陪着周公女儿从18层楼跳了下去。

真正退隐只是一种返身。先锋者自以为独特和叛逆，因此是一切意识形态流传的天敌。孤独是文学家的天性，而敏感的天性造就了诗人的气质，追求结合以战胜孤独和叛逆。幸好，我只是站在外围小打小闹的无名小卒。

眼眶里还得容忍一幕幕的打情骂俏。横眉冷对那叫幼稚，视而不见那是清高，驻足停留则一定被当做白痴。我学会了用宽容的眼光去对待这个世界的一切的一切，包括人家的激情动作，包括那个女孩以及她所心仪的男生。张爱玲不是说过，“上下五千年，茫茫人海中，在漫无边际的大草原上，匆匆擦肩而过也需要几辈子修来的福气”。爱情是天时地利人和的最完美的结合，是缘的最高境界，是永恒高尚的，不可能被勉强，也不需要任何理由。世界本身就有它不变的逻辑，我们这些凡夫俗子只有被安排的份儿，何德何能去要求什么？意义在于过程，而幸福在于细节。抛开过程只是在结局中寻找意义的人找到的只是虚无。

钟表上的时钟在慢慢移动着，把身体随心所欲地摆在床上，阳光灼灼地透过明亮的玻璃窗，照到了我眼睛上，是该把疲惫的心灵拿去晒一下了，麻木的身躯也应该被这圣洁的阳光洗涤一遍了。打开所有的门窗，淡微和雅的风迎面扑来，抚摩着我的脸庞，生活中原来还有这般美好，却被我搁置在书架的最底层忽略了。就是，我还年轻，我怕谁？让该来的不该来的激进的消沉的精华的糟粕的幸福的痛苦的统统进来吧，我祈祷道。

豆寇少女的痴迷，纯情少男的忧郁，维特的烦恼，又岂止在书架上？小小年纪的心是玻璃做的，易感易亮当然也易破碎。我们所谓的爱情，其实平衡和宣泄了这种稚嫩的纯情，只是一种欲萌而未发，将开而未开的恋爱之幕。太美亦有于斯，瞬间即在永恒。只要流过就会有印痕，当时的刻骨铭心有的成为日后的云淡风轻；有的，仍是至今不能忘记的遗憾，并时时有一些早竭的刺痛，成为回忆中不能更改的风景线，胸口里永远的痛，生命中永远的缺口。为什么在这个年龄我们要伤害自己以及别人的现在和未来啊？她本来是纯洁而唯美的。没有所谓的理智与知性可解，它本身即是在超越于理性的范围里。我们现在本来就只应该在学业和事业中构造自己理想和生活的平台，去竞取明天的梦想。感谢上帝，我终于明白了过来。

拾起角落的笔，一点一点地抹去上面的灰尘，一份一份的记忆也随之飘落到洁净的地板上，然后在纯白的纸面上，我一笔一画写下了端正的几个字：

情流感来了，珍重！

朦胧暗恋

我喜欢在绽放的星空倾听树叶飘落的声音，那里有情感的模型以及爱的期盼。

喜欢上她有点始料不及，但事实总是凌驾在意识之上不留半点情面，让人没有任何喘息的机会，可能是我比较喜欢一见钟情的浪漫的缘故。

生活就像一杯咖啡，但我们都在对方的水杯里投进一块糖，然后喜滋滋地看着对方嘴唇咬住杯沿。

也许正是上帝的安排，让那一刻成为了永恒，我不经意撞掉了她的手提包，而她却拾到我弯腰拾包时滑出去的银行卡。

但千万种巧合都在适当的时间与合适的人发生时，我们只能叫这为缘分。

图书馆的多次邂逅，似乎让我钟情于那里发霉的书香味道，让我迷恋上了书架缝里她飘逸的长发和凝思的眼神。

在梦里我也常常和那个天使一样让我魂不守舍的影子奔跑在云霄中，我知道，我被彻底的征服了。

暗恋一个人的日子，居然是这样甜蜜和漫长，她会无缘无故地闯进我本已经凌乱的思绪中，她会让我在练习本上一遍遍地写着她的名字，然后再对歪歪咧咧的大字傻笑。

我终于鼓起勇气把我练了1001遍的话说出了口："哦……你好，可以认识你吗？"

她在那一刻很惊奇地望着我，或许是我的唐突，或许是我发红的耳根，我从她疑虑的眼神中找不到半点回答，然后从她的牙缝里挤出了三个字："为——什——么？"

为什么？这问题我真没有很认真地去考虑过，我能告诉她什么？我说我喜欢她，暗恋她有一个月了，还是说因为她长得很美，我这是对美的一种追崇，还是很直接告诉她：因为我想和你在一起。

那一刻，我傻了，傻到涨红了脸，傻到一声不吭，傻到害怕那眼神会吞掉我的初恋，我支吾道：因为……我实在找不到让我感觉到很充分的理由，我努力了半天，终于还是什么也没有说出来，她倒是很铿锵地吐出了两个字"变态"。

后来，她就像人间蒸发了，我在校园里再也搜索不到她的任何影子，我相信我能在她面前把"我喜欢你我暗恋你难道你真的一点不知道吗"一气说完，到最后我发现我还是没有那种勇气，因为当我再次遇到她的时候，她一脸幸福地依偎在一个高大帅猛的男生怀里。

我于是把自己扔在床上数天花板的印痕，然后模模糊糊地睡去。醒来后的一首《窗外》，让我第一次感觉如此亲切。

我喜欢唯美的感觉，她还是在我的脑海里保存得很完美，在梦里还仍然有她的欢笑，也有我的苦笑。

邹淑云 (水动 9823 班)

告 别

还没来得及为今天打上一个满意的句号，明天就匆匆地敲响了窗棂。在无限的眷恋之中，种植一片慨叹的草丛。

挥手作别，我们走上各自的征途，心中涌起阵阵酸楚，眼睛开始细雨蒙蒙，没有唱“与君何日再相逢”，没有学古人折上一枝细柳，折下情感的叶子。离别搅动了我们那尘封已久的故事，离别使我们感到：生活并不如无风之水那样宁静。

别后，是擦拭不掉的思念，是排遣不了的愁容。

但是，生活需要不断的告别，不断的迎接，不断地丢掉往事的羁绊，不断地获得未来的憧憬。没有告别，就不能领略更丰富更新鲜的壮丽图画；没有告别，就不会体验创造的滋味和壮美的人生；没有告别，就不会有人生价值的一次次升华。

既然我们注定要用前进的姿态去探寻生活的真谛，既然我们注定要用我们的脚步去丈量生命的旅程，那么，我们就该学会告别，学会在自己不断搭起的阶梯上，逐渐地接近人生的顶峰。这样，我们便可以不在回忆中浪费自己的生命，便可以不再炫耀曾经的美景。

一次次的告别，就是我们追求的一次次飞跃。

邱　源 (资环　08009 班)

校园随想

石板路

我从高考的百万长征大军中走来，带着仆仆风尘，未来得及休息，便走在了大学校园通向食堂的石板路上。也许习惯了奔跑，石板路上的慢慢悠悠让我感到陌生。别别扭扭，我想继续带动肌腱奔跑，但石板间浅浅的缝隙冷笑着：“小子，你跑吧！跑得越快，摔得越丑陋。”是啊，跑不跑，我犹豫了。一个个同学从我身边走过，走得如此从容洒脱，仿佛 T 台上的模特，我为什么要跑？我尝试着，昂首挺胸，带着一副桀骜不驯的样子去接触石板路。一步，两步，我的脚不愿再迈出第三步。我生来就是奔跑，为何要漫步其上？我明白了，自己不能放慢速度，即使其他人都乐此不疲，即使我会摔得头破血流，即使别人以异样的目光瞟我一下，心里嘀咕着：“这八成是个傻子。”石板路泛着白光，在皎皎的月光下，但我无暇欣赏。“叭、叭、叭”，听我坚实的足音。

交叉口

如果有人问我：咱学校啥时候什么地方人最多。我肯定地告诉你,是结束上午和下午课堂后的月湖边的交叉口。住在 10 号楼的我，爱在这个时刻准时出现在阳台上，观察涌动的人流和人流中的人。不是人多吸引着我的眼球，是他们承载了太多太多。他们每个人的背后都有一群可爱的人在默默地支持着他。从呱呱坠地到青春年华，那群人不知付出了多少。所以，眼前的人流载着责任之舟。林清玄随身带着庙堂，而我们(我也是他们中的一员)随身带着群众汪洋的期望。我们是浪，我们背后站着的更多的人是洋。浪发于洋，只有洋的浩瀚才有浪的激越。我们能做的是拍击巉岩，去展现一种辉煌。时间匆匆，刚才的喧嚣不再，只剩下树依旧，风依旧，湖依旧。我只在心中替我们加油。

篮球场

当一大群男人生活在一起的时候，寻找动力无疑是件很重要的事。因为家长的夸奖不在耳畔，老师的赞扬只属于少数，只有找到自己引以为豪的东西，才觉得活着有意思。而篮球场，是最具表现力的舞台了：积蓄了良久的力量在这里爆发，随着女生的尖叫和呐喊推向极限。总是汗水淋漓，总是筋疲力竭，爽，痛快，这是男人的独白。一跃而起，把球牢牢抱住，篮下是我的天下。后仰跳投，球进了，你的防守对我有用？左右手运球，胯下运球，背后运球，左突右冲，看谁能阻挡我的脚步。这就是篮球场，激情四射，活力激扬，在我的地盘上面，就得听我的。“呜呜……”真让我羡慕，可惜海拔太低，而且篮球刚起步。但我不会闲着，会在其他方面找到自己的天地。请不要像我寝室那哥们儿，由于没有动力，白天抱怨大学没劲儿，晚上辗转反侧睡不着。路漫漫其行远兮，劝君拾起自己的亮点，照亮一条辉煌的大学路。

宿　舍

夜幕降临，宿舍亮起了灯。从远处看，每一幢都像一个巨大的蜂巢，每一幢的每一间是一个蜂房，而房子中的我们是一只只蜜蜂。其实，我们和蜜蜂有很大的相似，蜜蜂将花粉酿成甘甜的蜜，我们将知识转化成财富等回馈社会，但我们比蜜蜂幸运，有长长的生命，可以慢慢去享受生活的乐趣；而蜜蜂只有可怜的十几天或者几十天，最后在忙碌中死去。想到这儿，我们也不必抱怨什么，我们已拥有很多很多。当月儿挂在深蓝色苍穹的时候，宿舍楼灯光渐渐亮起，黄白色的光透过窗户柔柔地溢到屋外。感受着光的温暖，我总是激动不已，因为有某些巨大的东西正在这一个个蜂房中孕育。

陈卫东

不逝的声音

从丰饶的豫东平原走出来，栖落于繁华的一隅，我跃过了村民眼中的“龙门”，加入了这最有朝气和活力的阵营，成了新世纪的一名大学生。在乡村我的目光敏锐而又机警，但现在我在城市中飘浮，那喧嚣的声音和汹涌的车流让我头昏目眩，我在寻找着我的未来。

农民辛勤劳作的汗水长成了五谷，同时也长成了一种不屈不挠的精神，农民质朴的气息，使我记住一些震撼人心的东西，这其中便有那萦绕耳边的不逝的声音。

“我是一名教师，我是一名共产党员，我的辉煌在三尺讲台。”这铿锵有力的话语包含着一位奉献教育事业四十多年的老教师、老共产党员对教育的赤诚，对党的承诺。这里面包含着对为人民服务最深刻的理解。李耀宇，我的语文老师，在我们眼中有点“顽固”、“守旧”。但是他那与共和国一起走过的历程，在我们眼中有一种“传奇”。讲课时他也常把我们引到过去的岁月，让我们感受历史的气息。他的经历让他说出了内心的声音。我们被这并不激昂的声音震撼。四十年的教育经验告诉他，青少年时期是一个人价值观和人生观的初步形成期。一个共产党员的责任让他特别关注我们的成长。在他的影响和教育下我们班一直是优秀班集体。这是我们集体力量的体现，是思想凝聚的结果。到毕业时我们班有十名预备党员和五名优秀团员，高考成绩更是居于全校之首。看到自己的辛劳有了收获，他在我们踏出校门时欣慰地笑了。

已融入了城市喧嚣的我，一直不能忘记他。他那质朴的话语，唤起我的责任感，使我在探索中前进。如果说一个人的价值观的体现，我想就应该是对别人产生影响吧，我的老师就是这样，影响了我和更多的人，我也期望用高尚努力去影响别人。

透过城市有一种声音不逝，一直召唤着我，让我向一个目标走去。人生的历程在推动着我，让我向一个目标靠拢——成为一个优秀的共产党员。在向这个目标迈进的过程中，我加深了对祖国历史、对党的了解，更体会到了“为人民服务”这句平凡话语的力量。

我逐渐明白了那声音不逝的原因——源于我奋斗的目标。有了目标，虽然我的一只脚踩着昨天的沉重，带着往昔的风尘，但是，我的另一只脚已经跨向今天的清新，受到明天的牵引。同样，有了目标，我们青年必将掀起新世纪祖国建设的狂潮，吹响前进的号角。

陈亚玲 (机械设计 9817 班)

苍 灰

徘徊于落叶铺地的小道，踩着沙沙作响的枯黄，抬头望那圆圆的月亮，已明显地布上了月桂树的苍灰。

曾几何时，我们在满月下纵情欢笑打闹；曾几何时，我们借着银辉写诗论道；曾几何时，我们指着那银盘畅谈理想、挥洒自豪；曾几何时……恍如隔世，犹如一梦！

一抹云丝游了过来，月亮不再那么耀眼，而“月桂”却更显灰色！细数脚下秋叶，才知秋深几许；感受晚风无情的吹打，才知孑立一人！孤寂的心一点一点地冰冻……多久没看见雨了？还记得毛毛细雨下的相互安慰，还记得雨丝的轻柔、娇嫩；忘不了倾盆大雨中互送回家，更忘不了湿了半截的牛仔裤……有这份记忆真好，应该感谢造物主，不是吗？

可是，我抓不住那抹转瞬即逝的感动！那光华四射的圆月，愁煞了远方孤独的人！看不见诗情画意的“月桂树”，却看见那光亮中的苍灰幻化成老鹰，气势汹汹地迎面扑来……或许它是撒旦的化身，或许它正嘲笑孤寂的人，或许它看不惯人类的失意……也许它什么都不是，我只知道，它使我窒息！

月也苍灰，人也苍茫，此境如斯，只能默默祈愿那苍灰的月，惹我一人就够了！远方的你，别再受那苍凉失落之苦，去感受月儿亮丽灿烂的勃勃生机吧！

周　杰

生死秘密

秋风阵阵，吹着，叫着。枯黄的树叶在空中徒做一番垂死挣扎，随即悄无声息落在地上。大地上睡满了黄叶，远远望去像一具具尸体。这些可怜的树叶们，即使在“死”后仍不得安宁，被风掣着，乱翻乱滚。

薄薄的雾，笼罩着秋天的原野，灰灰的，暗暗的。原野已脱去了夏日盛装，裸露着黄色的胸膛。还有一些衰黄小草，秋风掠过，它们倒的倒，摇的摇，有的甚至还被连根拔起，幽幽地飘向远方。

他立在灶台前，一动也不动，凝视着神像。他双手干枯，布满了青筋，双眼被无数条皱纹包围着，深深陷在眼眶里。他在祈祷吗？我们不知道，只知道他的脸色惨白，面部在不停抽搐，喉结在不停颤动，好像万分痛苦。他就那么看着神像，那是怎样的眼神啊！虔诚、无奈、怨恨？或许都有吧。不知什么时候，他的双手落在了布满灰尘的抽屉上，并慢慢地拉开了它，一个黑色小纸包，赫然显现在眼前，老人的瞳孔分明在扩大。他的双手抖动起来，拿起了那个小纸包，哆哆嗦嗦地打开了它。

咳，生活中总有那么多不幸！他，名叫刘三，是个地地道道的庄稼汉，一生勤劳辛苦，经历了风风雨雨，总算把儿女拉扯大。现在儿女都有自己的工作，他本该安享晚年，可天有不测风云，晚年的他，竟患上不治之症。多方求医，花了不少钱，病情却仍不见好转。刘老汉心灰意冷，怕拖累儿女，竟选上一条不归路。

看着手中的毒药，刘老汉面色惨白，浑浊的老泪，弄湿了皱巴巴的衣襟。“咳，人啊！”一声沉重的叹息从他干瘪嘴角发出。他摇了摇头，闭上了双眼，颤抖的双手在慢慢地将毒药往嘴里送。“喵，喵……”几声呜咽惊醒了他，原来是自家的老灰猫，看着猫咪，他的双眼渐渐有了温情，毕竟，猫咪曾伴他度过风风雨雨。猫咪蹲在地上，朝主人“喵，喵……”地叫。“难道老猫舍不得我这把老骨头，咳……”他苦笑着，摇了摇头，脖子往上一扬，吞下了毒药。这一刻，空气凝固了，时间停滞了，他摇摇晃晃来到床前，看了看老屋，又看了看老猫，然后躺下了。

外面已下起了淅淅沥沥的小雨，雨越下越大，风越刮越猛，风萧萧，雨也萧萧。雨下吧，洗尽这世间的愁苦。我们仿佛听到了老子的呐喊“上天不仁，视万物为刍狗”。

他闭上了眼睛，满脸平静。佛家说，这是解脱。可上苍啊，这种解脱背后，饱含了多少愁苦与凄楚。

雨停了，风止了。一位老妇悄悄地来到了床边。看着熟睡中的丈夫，她的老泪再也止不住了，捂着脸，坐在床头，无声地凝噎，有时，或许只有泪水，才能洗净我们心中的凄楚吧。末了，她擦干泪水，用干瘦的双手轻轻地抚摸着丈夫干瘦的面庞，理顺他那苍白的老发。“睡吧，老伴，明天我喊你。”

清晨，炊烟四起。老妇来到床前，说：“懒鬼，还不起床！”并推了推他。老人睁开惺松的睡眼，一时糊涂了，问：“这是哪里？”

“死鬼，住了这么多年的家，你也认不得了。”

“家，难道我……”

“什么，你说什么呀？”

“噢，没，没说……”刘三老人含糊答道。

难道，难道是老祖宗保佑，他眼睛一热，急忙跑到厕所，擦干了泪。俗话说：大难不死，必有后福。从那以后，刘三再也没有去想死，他心想过一天，算一天，抱着乐观的心情，加上积极治疗和儿女妻子的关心照顾，嘿！他的病好了！夏天晚上，繁星满天。刘老汉夫妇双双坐在自家水泥小院乘凉，他们抱着孙子，摇着小扇，哼着小曲，甚是悠哉乐哉！逢人来拉家常，老汉都会说："哎，祖宗保佑，祖宗保佑，要不我这把老骨头早就见阎王啦！"这时，老伴坐在一旁，静静地笑着。

老汉活到了八十三岁。去世那年，他握着老伴的手，说："我能活到八十三，也算长寿，我死后，你千万莫挂念，要保护好自己身子。有一件事，我早就晓得，那年我服毒药未死，哪里是祖宗保佑，其实是你在暗中将毒药掉了包，是不是？"说完这番话，他慢慢松开了手，安详地闭上了眼。

老妇坐在那里，泪流满面。

孟丽君 （经济学 0275 班）

承担命运

秋，凉丝丝的，周围一片宁静，只有清晰的虫鸣。瓦蓝的天高而远，有些深奥；地上大片庄稼都已收完，还留着一抹露水打湿干草的清香。

已是深秋了。

这是个星光满天的夜晚，"蓝天为被地为席"，与星月共枕，与草露齐眠。英子跟娘睡在自家粮食晒场上看守粮食。凌晨时分，露水太重，温度又低，被子湿漉漉的，她打了个寒战，怕是被冻醒了。娘在一边感觉到了赶快抱紧了她。

"妈，明天这粮食能干吧！"英子还是给冻醒了。

"嗯，明天再晒一天就可以拉回家去了，咱就不用再在这荒郊野外受冻了。孩子，来，抱着妈，妈给你暖暖身子。”英子娘心疼的口吻让人听了眼里泛潮。

英子今年16岁了，考上了高中，勤俭刻苦，不曾骄傲。她明白自己的困境：一个不能当亲爹使的父亲，两个年幼也上学的弟妹，还有越来越老弱的母亲。这是个新组建的家庭，英子和弟妹是娘的亲骨肉，父亲跟前儿有一个比英子大的姐是爹的亲女儿，他们是两个血缘群体。

父亲是个后爹——普普通通的农民，会点儿建筑活儿，脾气倔得很，性格却老实沉默。常年在外打工，赚钱不少可几乎都是死账，要不回来。英子那个姐刚刚出嫁半年，家中就剩他们姊妹三个正在上学花钱。后爹不爱干农活，现在亲生女儿打发走后又觉得任务完成该歇老了，连到外打工的心思也没了，整天懒洋洋地过日子；英子娘可苦了，自己的孩子多，任务重，整日操劳，家里地里忙个不停，却没法说一句怨言，也没法催丈夫出去干活，那气只是憋在心里。是她认命了吗？是，她认命了：自己三个孩儿还在上学花钱，英子上高中丈夫本就不支持，现在人家亲女儿又出嫁了，他不想再出力，那是再自然不过的了。英子娘只有认命了——为了这个家，为了维持接下来的生活，她没跟丈夫吵。本是一个家，却总被一种无形的力量分做两团亲情，互不相融。

今晚，英子娘把两个小的锁在家里看门，领着英子到晒场上看守玉米，这粮食急着晒干拿出去卖钱买肥料呢！丈夫虽说不愿再出外打工了，但她也不是任由他在家歇着，刚收完庄稼那会儿，她就硬想着法子把他打发到外地干活去了，一切都是为自己孩子上学花钱着想啊！所以，尽管其中要为难，要生气，尽管要说好多好话，尽管知道丈夫走后，种麦、耕田、浇地等许多重活都只有由自己来承担了，可她还是坚持让丈夫出外打工去。英子跟着娘来到自家晒场上，把干点儿的玉米秆儿铺下边，被褥铺上边，等娘搅了一圈那些粮食以后，就跟娘躺下了。她是个懂事的孩子，无论什么时候都特别听话，今晚本不想来跟妈做伴，嫌太冷，但等妈说要她来时她顺口就答应了——她知道不能让苦命的母亲再为自己不听话而伤心了。周围静悄悄的，远处有几家灯火还在亮着，星星零散地撒落在天幕上，英子一会儿就睡着了。

半夜冻醒后，英子再也睡不着了，看娘也毫无睡意，便跟娘扯起家常，也好让这难熬的长夜过得快点儿。

躺在娘怀里，听娘讲起了她不为人知的心事。在那以前，英子眼里娘是个勇敢、能干、坚强、果断的人，因为任何事都没难住过娘，不管什么时候，只要娘在，整个世界就都存在了。可听着听着，英子的心震颤了：今晚，娘好像卸下坚强的外壳，一点一点地在透露着自己的脆弱。娘老了许多，而她自己只是忘情地诉说着，浑然未觉。

英子娘吃的苦比英子想象中多得多：在娘只有六七岁光景时，生产队吃大锅饭，家里穷得叮当响，几口人常常饿肚子。就在那闹饥荒的岁月里，英子姥爷——娘的爹被活活地饿死了，给娘的母亲留下五个年幼的孩子。英子娘早早辍学务农打工挣工分，跟着母亲从那个年代一路走来，得到母亲的关怀很少，父爱更是不曾享受过。英子娘十七八岁时，那腰细得只有“对把儿手”粗。改革后，农民的日子一天天好起来。娘长大成人后嫁给了一个穷教书匠，觉得该享福了，却没想一起生活了八年，丈夫便因病去世了。

提起前夫，英子娘此刻眼里还透射出幸福的光芒，尽管那时受了很多苦。那时是包办婚姻——见过几次面便结婚了，谁也不了解谁。虽是这样的婚烟，可娘对亲爹十分满意，她看中他的相貌、人品，还有职业。她想：日子久了，就会有感情了。结婚后，英子娘完全成了一个围着锅台转的家庭主妇，而其他烦琐的农务全由丈夫来打理。可事情并不如她想象中那样完美，虽然丈夫对她疼爱有加，从不让她干重活，为琐事操心，但丈夫也从不跟她交流心声的那份冷漠却被她敏感地觉察到了。英子娘在嫁给教书匠之前就很自卑，因为她年轻时在纸厂上班被机器绞断了一根手指，提起来总会让人感觉有点残疾；如今，她又感到自己文化太浅，和丈夫几乎不曾交流过。而丈夫那样子看上去也像是嫌弃她没文化，从不跟她一起谈论什么，让英子娘更自卑得抬不起头来。这些想法一直埋在她心里，教书匠得病去世了也不知道。直到今天，英子娘跟英子讲了，可这事都过去十几年了。英子听得出来娘那时一直没说是怕自己那份纯情受到伤害，教书匠毕竟是娘生命里的初恋。

跟前夫生活的八年里，身体上不曾吃过什么苦，精神上却压抑着走过那段长长的历程。在前夫得脑瘤去世后，百般无奈之中改了嫁，到了现在后夫家里之后，她尝受了人间的种种磨难，思想上都有点麻木了，即使精神生活很单调也没时间去为感情的事伤心了，而身体上却较以前吃了不少的苦。

前夫刚死那段日子里，亲人朋友的劝慰与公婆兄弟的冷眼让英子娘狠下心：为了孩子，自己吃多大苦，受多大委屈都行，她改嫁了，为的是孩子，而不是自己。因为她在确定嫁给英子的后爹时想的是：他没男孩将来不会慢怠自己的儿子的。

刚来到这个新家庭的前几年里，英子娘对那份第一次婚姻中的感情还是难以忘却，看什么都不顺眼，后夫对孩子们节气时去给他们亲爹烧纸钱也极力反对，因此这些年里战争不断，一点小事儿就极可能节外生枝，吵闹打架。英子的童年是在泪水和吵打声中度过的，在她心里，父母的概念就是吵和打。后爹为孩子们去给亲爹烧纸钱而跟母亲斗气时，娘常偷偷掉眼泪，英子在一边觉得母亲活得特为难，但娘从没跟她讲过。

英子姊妹三个渐渐长大了，娘心里也放松了好多，这个组合家庭也基本融洽了。在这些年里，英子娘从一个什么都不管的大闲人变成了一个既当爹又当娘的庄稼人，不管家里活有多重，她为了让家里多些收入，每年都会把丈夫支到外边打工，自己在家挥泪洒汗于差不多二十亩的承包地之中。药壶坏了，她蹲在院子里，卸开、装上，没求过人，想方设法修好；十几亩地打农药时要用几十桶水，她一个人又挑水又打药，肩被勒得先肿后破再结茧；收庄稼，那十几亩地的粮食要用拖拉机，她就学会了开车；家里缺少农具，她跑断腿自己去借去买；无论春秋冬夏，哪次浇地时她都挽起裤腿，光着脚丫跳进刺骨的井水里干开了，以致现在得了关节炎；黑漆漆的夜里，一个女人家在地里看水，经过地中间那块坟地时，心总缩成一团，那无边的恐惧，谁又曾替她想过呢？……英子娘也数不清自己有多少辛酸的往事啦！她只用一句话说了自己内心的感受：这么多年来，有哪个妇女像我这样不男不女干死干活地过来了呢？说完便哽咽了。

一阵犬吠把娘儿俩的思绪拉了回来,那泉涌般的泪水泛滥成灾,浸湿了半边枕头。

娘这半辈子为了生活干过裁缝，办过缝纫班，讲过学，编过草帽，做过生意卖衣服，开过饭店……

半辈子的坎坷和磨难，娘在没有办法的情况下成了别人眼中的女强人。她扛着爹和娘的双重责任把孩子抚养长大，她真的想做这样的女强人吗？她真的会为别人夸她能干而喜悦吗？英子在今天之前都认为母亲本性争强好胜，喜欢做个女强人的，而且她伟大的母亲一直具有只有男性才有的那种坚韧和刚强。可现在她看到母亲半辈子的辛酸历程，听到她讲述中夹杂的哽咽，触到那酸涩的泪水，她明白了：这种坚韧与刚强是无奈之中被逼出来的，是母亲忍着巨痛，无声地承受着自己也无法改变的命运。

天就要亮了，英子伴着娘一夜未合眼，她认识到了母亲的另一面，心里的酸涩和痛苦翻江倒海，她立志考上大学让娘过上好日子，努力去改变娘后半生的命运，而娘却像什么也没发生过一样，只是利索地收拾着一切，打起精神去迎接新一天的工作，或许她还是那样想：这就是命运吧！它不是我所能改变的，但我必须承担！

太阳出来了，人们又忙起来，生命还在延续，还需承担命运。

岳文昆　(建筑学　05030 班)

大爱无言　此情有“戏”

——观电影《加油，新芬》有感

失去了双臂，他却收获了完美的人生，“欠我一个拥抱”是她今生的遗憾。说快也快，好军嫂、我校校友吴新芬的感人事迹真被拍成电影了。

我不知道有多少女同学小时候曾暗自喜欢过兵哥哥，只记得儿时，自己两个当军官的表哥都是很讨那些大姐姐们的喜欢的。

20 世纪 90 年代中期吴新芬大姐姐正在华北水利水电学院读大学，在这一时期，她遇到了剧中也是现实中的男主角王俊景，被她称为景哥的军人王俊景。

他们的相识是由那时尚流行的笔友形式开始的，一来一往的信件像洁白的信鸽，将两个人的情谊带向圣洁。这种不曾谋面的交流，为以后吴新芬的一生埋下了伏笔。

电影的开头很浪漫，一部《雨中曲》在电影院里拉开了序幕，怀揣着青春梦想和懵懂情愫的吴新芬，走出电影院却依然没能走出剧中情节，她在想象她的景哥像吉恩• 凯利一样在雨中旋转起舞，就在她的面前，在初夏夜的郑州。

可景哥却身在万里之外，在遥远的犹如天堂、天蓝的让人心痛的西藏。在那里，景哥出事了，而后被转院到了成都。

撇开毕业论文答辩，撇开知心好友挽留，新芬收拾行李踏上了去成都的列车。当在医院得知王俊景不是左胳膊没了也不是右胳膊没了而是两个胳膊都没了时，她略一迟疑，便做出了影响两个人一生的决定：留下来，照顾景哥。

这注定是一个沉重而多磨难的故事。照顾一个没有双臂的男人，早早的便用自己的一生下了赌注，在无法预料的生活面前，这个柔弱的女孩，她将怎么办?

今生共用一双手——这是吴新芬的答案。这是一个惊天动地、震撼人心的答案。

今生共用一双手，面对病床上的王俊景，她以极大的勇气挑起了照顾这个严重伤残的病人的重担，无微不至，坚持不懈，让这位因公致残的军人重新燃起了生活信心。

今生共用一双手，面对数年后已事业有成，对她仍存有爱慕之心的昔日同学，她执著而坦然地延续着自己的傻。没有什么能动摇她对这位军人的感情。

今生共用一双手，在不得父母理解、生活无比艰难的时候，她坚持着一个待遇微薄的乡村教师工作，乐观面对，勤俭持家，毅然为两人撑起了一片坚实的蓝天。

电影的最终结局是圆满的。多年相爱的人也有了一个爱情结晶，他们的女儿叫甜甜，甜蜜蜜的甜。

在剧中，曾黎的表演是一个亮点，她把一个心系国防、情系军人、自强不息、乐观向上的吴新芬饰演得十分到位。穿插的五处小歌剧，在不同的时段对主题进行了烘托，起到了点睛的作用，也是片中一个成功的地方。

最后用吴新芬在《加油，新芬》首映式上的最后一句话作为结尾：嫁给军人我今生满足，军人在我心中永远是最可爱的人。

一步一步寻找蓝天

如果你根据徐川这个名字猜他是四川人的话，你就猜对了。

来到华北水院已经一个多月了，和其他新生一样，徐川也慢慢习惯于每天途经湖畔往返于宿舍与教室，每天和同学一起聊天打球，并学会听懂河南话。每天，他也在遐想自己刚刚开始的大学生活。

在河南卫视的川豫爱心接力慈善晚会上，徐川作为河南省对口支援的四川省江油市的受助大学生代表，追忆着地震劫难，为自己写下了这样一句话——一步一步寻找蓝天。这是亲身经历过地震的生死考验，又克服了灾后家乡重建的重重困难勇敢走到今天的徐川，对自己、对未来的郑重宣言。

徐川说时至今日一察觉床板或饭桌颤动就会不由自主地向四周张望一下，5月12日已成为一根深埋记忆里的针，不时仍在让人隐隐作痛。

那是刚成年的他们准备成人宣誓仪式的一天，当大地开始震颤的时候，身为学生会副主席的徐川正打算把誓词提前给大家抄下来。

大地震作用下，教学楼瞬间成为危房，惊险逃出的数千名学生在操场上惊魂未定，当时的徐川想到很多，家人、未来、过去、生死……作为学生干部，他一边同样心怀恐惧，一边极力镇定下来协同老师维持现场秩序。

震后通信、交通、水电全部中断，数千名学生相互依偎在操场直到翌日天明，余震不断的黑夜，他们依靠唱歌来抵御巨大的不安与恐惧。为应对饥饿，徐川和几位同学一大早就穿越坠物不断的无人街区为大家寻找食物。留在学校的同学也都带着泪水去清理现场，从事各种志愿工作。

灾难面前，生命的韧性空前彰显，徐川愈发觉得离不开自己的同学了。震后第三天回家，第四天一早他就又和家长带着家里存有的一百多袋牛奶回到了学校。地震到高考近两个月的时间，徐川总共在家只待了一个月，其他时间都和同学在一起。

他就以这样的形式度过了自己的成人典礼。这典礼注定让他和他的同学毕生难忘。

徐川忘不了，敬爱的老师冒着生命危险，从随时可能塌掉的教学楼内为他们把书和桌椅抢出来；徐川忘不了，一千多名学生在市体育馆内患难与共，伴着外面拆房机器的轰鸣声继续向高考冲刺……经历了生死的考验，似乎所有的信念都变得更加执著。

“我连生死都经历过了还怕高考么”，震后的他和自己的同学及老师一起，克服了外界难以想象的重重困难，以坚强的毅力迎接了被推迟一月的人生大考。结果是很自然的，徐川考出了比平时更加优异的成绩，顺利被我校城市规划专业录取。

还是在那场慈善晚会上，著名排爆专家、感动中国人物王百姓亲手送给徐川一本自己的书，殷切寄语“发挥抗震救灾精神”，徐川为此长时间激动不已，后来他把这寄语应用到军训当中，站军姿受不了时想想这句话，还挺管用。

平缓的生活，太容易让我们忘记生命的深刻与责任。对于来自灾区的同学或者身边每一位从灾难中坚强走过来的人，我们都应该投以敬意，他们真的值得我们思考些什么。

当我们在愤懑生活的乏味时，你是否会想到也许这所谓的平淡也是一种幸运?

当我们遇挫连连，觉得人生阴霾密布的时候，你是否有勇气去一步一步寻找蓝天?

徐川说非常感谢河南人民，灾后是最先到的，还有学校，给了我们那么多关爱，如果以后有能力，也要把这种爱传递下去，就像爱心接力一样。

徐川还说我一定要把这城市规划专业学精，将来回家把建筑物都给弄结实点，不搞豆腐渣工程，规划出我们地方的特色，重现家乡的碧水蓝天。

房 蕾 (土木 0123 班)

纸 船

纸船是给母亲的，在我的大一生活里。

东行的列车在母亲回转身的那一刻载着我缓缓启动，快要消失在人群中的姐姐给了我一个祝福的手势。就这样没有父母的陪伴，没有朋友和其他亲人的送行，我平凡地离开了西部广袤而深沉的土地。一如母亲每周末送我上公车时的情景，只是这一次母亲哭了……

不过平凡有平凡的好处，因为这让我想起几日前送朋友的情景：有母亲的陪伴，有几乎所有亲人的送行，还有我默默的祝福。然而她更不快乐，什么也说不出，只是泪水不停地流，最终还是送走一个伤感的她，留下了站台上凄然的我们。

窗外闪动着陌生的山山水水，我突然觉得自己有点冷血，我竟然没有哭泣，直到我第一次见到母亲河黄河。滔滔河水，奔腾却不缺母亲般的温柔。铁轨弯弯曲曲伴着母亲河的曲线行走。这让我第一次能够亲切地感受到她轻轻的呼吸，还有她静卧平原大地的慈祥。看着母亲河我突地又想起母亲回转身的那一瞬，我的眼睛有点潮，一首诗闯进我的泪水中来——《纸船》："母亲，倘若你梦中看见一只很小的船儿，不要惊讶他无端入梦。这是你至爱的女儿含泪叠的，万水千山，求他载着她的爱和悲哀归去。"于是，我低头叠了一只很小的纸船，叠着母亲的笑容，叠着母亲的叮咛，叠着母亲那背转的身影……

当我刚刚走到一个陌生的城市时，我想起那只纸船，拨动了熟悉的号码。由于晚点，母亲在那头已静静等了很久，我用带笑的语气控制着自己，此刻母亲的心在我身上。

纸船是给母亲的，在我的大一生活里。一大堆乱七八糟的手续结束，一段想家的日子走过，校园内电话机旁我背叛了自己，泪水伴着母亲哽咽的声音，虽然谁也不想。女儿知道母亲的心，母亲也知道女儿远飞的理由，尽管女儿飞的不是最美的校园，但一根线连着我们，让我们仍旧抑制不住，我们是平凡的母女。

我有点愧疚，愧疚我曾对母亲的遗忘，尽管母亲的关怀一如既往。我用最简单的方式写信，捎去我的平安与幸福，因为我知道这也是母亲的平安与幸福。那信是这样叠的一只很小的纸船，我知道母亲能懂的，是的，能懂。

纸船是给母亲的，在我的大学生活里。

罗辉辉 (给排水 0059 班)

思 雨

从古至今，大多数文人对雨都有极其特别的感情，他们把自己的思想情感寄于雨中。似乎雨中，人变得敏感而脆弱，多情而伤感了。垂老的将帅有“夜阑卧听风吹雨，铁马冰河入梦来”的回味；多情的诗人有“小楼一夜听春雨，深巷明朝卖杏花”的遐想；《红楼梦》中那多愁善感的林黛玉亦有诗云“已觉秋窗秋不尽，那堪风雨助凄凉”的神伤！

坐在窗前掩帘听雨，或许有一种怀旧的怅然，或许有一种亲近自然的怅然，或许还有一种顿悟之后流水般的坦然。思雨的情结随着连日的晴天愈加强烈，想象着梦醒时分，独坐窗前，看着窗外密密的雨丝，听着淅淅沥沥的雨声，正如此时的心情，忽而纷杂，忽而清幽。这大概是世界上最繁杂难解的声音，虽不如肖邦的乐曲那样悦耳，却是大自然的杰作。想象着天亮时分，透过沾满雨珠的玻璃，看着雨中的佳景。此时满眼都是匀匀净净的青翠，满耳都是潇潇淅淅的雨声。那刚开苞的花儿，点缀着亮晶晶的雨珠，新生的叶儿，青翠欲滴，似乎刚刚洗了一个热水澡，更加清新水灵了。想象着傍晚时分，对着窗外的雨，泡上一杯香茗，展开一本书，其乐趣无尽。白瓷的杯子里，碧绿的茶花浮在清清的水上，一缕热气冉冉升起，啜一口香茗，展卷阅读，在茶香与书香的辉映中，在窗外淅沥雨声的伴奏中，感受着别样恬静的人生。

今夜，窗外又下起了雨，我的思雨情绪伴着潇潇的雨声变得更强烈，正如古人的一句话“一往情深深几许？深山夕照身秋雨”。

范本成 (建筑 9813 班)

那口古井

清晨醒来，想起昨夜下雨，思量着雨后的清晨一定很美。走出房间，浓绿的画卷展现在眼前，叶子更发清绿、油亮，密密的雨珠，精灵般如眼睛在轻颤，顿时我的心澄净、明朗起来。

路上行人稀少，零星地有些水洼，奇形怪状。一会儿，拐进田间草径，凉凉的。升起的太阳随我在林间穿梭。不觉中，已到了那口古井旁，丛丛的、厚厚的草色包围着，四周是果树，一根枝弯过井口，在粗枝绿叶的掩映下，古井显得比较富有灵秀之气，比较含蓄，但是它功德无量。清纯的、凉凉的水滋润着田里的庄稼，而那庄稼把我养大。古井啊，你是那样的谦虚。多少年，你一直默默无闻地用你那涌不完的清凉滋润着周围这一片浓绿，滋润着这一方人家。猛然间，想起去年的那一段日子，心情沉闷起来。当时的心情也是糟透了，家的沉闷，再加上我在复习班，前途渺茫，我总想哭，只有一个人独自子夜畅然流泪，面对落日的黄昏，我好像掉进了无底的黑洞，只好天天清晨或黄昏往田野里跑，踩着松软的小路打量着阴沉沉的天空，小鸟也少见。田野上，我一个人，天天来回走来走去。有一天，不知不觉来到了这口古井旁，枯萎的野草，凛冽的北风，突兀的枝丫，如老人的手，远望萧索的村庄，禁不住掉下泪来，真悲凉。如今，是绿的世界，绿的天堂，水一样的清澈，一样的灵性。一口古井，独自守着快乐和悲伤，独自守着清晨和黄昏，迎来每一个日出和日落。

古井啊，面对你，我有说不出的感情，你守候每一个春夏秋冬，有悲伤，有欣慰。这样的日子，年年如此。

面对古井，你是否曾意识到古井很像我们的母亲？我们一个个被母亲的乳汁养大，一个个走向远方。而母亲呢？面对一个个飞走的儿女，自已独守那一方熟悉的院落。你是否会想起她的孑然一身而黯然神伤，痴痴望着天空，孤苦、无奈、寂寞？

我们是否应该坐下来想想，我们应该做点什么，为那口古井挡风遮雨，守着古井，听叶落的声音，听虫子的鸣唱……

范家峰 (建筑 0278 班)

记忆中的黄昏

现在午夜将至，我出生的乡村在大自然温存的怀抱里熟睡得像一个孩子，暂时地忘却自己的贫困、寂寞和孤单。而善良的蜡烛在闪烁中燃烧着往昔的故事，同时也点燃了家的概念。

孤独的鹰，孤独的狗，还有孤独的白杨树，以生命的姿态来点缀我朴实的家。父亲、母亲、还有哥哥，是我生命的太阳、月亮和星星。

我是一个喜欢安静、崇尚自然的人，于是就有了在家乡的小河边伴随着日出日落而漫步的足迹，有了在水平如镜的小湖边憧憬未来的身影。小河一路歌唱在太阳的照耀下流光溢彩地流向远方，小湖静若明镜，映出云彩、飞鸟，同时也映出我烂漫天真的童年。

春天来了，在被夕阳染成金黄的小河边，一排挺拔而又固执的柳树，很倔强地把顽皮的柳条举到我头顶上。而我则怡然自乐，折断一枝柳条，拧成喇叭像一个秋天的知了叫个没完。累了，我就把它用力地扔进水里，荡起一片涟漪。就像平凡的生活中激起一连串的挫折，然后又恢复了平静。其实在我的心里每一个我走过的黄昏都是美丽的，然而正是由于诸多美丽和积累，终于有一天我仿佛成了一位“诗人”，沐浴着黄昏，我感触万千：“在黄昏中我身披辉煌，等待夜的矜持……”

我是一棵土生土长的庄稼，赤着黄土一样的肩膀绽放于四季。朴实的父亲使唤着朴实的黄牛，用一生的时间来耕耘着永不褪色的黄土地。父亲是一个用犁和锄头在黄土地上写诗作画的田园艺人，因此我很是敬佩父亲。逢年过节的时候，父亲会很得意地抽着烟袋，朴实的语言像流水般自然流畅地说出哪一块地好、哪一块地坏，仿佛在夸奖和数落自家的孩子。父亲赶着耕牛踏着黄昏和夜晚的临界点，伴随着咳嗽声、牛脖子上的铃铛声，往家走。那情那景我太熟悉了。金秋的黄昏很极致地抒写和渲染着一种天上人间的美，从而掩盖了那寂寞和无奈的心。我默默地跟随在父亲的背后，踏着他的影子往回走，而我的背后是那条忠实善良的狗。村庄里那如豆的灯光像被黄昏镀金的花朵，绽放出一片安静平凡的祥和。我的童年就是这样诸多的场景的折叠，是在小河里捉鱼、游戏，在树上掏小鸟，在雪地堆雪人……的集合。因此，我一点也不奇怪，当遇到生活中的无奈时，我表现得出奇的平静，静得像没有任何抱怨的庄稼，只是在沉默中生长和充实。

夕阳很柔和地照在村口母亲送我上学的路上，母亲向我挥手告别，像院里的那棵弯腰的老槐树。我也使劲地向母亲挥手让她回去，而我的耳际却一直萦绕着比路还长的唠叨。然而也正是由于母亲，我才一帆风顺地来到大学的校园内。所有的思想都在母亲那凌乱的皱纹里有清晰的记载。其实母亲一生唯一的夙愿就是看到自己的儿子学有所成地从远方凯旋。但是时间如同村边的小河在流淌中尽显漫长本色，又如同牧童的笛声在悠扬中归属平凡自然。我知道家人和乡亲们对我的期望和自豪是我前进的动力和压力，让我有足够的开朗和自信去跨越心灵的高度。

记得高考前一个周末的黄昏，我背着一个大而重的书包形单影孑地走出校门往家赶。学校像一个喝醉的汉子，一屁股坐在繁华的大街旁，一坐就是 15 年。因此，我从校门迈出的第一步就踏进了喧闹而又湍急的人流。夕阳把我的影子拉得瘦长，比我本人还显得更加孱弱。看着被车轮和脚步辗痛的影子，我突然莫名地悲伤。当我走到村边时，看到夕阳没落的天际，我和夜一起开始沮丧。然而村里每一户人家的灯光一起燃烧夜的情绪，同时也点燃了我东山再起的希望。从此我知道夕阳并不是一种坠落和结束，而是蕴含着另一个辉煌的开始。

黄昏不仅包容了我的伤感，还会阐述我的快乐。

去年秋天一个周末的黄昏，疲劳了一天的太阳在准备躺下睡觉的时候，还不忘给云彩擦上一条弧形的口红。那景致是一幅很极致的水彩画。于是我打开心灵的窗户去呼吸外面的真实和轻爽。在好心情的引导下，我一不小心就踏进篮球场。当我把篮球抛出一条完美的弧线，并潇洒进篮的那一刻，一个深深持久的微笑表达了我一览无余的快乐。

记忆中的黄昏。

郑张利 (热动 0055 班)

母 爱

母亲送我坐上汽车，站在路旁，久久不肯离去，看到寒风中母亲那飘动的白发和她那留恋的眼神，我的鼻子直发酸，禁不住潸然泪下。

能感受到母爱大约是在三岁吧。那时，我顽劣无常，常常背着母亲干些坏事，所谓“坏事”，就是经常偷拿家里的东西给小伙伴们吃。那一次，大年二十九，趁着母亲睡熟的时候，我偷偷地从屋里拿了一棵甘蔗，来到厨房，那些馋嘴的小伙伴们乐得一蹦三尺高，怂恿我赶快把甘蔗砍开，性急的我拿起菜刀就是一下，没想到我的指头却成了甘蔗的“替罪羊”，鲜血顺案板流下，伙伴们见大事不好，一哄而散，留下呆呆的我。过了好一会儿我才哭出声来。母亲被我惊醒，看到我的手，立刻用手巾包好，抱起我，飞也似的向镇上跑去。大街上，空空荡荡的，只有呼啸的寒风陪着我们娘俩，母亲急得快要疯了。最后，终于找到了一位老医生的家，“幸好没伤到骨头，要不这食指就残废了。”母亲听了，终于舒了一口气。

受伤的我，躺在母亲的怀里，是多么的温馨、惬意，现在我的左手食指上还留有一条一寸来长的伤疤。每当看到它时，母亲总是叹口气说：“到底还是留下了记号！”

冬天，我的手脚爱生冻疮，药也治不好，母亲就常常向人打听偏方。有人说，头年第一场雪，收集起来，埋在地下，第二年冬来洗手，就不生冻疮了。母亲信以为真，找来了几十个瓶罐罐，装满了雪，小心翼翼地埋在地下。没想到，第二年瓶子里却空空如也。连续三年，母亲都没收集到一滴水。

第四年，侥幸保留了两瓶，母亲喜滋滋地拿来给我洗。没想到一点也不管用，母亲皱起眉头，脸上的皱纹好像又加深了好多。我劝她："妈，没事，我的手冻惯了。"母亲没吱声。

后来，她又听说酒泡樱桃管用，就张罗着给我弄，她买了五年陈酒，泡了一年，今年开学硬逼着我带到学校里用。我的心里酸酸的，暗暗地说：要是这再不管用，老天就太不长眼睛了。

母亲对我的学习要求非常严格，常常因为我考不到班级前两名而对我"用刑"——罚跪两个小时，可是有一次，母亲却例外了。那是去年的高考，我落榜了。听到这个消息，母亲的身子摇了摇，差点摔倒，我赶紧扶住她，没想到她却说："没关系，你年龄小，今年再复读一年。"她的语气轻松地令我吃惊，但第二天，我却发现母亲的头发白了好多，我哭了……

血浓于水，母亲的每一个举动都显示了对子女深深的爱。母爱是无私的，它是人世间至善至美的感情，有母爱的火焰燃烧在心中，即使在寒冷的冬夜也会感到温暖，母爱会排遣我们的孤独和寂寞。母亲往往在关键的时候影响甚至左右我们的人生抉择，使我们成功或者失败。

逝

灯下。

一杯香茗，一本诗集，准备消磨一个晚上的时光。

诗人的低吟浅唱融化成一杯最浓郁的浓郁。

一饮而尽，

比黄连更苦涩的苦涩，

比砒霜更断肠的断肠。

楼下唱着的是无情的情歌——声嘶力竭。我也要放歌——但我不能放歌。千寻之下，有谁听到我的歌声？

生离，是切肤之痛；

死别，却是锥心泣血！

无法挽住时光，无法挽住欢笑，最无法挽住的却是你匆匆的脚步，我也只好挽住这份沉重的感情了。

窗外细丝般的雨儿是你飘落的白发吗？我伸手去抓，却只抓到满手的斑斑血痕；微微的凉风是你给我的遗言吗？我侧耳倾听，却总似杜鹃哀鸣。

任黑夜吞噬这个幼嫩的灵魂吧！再好的裁缝，无法缝合支离破碎的梦，妙手神医，不能治愈千疮百孔的心。

因而，我一直沉默，沉默，沉默了二百二十一个昏天暗地的日子，才终能轻轻唤出地动山摇的一句——爷爷！

郑录艳 (热动 0053班)

跨越时空的约会

突然，皮特的飞船失控了，坠落在一个不知名的星球上。他很幸运，活着走出飞船。但当看见眼前一望无垠的类似沙土的东西时，他几乎绝望了。他向四周张望，看不见一点绿色。求生的欲望驱使他向前走着，希望能找到一点具有生命的东西。但是走得两腿都发麻了也还是一望无垠的“沙土”，结果他晕过去了。

他再醒过来时，看见的一切使他惊呆了，他的周围有很多样子很怪的巨型动物，他想也许这就是外星人吧。正当他用惊异的目光打量这些怪物的时候，一个样子像人但又不是很像人的怪物走过来

(这个怪物怪在她的头式和衣着)，递给他一碗东西，示意叫他吃。也许是因为她长得有点像人的缘故吧，他相信她，很快喝下那碗东西。渐渐地她和他成了好朋友。他们的语言可以相通了。皮特问她叫什么名字。“我叫露西”，她说话的调子有点低。

“什么？你叫露西，你来自地球吗？”皮特追问。

“是的。”

“那么你怎么来这里呢？什么时候？为什么这个星球会如此奇怪？”

“我是10年前，也就是公元2816年到这儿的。我是一名飞行员，为了寻求另外的生命星球，我驾驶自己的飞船离开了地球，和你一样掉到这里。”

“2816……噢，天哪，亲爱的露西，你好好看看我是谁，我是皮特你最爱的人。你还记得我吗？”露西的眼泪夺眶而出，他们紧紧地拥抱在一起。

“我以为再也见不到你了，你还活着，我真的不敢相信。”皮特兴奋地说。

经过露西的叙述，皮特知道这个星球为什么会这么奇怪了。这个星球上的人们得知地球上现在由于污染过重而导致生存条件日益恶劣后，对地球起了防备，因为地球正在寻找别的可生存的星球。他们认为这一切都是地球人造成的。他们不想再让这个星球毁于地球人手中，所以他们不惜花费巨资将这个星球伪装起来，以使它免受灾难。这就是为什么皮特刚刚到这里时看到的是一望无垠的沙土。皮特为地球人的做法感到内疚，更为他们担心。他和露西说好回到地球后，尽自己的全力劝服地球人，希望他们能赶快醒悟。

但是他们再也找不到自己的飞船，这个星球上的人们毁了他们的飞船，然后对他们说：“对不起，我们不能拿整个星球上的生命作赌注。”

“皮特，他们说的也不无道理。咱们现在只能默默地为地球，为地球人祈祷了，希望他们快点醒悟。”

他们相互依靠着坐在一起，静静地望着远方。

郑建民　(热动　0454 班)

路在脚下

回首过去，我不后悔；回首往事，我不流泪，因为过去和往事毕竟都已是历史。或许有我的错，或许我没有错。

不管我有没有错，太阳总要有晨曦，也总要有残照；月亮总要有阴晴，也总要有圆缺。正因为它们不留恋昨日的辉煌，不叹息昨日的困惑，才能写出崭新的篇章。

展望未来，前程似锦，但毕竟那是遥远的梦，或许有一天，整日的幻想都会化为徒劳悲伤。

青山遮不住，毕竟东流去，何必要花费太多去留恋那逝去的历史？何必要浪费时间沉迷于那未知的幻想？路就在脚下，谁也不能超越今天，不管过去多么暗淡或光明，不管未来多么悲观或辉煌，一切的过去都以现在为归宿，一切的未来都以现在为起点。

奋斗吧！不要留恋过去，空想未来，从现在开始，走自己的路，走今天的路，走脚下的路！

侯丹丹　(外语　07131 班)

总有一种感动让我们泪流满面

“满天的烟尘，呼啸的救护车，瞬间崩塌的建筑，尖叫流泪的人群，一双绝望的眸子……”若非亲眼从电视上看到这些画面，怎敢相信一场罕见的灾难竟然会在这样一个安静的午后轰然降临。虽然隔着几千里路，依然可以真真切切地感受到空气中弥漫着的那种深入骨髓的惊恐和绝望。于是，从 2008 年 5 月 12 日 14 时 28 分起，每一颗心都紧紧揪了起来，牵挂着那个以前没有听说过的叫做“汶川”的地方，牵挂着那些勇敢的老人、孩子以及每一个人。跟着他们哭，跟着他们笑，跟着他们一起经历绝望与希望。

这个 5 月，我们仿佛流尽了一生的泪水，只因我们经历了太多的感动。

当灾难的噩耗传到中南海，他第一时间起身奔赴最危险的地方。在飞机上，他镇定地有条不紊地制定抗震救灾的工作方案，果断地下达命令，部署工作，可那紧皱的眉头，颤抖的双手，流露出他内心深处深深的伤痛和担忧。在灾难现场，他冒着余震的危险，呼唤着废墟下奄奄一息的生命；他哽咽着承诺决不放弃任何一个生命；他与军民同吃同住，72 小时不眠不休在最前线；他坚决地推开要为他包扎手臂的医护人员；他……

什么时候开始，我们已经渐渐地习惯了在危险时刻总有一个伟岸的身躯坚定地站在最前方，为我们遮风挡雨。什么时候，我们几乎忘了，除去头顶上“总理”的光环，他也不过是一个年过花甲、头发花白的老人，总觉得只要有他在，一切都会好起来的。

我们的总理——头发花白的老人，用他的行动，用那颗博爱的心诠释的“人间大爱”，怎能不让我们泪流满面?

生命很脆弱，挡不住一层砖瓦，生命又很坚强，因着一个执著的信念，便能从废墟中创造出奇迹。

还记得那个从废墟中被抬出来，忍受着剧痛，微笑着向营救人员行少先队礼的小男孩儿吗?如花的笑颜，仿佛阴霾的天空都有了一丝亮色；还记得那些突破生命极限，经受 150 个小时生死挑战的幸存者吗？非凡的毅力，让上帝为之动容。

当面临突如其来的灾难时，生命以其独有的姿态傲然挺立，坚定执著，不抛弃、不放弃，这让死神为之色变的力量，足以创造奇迹，感天动地!

当喧嚣浮华的生活渐渐成为一种习惯，当人心渐渐开始功利戒备，当人与人之间的感情变得冷漠生疏，当越来越多的人感慨这个社会的冰冷时，一场灾难悄然降临，以一种残忍而独特的方式见证了不灭的人心。

我看到了第一时间奔赴灾区，不畏艰险，连续作战，用自己的双手将一个个生命从废墟中抢救出来的子弟兵；看到了天崩地裂之时，用血肉之躯为学生撑起一片蓝天的老师们；看到了捐款箱、献血中心前长长的队伍；看到了一批批匆匆奔向灾区的志愿者；看到了……也许生活的艰辛将人心渐渐磨砺得粗糙冷漠，但我始终相信，人心本善，在灾难面前，我们唯一可恃的就是人性的温暖。心与心之间的依偎，人与人之间的扶持，让这个阴霾的五月变得明媚美好起来。突如其来的大地震，给中国带来了巨大的悲痛，然而它也见证了一个伟大民族的不屈和魄力！有效的应急机制，果断的政府行动，团结一致、前赴后继的群众，一方有难、八方支援的决心……中国，以行动捍卫生命的伟大，以凝聚力让世界震惊。历经此难，中国只会更加团结，更加强大，一个崭新的大国形象必将重塑。面对这样一个不屈不挠，灾难中愈发强大的民族，我们怎能不感到骄傲自豪？

如果灾难注定要降临，如果痛苦注定要承受，就让它磨炼我们的意志，就让它见识我们的勇气和毅力，就让它见证中华民族的坚强不屈。

这个5月，注定不平凡，这个5月，我们收获了太多的感动。多到足以让我们泪流满面，多到足以让每个人回味终生。

从这个5月起，让我们带着这些感动前行，且行且珍惜！

侯俊瑞

栀子花开

无意中，我闯入了夏的深处。

走过了一个昏暗的转角，我看见一束雪白的栀子花，它们爽爽地开着，芬芳四溢，婉转流动，像我曾见到的一幅素描，真情流露的样子如汩汩清泉直入心田。

我惊叹于会有这样恬静且灿烂的生命，让我忽然想把一生都依在翠叶的枝头。人在美丽的生命面前，总容易异想天开、痴人说梦。徐志摩的诗："我不是盲目，我只是痴。"有时候，人会用一生去寻求"水中月"、"镜中花"，那完完全全是受了美的诱惑。

我想起一些深深打动过我的人和事,那些在我心中一直是不忍、不舍，却又不得不放下了的过往，空留一些慨叹，在我彷徨的灵魂深处，让我以为自己可以这样坚强地长大，不断地选择着遗忘或记起。也许是我太执著，也许是我太幼稚，在现实中总容易令自己受伤，却又反反复复不肯低头。

不禁惆怅起旧欢如梦，生命中每一次错爱、错恨都深深刺痛我的心坎，所有事情远不如想象的那么顺利，不能像栀子花这样总能如期开放,一切的心情不断地在心里寂寞地涌动,却无法找到出口。

眼前的这束栀子花，映着夏日黄昏的斜阳，如一位超凡脱俗的白衣少女，它已触动了我内心深处所有寂寞的心痛，像某种喷发，因为积蓄太久，连自己都无所适从?

一阵风袭过,若干片花瓣飘落着,在这芳香暗涌的栀子花面前,我那么清晰地明白：爱，没有永恒的存在，所谓"天长地久"，永远是童话的结局，不怨天，不怨地，只怪你我缘浅。

花开有花落的时候，草荣有草枯的时节，就连露珠也终究会升华,万事若是永恒,岂非真有天意?变幻的世事,不变的只是信念。

当岁月蒙尘的时候，泪水可以让记忆恢复清晰，曾以为"此恨绵绵无绝期"的一世殉情，却原不过是"梦里不知身是客"的一晌贪欢。

不要说我是一个无情的人，也不要说我不曾真正爱过，生命中有一种说不出的遗憾，宿命中有一种道不尽的孤单，就像眼前的栀子花，注定只能在这稚嫩的夏日开放。

也许，走过今朝再回头来看，它早不见了踪影，但来年夏日，它依然会在路边向我款款地笑着，依旧会勾起我无数的感伤。

祝龙超 (地质 9801 班)

约定黄河

火车的轮子撞击着铁轨，发出单调的咔嚓声。旅途的倦意写在每位旅客的脸上。我扭头看了看父亲，他像我刚才那样望着窗外，看着远处倒退的青色群山。我们父子早已猜透彼此的心思：我们在等待一个时刻的到来。

我们在等待黄河，像孩子盼望着母亲的到来！

窗户开着，猛烈的风拉扯着我的头发。我看到父亲那张中国农民标本式的脸上透出肃穆的神情，像马上要朝拜神祇一样庄重和虔诚。我明白他此刻的心情，如同明白我自己一样。然而，作为炎黄子孙第一次看到母亲河时的感觉，是无法用语言和文字表达的。忽然眼前一亮，火车撞击铁轨的声响清脆起来了，随之，一幅巨大的画面呈现在眼前：深邃高远的天空，轻缈洁白的云朵，如血似霞的残阳，黄波微皱的河水，绿树青山的堤防。此时车厢里一片寂静，每个人都在向母亲河行注目礼,只听到铁轨与轮子发出清脆的声响。

在我眼前有一个身影一晃而过,那是一名手执钢枪站岗的战士。黄河、长城，中华民族的两种至美我同时看到了。黄河养育了我们，钢铁长城则保卫着我们!

我在心里默默重复着这句话：我爱你黄河！我们相约在此，我们缘系于此……

胡庆和 (水动 9614 班)

竞技人生

风风雨雨走过了十几个春秋，坎坎坷坷踏入了华北水院。

走出高考压力的囚笼，方发现这才是我的乐土，这里群英荟萃，这里藏龙卧虎。不甘寂寞、不甘平庸的我于是也不禁热血沸腾，想寻找一个导向成功的起点，以便把人生的辉煌从一个驿站推上另一个驿站。

大一的我，诚诚恳恳，踏踏实实，只顾风雨兼程；诚恳中透出对动态生命的执著，忠实中渗透了对完善生命的追求。

大二的我，已经羽翼丰满，抖抖翅膀，想去寻找一个属于自己的天地，一个自己能适合的位置。于是热情洋溢走上竞选系学生会主席的讲台。讲台适合了我，可我未能适合竞选的结果，我只能以“第三者”的身份等待下一次机会的到来。

跌倒了，并不意味着失败，掸掸身上的尘土，舒展舒展筋骨，于是又开始了新的旅程，确立新的目标。不服输的我，总结经验，吸取教训。相信了“前车之覆，后事之师”，于是乎，不久后我又出现在竞选院学生会主席的讲台上。各系精英齐聚一堂，院系领导亲自观战，计时员准确发号施令。站在竞选台上的我，仿佛忘了自己站在哪里，只想一吐为快，把自己想说的话说完，极尽“表演”之能事；站在竞选台上的我，俨然像个主席，踌躇满志，“目中无人”，仿佛自己就是一个必胜者。但毕竟是“俨然”或“仿佛”，天外有天，人外有人。九六的我最终被拉下了马，未能杀出九五的重围……

走下竞选台，却也没有失败的感觉，倒寻到了一种生命的真实。多一份尝试就少一份遗憾，人生本来就是一次次的竞争。“尽吾志而不至者，可以无悔矣”，潇潇洒洒，勇于挑战方是竞技人生。

赵云鹏 (会计学 0074 班)

错 过

一颗流星划过天际，我错过了许愿。

一朵浪花溅起在岩石，我错过了祝福。

一个故事只讲了一遍，我错过了聆听。

一段人生只走一回，我错过了什么？

错过了春天一场绵绵细雨，错过了夏日一个最耀眼的朝阳，错过了秋季第一片枯萎的落叶，错过了今冬唯一的小雪，错过了花园水池里难得一见的小鱼，错过了天空中挤作一团的白云。错过一句温馨的关切，错过一个动人的眼神。一场误会，错过一场美丽的友谊；一次犹豫，错过一段真挚的感情。

我们的一生，错过了许许多多事，无法弥补，没有人愿意错过，可是生命太短促，为了不错过更多不愿错过的事，我们选择了一些错过。错过是无奈的，得到的也许更多。

然而，我们不必为错过而叹息。错过漂亮，你拥有健康；错过健康，你拥有智慧；错过智慧，你拥有善良；错过财富，你拥有安逸；错过安逸，你拥有自由；错过自由，你拥有尊严……珍惜已拥有的一切，即使错过的太多，我心亦无悔。

这世上有无数流星、无数浪花、无数故事、无数人生，我们错过的不止一个；这世上有无数流星、无数浪花、无数故事、无数人生，我们错过的不会是每一个。

赵志刚　（机械设计　0035班）

我是一只鱼

一片混沌，一片渺无边际的黑暗。

没有时间，没有地点。

一团没有轮廓、似有似无的东西在飘。

在上苍面前，我求了一万年，终于，他应允给我一次生命。一万年后，直到这时，我才觉得我并非一片虚无。我感到我有了头，有了尾巴，有了跳动的心脏——周围依然混沌。

混沌在变小，或是我在变大。我一用劲，竟然把它顶破了。外面强烈的光透过清澈的水面刺得我有些睁不开眼睛。忽然，我的身子游动起来，我的心灵为之一颤。一万年啊，我终于拥有了自己梦寐以求的生命。兴奋，难以言说的兴奋。我的耳边似乎还回响着上苍的告诫："记住，生命只有一次。"

我还很小，只能独自留在草丛里，父母每天游出去觅食给我吃。父母在水中边找食边打闹的快乐令我羡慕。望着水面以外蓝蓝的天空，是那么美丽却又变化万千。我彻底爱上了这个世界。

一个季节过去了，我身上的鳞片由少变多，由小变大——我长大了。我学会了觅食。我因此被父母赶了出来。这是自然界的规律。

我畅游于一片碧水芳草之中，不时惊散一群微鳞，或是"鱼跃龙门"，去欣赏外面的世界，外面的世界很精彩，然而我已知足了。在这大千世界中，我是一只快乐的鱼。虽然我知道，这样的日子不过几年。在这儿，我只是一个匆匆过客。可眼前的一潭清水，外面的一叶金秋，也比那一片混沌有声有色多了。我不禁把这儿当成了家。

我就这样快乐地过着日子。然而，平静而有规律的生活中发生了一件新鲜事。湖边来了许多人，几天后，一座巨大的建筑拔地而起。我禁不住对他们有了敬意。我一边不胜欣羡地望着他们灵活的双手，一边擦洗着自己闪闪发白的鳞片。望着那建筑物里冒出的乌云，我甚至有些自得了：人们没有办法造出像我的鳞片一样的云朵，尽管他们是天之骄子。

不久，我惊奇地发现：阳光少了，乌云多了，更可怕的是，水也似乎变黑了。人越来越多，建筑物也越盖越多。湖边也不能去了，那一带有一个弯弯的钩，钩去不知多少的伙伴。那天，在湖边，我听见一个姐姐正在给弟弟讲故事：说一只大头虾从水边游过，无缘无故死了。为什么呢？姐姐说是因为那里的气味太臭，大头虾忍不住，自然就死了。我暗暗告诫自己：不管有多难闻的气味，也不能停止游动，我实在太爱这个世界了。

天越来越灰，水越来越黑，许多伙伴纷纷离开了这个曾经美丽的地方。我不愿离开，吸取其他伙伴的教训，不吃水中的食物。可是我实在饿急了。忽然有一天，一只硕大的蚯蚓出现在我面前，我忘乎所以，不顾一切冲过去，张开大嘴去吞那令我垂涎三尺的食物。然而，预料之外的是，我被钩住了嘴巴。慢慢地，一种无形的力量征服了我，我使劲甩着尾巴，但毫无用处，渐渐地，我无力挣扎，感觉自己被扔到了一个干燥的地方。耳边回荡着上苍的召唤声。

我在向上飘。

一片混沌，渺无边际的黑暗。

没有时间，没有地点。

一团没有轮廓、似有似无的东西在飘。

上苍说："记住，生命只有一次。"

赵进勇

乡下的日子

久居于都市一隅，与钢筋水泥、车水马龙相拥数载，不禁怀念起乡下蓝天白云的清爽，细雨轻烟的别致。"归去来兮，田园将芜，胡不归"久绕于耳边。一颗心亦如离巢的青鸟，越过城市楼群的尖缝，凌空而去，翅敛故园。

赤着脚，戴一顶竹笠，走在松软的小路上，看田垄绿意，听野山鸟鸣，那是一种怎样的惬意啊！远处，一老农田中锄禾，走近前，与老农拉拉家常，朴实的话语勾勒出了农村翻天覆地的变化，让我喟叹直至激动不已。我惋惜，在世界上度过这么多年，整日匆匆忙忙，掩耳疾去，竟忽略了乡下的乐章。从这一分这一秒起，我愿仔细聆听雨点，以几分之几的拍子敲叩我的玻璃窗，喜鹊以什么样的旋律歌颂秋季收获的喜悦。而那一片白云，它们绝非慵懒，是应和着宇宙的脉搏而舒卷。

豆花正开的季节，田里秧苗正绿，杜牧笔下飘出的清明雨丝也许正浸透着多少愁绪。有风、有雨尚有寒意的日子，庄稼人在这时总爱喝点酒的。潮潮的空气里总有阵阵缥缈的酒香，不是什么名贵的酒，可充满了暖意。这酒香、这飞雨、这色彩，似乎是自古不变的，它们仿佛蕴含着一种神秘的，来自那遥远年代的力量，勾起了我童年时期的种种印象。

抹着疏疏落落几丝白云的空漠蓝天下，是绿色和黄色的原野，开阔而充实。站在上面，就像忽然升到云端一样，有一种飘悠悠的感觉。在这里种瓜有一种特别的情趣。要种瓜先松土，一锄下去立即有一缕缕的唯庄稼人才能体会到的那种沁人心脾的清香，萦绕于鼻尖，回荡于心头。待土松好，瓜籽便可入土，舒藤打蔓，到“种瓜得瓜，种豆得豆”的时节，已是瓜香满园了。

温柔的月色使人醉，如花新绽的青春使人醉，或经历过人世沧桑，又远离了故乡，再凝视孩童天使般的小脸时也醉。乡村黄昏时，手把清茶，临窗而坐，一股清香，浸入骨髓缓缓向全身扩散，心也渐渐醉了。那温暖的茶花香一直在我生命中延续流动，使我领悟到人世间难得的恬淡和平静。

乡下的日子，我生命中永远的绿色。

赵燕萍 (会计学 0075 班)

定格的色彩

一路跌跌撞撞走到今天，站在十七岁的尾巴上，欣赏着岁月留下的印记，定格的优雅不禁让我惊诧于过去的美丽。

在孩提幼稚时代的错觉里，时光的宽容让我用嬉戏去填满它，让我用欢笑去装饰它，让我用毫无内容的歌谣去诠释它。在春天明媚的空格里，它让我信手涂鸦，用最稚嫩的色彩去描绘久藏心底的那些不具体、不成形、将要被时间埋没了的感受，或明亮，或暗淡，交错混杂，不是每一种色彩都代表一个故事，但每一种经历的聚集汇成了童年的色彩之流。

时空的流动浸透了生活的细节。

生命的色彩也因此变得五彩斑斓，如同表现主义大师克里姆特惯用的装饰性很强的色彩的平涂。心绪的变化使色彩之流泛起点点涟漪，我振作它雄浑，我安静它温存，我伤感它忧患，同时又有一点人生甜蜜的慰藉，这一幅幅画面呈现出夏日里清新、充沛的生命本身的气息。

在书香四溢的季节里，我走进了新的天地。三毛拉着我的手去聆听那大漠里骆驼的哭泣，余秋雨带着我沿着大漠之路去寻找那敦煌的悲哀，张爱玲领着我去回味那车水马龙、旧旗袍的上海。经过时间的精雕细琢，这些沉淀着书香的岁月都勃勃辐射着美的能量，烤灼着我的感叹。

每一种色彩都曾经历了繁华的季节，饱尝了生长的过程，欣赏或被人欣赏，承受过光芒或迎接过风雨。没有人可以把昨天和前天追回，哪怕再痛苦的经历也会成为幸福，过去犹如老了的秋天离我远去，而那些定格的色彩却珍藏在心中。

唐　静　(交通　0434 班)

一片春愁

悄然间，春天已匆匆而过，杨花落尽，飘絮不再。这是我人生中又一个流逝了的春天，而它就这样，悄悄从我身边滑过，只剩下满树的青葱与我心中的惆怅与落寞。忧郁，一个多么美妙的词，将万千心事结成一种淡淡的飘忽不定的迷人气息，紧紧笼罩在我四周，抬眼间，那眼里的哀怨就如同一股烟气，慢慢荡漾在别人的心头。

在所有的花中，忧郁的花并不多，它们大都是灿烂的、明媚的。紫罗兰忧郁吗？似乎只有一点点的忧郁气质，它更多的是一种平静与深刻。今春的玉兰应该很忧郁吧，生不逢时，最终也未能点燃自己的生命，却让叶子占了先机，以往红彤彤的花儿如今也憔悴得脸色苍白。唉！生命就是这样，人从一出生就开始挣扎，一直到他彻彻底底永远地安静下来，他才能够从挣扎的人群中逃离出来，独享一隅的清冷寂静与安然。人为什么一生下来就会哭？也许他知道活在这个世界上一定很苦很累，但我即使遭受了人世间最大的磨难，还是想做一个人而不是一只快乐的没有思想的动物。

我无语怨东风，却不知自己是否将春光闲了，想着窗外红了的樱桃，绿了的芭蕉，我才明白流光容易把人抛。

徐巧玲 (经贸 0472 班)

掌心中的岁月

题记：

以后春花开了秋日清
夕阳落了夏虫鸣
谁来唱歌谁来听，谁喊了青春谁来应
以后红颜老了少年心，琴弦断了旧知音
谁给我一句叮咛，谁看见夕阳人

斜的雨斜落在玻璃窗，黄的叶枯黄在窗台上，窗外的栀子花还是很香，香得人一脸陶醉，操场上还有牵手而行的情人在熄灯前的夜色中，用功的学生一如既往地用手电筒照明做物理作业，食堂里的土豆丝还是会放很多辣椒和醋……

“人面不知何处去，桃花依旧笑春风”，美好的景致依旧，往事一幕幕，代表着生命中的游离和破碎的激情，虽然精致美丽，却易逝，有时会产生于事无补的遗憾，那遗憾如同那条蛆虫，慢慢地吞噬着我们的内心深处。

光阴似箭，转瞬即逝。

抚弄着那清澈透明的流水，望着它从手中溢出，想抓住它时，它滑离了手指。静思中，我感伤，逝者如斯！这光阴就这样无休止地离我匆匆而过，如同这流水。

我思绪交织：生命虽然美好，也是短暂的；如同菜市场中被夹着翅膀的鸡，也是可以死去的。

然而，不同的人生，不同的经历，不同的诠释。

我的生命，白纸黑字，有人说。

又有人说：我的生命如同一丝雪白的栀子花，它们爽爽地开着，芬芳四溢，婉转流动。

还有人说：不断地面对前面奔涌而来的迷茫，不断地承受四周喧哗涌过的压抑，这就是我的生命。

最后者的答案很厚重，厚重得让人压抑，甚至有种透不过气的郁闷。然而，它却又是最透明的。

淡淡地感伤，倾盆大雨下着，卡车前窗的刮水器不停地转动着，来来回回；然而，掌心中的岁月就像一条河，不断地冲刷着我们身上的生命，是不会回来的。

时光一去不复返。

有的人陷入时光的泥潭中不能自拔，无可奈何，于是悲叹：“人啦，真难！”甚至屈尊憧憬着：“如果我是一只海龟，活上一万年，那该多好啊！”这让我想起看过的一部动画片：

有一只老鼠，它羡慕着猫，于是恳求巫婆把它变成了猫。当它发现猫的痛苦时，又羡慕了狗，后来它又从狗变成了鸟，从鸟变成了牛，从牛变成了猪。它的一生都这样变来变去，最后还是变到了死亡的边缘。它终于发现：原来每一个生命都会随时面临危险、死亡、心碎和痛苦。但它想要变回来的时候，已经来不及了，它被时光屠宰了！

其实，不论是人还是物，每个生命都有自己的归宿，都逃不过时光的尖利。

有时，在别人眼中依旧的美好年华，蓦然回首却已刻上深深的岁月痕迹。那些一去不复返的时光，那些也许永远不会再走过的长征，那些曾经开过或依然开放的花儿，似乎只是轻轻地从手中流走，连一声告别也没有留下便成了记忆长河中的永恒。

似乎，时间主宰着我们。但是，人类毕竟是宇宙的精灵，始终都会掌控一切的。当然，时间也不例外。时间虽然摸不着，看不见，但我们可以把握，预知未来。那就要：不断地面对前面奔涌而来的迷茫，不断地承受四周喧哗涌过的压抑。当世俗带走我们深深的爱和恨时，我们依然可以坚持，不恸哭失声。

这样与时间抗衡，我们将是最终的胜利者。

融入岁月的长河，我们将如何？

彩虹总在风雨后，黎明也是长夜过后。生命要承受起痛苦和无奈的检阅，时刻倾听岁月的钟声，不要有李后主“春花秋月何时了，往事知多少”的悲痛，也不要有“白了少年头，空悲切”的绝望。在有限的岁月里，用汗水搭建成功的阶梯；再回首，我们的生命没有平淡，没有遗憾。

徐露娟 (土木　07033 班)

夕阳下的幸福

——发现幸福，珍惜拥有

曾经以为白开水一样的生活中不会有幸福的足迹，我像恨喝白开水一样恨那每天都似乎同样的生活。但我没有去追求更刺激的生活的才能，也没有摆脱这种生活的勇气，所以就行尸走肉般的生活了十几年。也许是上帝的怜悯与恩赐，让我发现平凡的生活中也有感动的浪花。

记忆中从同学口中得知或从书中看到，很多小孩子都有被父亲宠爱过的经历，例如：父亲会在意想不到的时候给他们买来玩具或零食，在发烧后父亲背着去医院，骑在父亲脖子上哼着儿歌。对别人来说这或许是再平常不过的了，但对我而言那只能是一种期盼和奢望，因为父亲是个想对你好但又不知该怎样去表达的人，所以在我们姐妹三个心中，他是一位严父。

那天父亲在县城办事而我又恰好那天放假，他是骑自行车过去的，我就央求父亲带我回家，父亲拗不过我，我们就在太阳西斜的时候开始回家。我求父亲带我回家，是因为害怕以后坐父亲车的机会太少了，怕自己长大了没得回忆那种幸福的感觉。

说实话在我记忆中那是长大后仅有的一次坐父亲的车，那时杨树的影子已经拉长。太阳如五六十岁的老人，已接近夕阳，路上的行人已渐渐稀少，偶尔会有摩托车或轿车飞一般的过去，鸟儿都急着回家，只有我们在慢慢悠悠地踏着自行车。我坐在后面拉着父亲的衣服，头斜靠在父亲的背上，闭上眼，感受到父亲有点急促的呼息，因我而跳动的心脏，这时我多么希望时间能够停止，让画面定格在此刻，让我的幸福永驻。我从小就很怕黑，当看见太阳渐渐没入西边，我不再恐惧，因为父亲的背给了我安全感，虽然它对我已不如往昔般宽大。

也许是我已经长大了，也许是父亲正在渐渐衰老，父亲每踏一步就非常吃力，呼吸也越来越急促，身体前倾的幅度也越来越大。我心中便有点酸楚，不知因何而起，记忆中以前的父亲决不是这样子的，我就从后面跳了下来对父亲说："让我带你一会儿吧！"父亲看了看已快赶上他个头儿的我，便点了点头。这是我第一次带父亲，当父亲坐上去之后我感到好重，但还是故作轻松地给了父亲一个自信的微笑，与此同时我也感到了自己身上的责任与义务，仿佛后面带的不是父亲而是整个世界，它逼着我不能懈怠，只能前进，哪怕每一步走得再艰辛、走得再痛苦。

就这样我们轮换着，他累了我带他，我累了他带我。

太阳终于收走了它最后的一丝光线，天色也渐渐暗下来，而我们离家还有二十多分钟的路程，这时父亲的手机响了，但父亲看也没看就关了。“为什么不接啊，爸爸?”我疑惑地问，父亲便扭头幸福地笑了笑说：“这是你妈把饭做好了，叫我们赶快回去呢!”这时周围静极了，静的令人窒息，仿佛整个世界都在回味、都在感动，空气中弥漫了幸福的香气和感动的泪水。

转过了弯，看见了从窗户中射出来的昏黑的光线，但很温馨，在这灯光下有一个翘望的身影，在守望她的幸福归来，在等着她的整个世界。

父亲、母亲是在“父母之命，媒妁之言”这古老规定下走到一起的，结婚前没见过几次面，更别说有什么了解了，但两个被强牵在一起的人共同走过了二十多年的风雨历程，相互扶持，相濡以沫，或许在他们身上并没有存在过爱情，但那份令人感动的亲情就已足够。

不知何时我对父亲的爱变得神圣，神圣得不可侵犯，寝室一位女孩告诉我她因父亲揭了她的明星画儿而跟父母大吵了一架，她还告诉我她非常喜欢那位歌手，尽管在知道他之前他早已死去。她脸上流露着沉浸于其中的幸福，当时我就不平地说：“父母在这十九年中给予了我们太多，他们是我们应该爱的人，而你不应该拿你的喜欢去伤害你的爱，更何况他已不会在你的生活中真实的存在，给你指明生活的方向。”她又为她的偶像开始了不成理论的反驳，只见她的口在不停地开，这时我心乱如麻，倚着冰冷的墙，泪水早已滑落脸庞打湿了衣角，我轻轻地闭上了眼，感到心在痛，看着繁花在和风中凋谢。

我只希望，擦亮我们早已模糊的双眼去发现生活中什么才是我们真正的幸福，不要为了那所谓的时尚，遗失了生命中的美好。

秦 华 (会计学 0175 班)

水晶和绣球

题记：世界上很多事情都不需要刻意去追求，冥冥之中老天已经给你安排得妥妥当当，你按部就班去做就是了。不然怎有“水到渠成”或“船到桥头自然直”之类的说法呢？也许，爱情也如此。

一球砸出个妹妹来

故事要从高二开学的第一天说起。那天，我骑着自行车听着梁咏琪的《新鲜》正赶着去上课。突然“飞来横祸”，一只篮球从天而降，不偏不倚地砸在我的头上，“哐当”一声我跌了个人仰马翻。“哇噻！谁这么拽，竟敢砸我？”刚想发作，迎面跑来一位身材高挑、长得还算蛮漂亮的女孩。她满脸歉意地说：“对不起，对不起，有没有伤着呢？”看着她那紧张兮兮的样子，我的怒气顿时无影无踪，很大度地摆摆手“没事啦，以后打球小心点。”她伸出手想拉我起来，我窘迫地回绝了。她捡回球跑开了，忽然又转过身对我轻轻地笑了笑，不知是笑我的狼狈，还是其他什么。不过，那个笑容美丽极了，它的余韵至今还回荡在我的心头。

一上课才惊奇地发现，那个用球砸我的她竟是我文理分班后的新同桌，我们不约而同地笑了。于是，互报大名后便开始攀谈，从NBA 到贝克汉姆，再到《空军一号》等等，并且发现很有共同语言，真是相见恨晚。在我的印象中，早上的课几乎一个字也没听进去，放学的铃声终于响了，我收拾课本准备回家。她一把扯住我的衣服，嗲声嗲气地对我说：“你做我的哥哥吧？”“啊？不会吧？”她马上噘起小嘴：“你不敢？好，那我就叫你姐姐喽。”她提高嗓门吼道：“各位同学请注意，秦华是我姐姐。”话刚落音便引得全班哄堂大笑，搞得我面红耳赤。我忙小声说：“我怕你啦！做你哥哥就是了。”“怎么，不情愿？那还是当姐姐吧？”“情愿，情愿。I服了You。”“这话是你说的。说出去的话泼出去的水，收不回的。”“嗯。”我应了一声。“今天本小姐委曲一下，就勉强让你送我回家吧！”“啊？不好吧？况且我不知道贵府在何处呀！”“就在你家前头一点点。”“噫！你怎么知道我家？”“嗦！”(很夸张的那种语调)她蛮有成就感地“狡黠”一笑。打那天起我就免费当了她两年的车夫，不过这也是件令人快乐的事，就是后话了。

让我欢喜让我忧

自从“捡”了这个刁蛮的妹妹后，我单调、枯燥的高中生活改变了许多。她聪明、坦率、可爱又善辩，但同时又任性不讲理，我实在想不出什么贴切的词语来形容她。对！她的性格就跟《射雕英雄传》里的黄蓉一个模子印出来一般。高兴时她把我这个哥哥捧得上了天，让我有点飘飘然；她心情不好时，我便是根草了，义不容辞地成了人家的出气筒，让我仿佛从快乐的天堂一下子跌进了痛苦的十八层地狱。可用她的话来说，这有助于提高我的心理承受能力。

正因为我把她当成了妹妹，所以处处让着她，而她却不知好歹得寸进尺。一次，她不知是有意还是无意地踩到了我的脚，我一看是老妹也就没说什么，她倒好，柳眉倒竖，叉着腰，理直气壮的样子，河东狮吼般嚷道：“你这人怎么走路的，长着对铜铃般的牛眼睛不看路，出气用的？”“是你踩到我呀！大小姐。”“是又能怎样？不服气，想单挑？”“不可理喻。”我吐了吐舌头，耸耸肩走开了。那一天我们一句话也没说。傍晚时分，她给我发来一条短信：“哥，别生气啦。我今天被老妈猛K了一顿，心里不好受。今晚‘麦当劳’见，我请客，算向你赔不是。你若不来的话，我就一直呆在那儿不回家了。”我能不给面子吗？

想当时，老爸几乎每天都给我灌输“万般皆下品，唯有读书高”的思想。每每载着她，我都像做贼一般胆战心惊的，生怕被家人逮住。

有一天，她很自然地来我们家找我问作业，我却如临大敌般大气不敢出一口。她倒大方，没说几句话就赢得了老妈的好感，“一查账户”发现我们两家的父母都是熟人。更甚的是我老爸，就吃了人家烧的几道菜便主动被 conquer(征服)了。饭后老爸还用下命令式的口吻对我说：“要好好照顾这个妹妹，别欺负她。”听完这话，我真想喊：“老爸明鉴！”她却在那挤眉弄眼地冲着我一脸坏笑，我爸要么有“恋女”情结，要么是吃人家的嘴短，这却害苦了我。

以后我的“悲惨”遭遇就可想而知了，鞍前马后的不用说，我几乎成了她的私人保镖兼全职保姆。更有难度的是，还要做到打不还手、骂不还口，并且要表现出很乐意、舒坦的样子。不然，她就编个谎言向我家告状，说我逃课去玩电脑游戏什么的，而偏偏家里人对她的话就深信不疑。

绣球代表我的心

光阴似箭，日月如梭，转眼间我那饱受“蹂躏”的高中生活就画上了句号，她上了当地的一所旅游学校，而我却到离家很远的北方的一所大学读书，对此她还耿耿于怀呢。就在我北上求学的前一个晚上，发生了一件很特别的事。

那天晚上她邀我去象山映月划船(也就是相传歌仙刘三姐与阿牛哥约会的地方，隶属漓江)，说有天大的秘密要告诉我，若我不去的话将会遗憾终生。这么严重，怎敢违约?

我提前半小时去，她却早已等在那儿了。寒暄了几句，我们便开始把船划向目的地，一路无语，她满脸惆怅，一副欲说还休的样子。过了好长一段时间，她自言自语地来了一句：“江南好，风景旧曾谙。日出江花红胜火，春来江水绿如蓝。能不忆江南？”为了哄她开心我把后半句改成：“江南忆，最忆是桂林。湘寺(坐落于桂林的北边，为华南第一古刹)月中寻桂子，林荫道上捡篮球。何日更重游？”听后她微微一笑又缄口不语。

那晚皓月当空，月光如水银般镀在水面上，晚风过处，粼粼微波闪闪发光；岸边象鼻山耸立如柱，水月洞里倒映出一轮清晰的圆月，与天上的明月交相辉映。又一阵晚风吹过，她那乌黑飘逸的柔发抚过我的面颊，一股奇特的清香钻入我的心脾。我忍不住沿着香气一直凝视着她。她斜倚在船边，一袭白裙，一对水汪汪清澈明亮的大眼睛，白皙的皮肤衬托出她那绯红的脸蛋儿，真是太美了，我看得陶醉了。

不知何时，我被狠狠地掐了一把。“傻(ha)胎(桂林方言，呆子的意思)想什么？”我忙惊醒过来，腼腆地答着：“没，没事。”她转而又低着头矜持地说(我是生平第一次听她用这种语气说)：“哥，我有样东西要送你，你先闭上眼睛。”当我睁开眼时，手上多了一个做工精美的绣球。“这绣球是我亲手做的，你一定要好好保管。”“哎，丫头。我也有东西送给你。”我从口袋里掏出一个晶莹剔透的正方体水晶石递了过去，她明显的有些激动和意外，没有去接，而是把那微微颤抖的小手放进了我的手心里。我们的手就这样紧紧地握在了一起，幸福就这样简单。

从此，在美丽的漓江河畔，新版本的《刘三姐与阿牛哥》的故事又拉开了帷幕。

耿　霄　(环工　0066 班)

沟　通

社会需要沟通，人人需要沟通。

社会在不停地发展，人的思想在不断地复杂化，出现了一些不良的社会现象：信任和理解，在同学朋友同事们之间悄悄地淡化或流失，人与人不是心贴心地生活，而是戴着“社会角色”的面具适应生活。

试想一下，人人满怀猜忌，满怀狐疑地走进人生，时时地持着怀疑的态度去学习、去工作、去生活，冷冰冰地对待别人，犹如行尸走肉，学习怎样会有进步，工作怎样会有效率，生活怎样会有热情？到处是猜忌的目光，到处是怀疑的语言，受此潜移默化的人们甚至去怀疑太阳是不是均匀地照在每个人的身上。果真如此，那么“猜忌与怀疑齐飞,冰冷共淡漠一色”的社会岂不成为人间的地狱？敢问一下，这样活着还有什么意思？

然而，我们活着的目的无非是为了温暖的生活，幸福的人生。因此，我们必须勇敢地摘掉面具，尽快地排除狐疑，毫不犹豫地拾起曾经淡化或流失的信任和理解。为此，我们必须沟通、沟通、再沟通。

把猜忌沟通成信任，把冷淡沟通成热情，把讽刺沟通成鼓励，把仇恨沟通成友谊……把一切不美好的沟通成一切最美好的。这种沟通需要我们用手去扶植，用嘴去融化，用心去感应，用爱去丰富，用努力去粘连。

记得我曾看到这样一句话“用微笑对待伤你的人”，至今仍牢记于心。当时，看到它我的心猛地为之一震，细细揣摩之后，豁然开朗，自有一种心旷神怡的感觉。在以后的日子里，微笑便挂在我的脸上了。

“用微笑对待伤你的人”，这其间该蕴涵多少的哲理呀！宽容大概是对它最直接、最明了、最简洁的诠释吧！对无伤大雅的宽容，那是为人处世一种不可多得的风度。所谓伤你的人，就是使你受到伤害，遭受到创伤的人。如果你对他横眉冷对，他便会在你的伤口上撒把盐，直至你疼得呱呱叫而后快乐；相反，对于他的错误，对于他的无知，我们对他宽容一笑，说不定能云开雾散、春风化雨，更说不定会前嫌尽释，遂成刎颈之交呢！

为鸡毛蒜皮的小事而斤斤计较，我们视之为不智；为踩脚撞肩的无意而大打出手，我们视之为不慧；为争风吃醋的无聊而拿刀弄枪，我们视之为蠢才。诸如此类行之有效且文明的做法是“付诸一笑”。想象一下，“一笑泯恩仇”，该是多么的礼让，多么的谦恭，又该是何等的宽容，何等的潇洒！做到这一点，关键在于你是否有勇气和魄力去沟通。

通过沟通，小而言之，能够化解生活中的矛盾，换取真诚，赢得绚丽的人生；大而言之，能够改变国际风云。毛泽东与蒋介石沟通了，促成了国共两党第三次合作，建立了抗日联盟统一战线；斯大林、罗斯福相互沟通创立了同盟国，加速了法西斯势力的瓦解。这两次伟大的沟通，哪次没有救民于水火呢？纵观历史，横看人生，该有多少次沟通值得我们去纪念，去珍惜啊！

朋友，大胆地去沟通一下吧！这样，你必将发现，生活其实很容易适应，完全没有必要戴着面具，否则，就会遮住温暖的阳光，那样你会冷的！

因此，我愿与你沟通，你愿意吗？

聂文娟　(热动　0350班)

走过天桥

第一次进入这个城市，带着几分惊奇和欣喜，看错落有致的建筑，看匆匆而过的行人，看川流不息的车流……又有几分陌生和不安，拉了拉父亲的衣角：“咱们怎么过去呢？”父亲笑笑：“有天桥呢！”“天桥！”我的眼睛一亮，想起七月七日那飞渡银河的天桥，在彩霞艳丽处铺呈；又想起连接天峰的藤索，在云雾缭绕处浮荡……天桥是什么样呢？

远远地就望见阳光下耀眼的金属，那个由钢铁和混凝土铸就的通道，凌驾在车水马龙之上。这个新建的天桥，便利着都市的行人。虽然它既没有鹊桥的瑰丽和传奇，又没有藤索的险峻和超然，但它实实在在地伫立着，透着几分简洁和平淡。

莫名地就喜欢上了走过天桥的感觉，无论多么匆忙，都忍不住在天桥上放慢脚步……风和日丽，走一个悠然，看那蓝天白云下，都市的繁杂和匆忙，汽车有条不紊地驶过，自行车悠悠然行过，而行人带着各种表情迎面走过。上班族的苍白无色，大学生的笑靥如花，小学生的率直可爱，流浪者的风尘仆仆……看他们面庞上岁月留下的痕迹，有种隔世的恬然。有时会碰到几个志同道合者，相视一笑，却并无言语，只静静地看各自的风景。小雨霏霏时，银线丝下，都市的湿润和美丽，万物都默默地走过，黑色车流被无数流动的花朵拥簇着。也撑一把天蓝小花，没入这片花海，偶尔捕捉到一串串清脆的笑语，随着雨珠轻轻荡着。小小的雨珠刚开始时只害羞地触一下你的手，后来竟调皮地钻进了你的脖颈，逗得我也忍俊不禁了……

总觉得天桥是个心灵的天堂。那里孕育着宁静和恬然，有水般的清静和蓝天般的坦然。有时会改写卞之琳的《断章》：“我站在桥上看风景，世界在桥下看我，我装饰着匆忙的世界，桥装饰着我的悠然。”

已经很久没有走出校门了，浸在奋斗的旋涡里，好长时间没有抬头了。当我猛然发现天空阴沉沉的，几分压抑让我想去天桥。顾不得天色将黑，匆匆地赶了出去。天桥变了，两幅巨大的广告让它华丽起来。这时的天桥像一个车厢，风被挡在外面，风景也是。我知道，我知道，都市的天桥本应该如此拥有它的商业价值。只是抚着钢铁的护拦，刺骨的寒冷透过指尖，直达心底。抬起头才发现下雪了。那些细琐的精灵在灯光下翻腾旋转，带着难以言喻的割舍，跳着一生一次的舞蹈，美丽至极。明天是立冬啊，这些碎玉是来宣告一个开端吧，心里便释然了，每份美丽都有它存在的地方，天桥的美在我心里啊！

未来仍然会走过天桥，仍然会走一份心的美丽。

走过天桥……

袁　华　(建筑学　0032 班)

爱与喜欢

从喜欢到爱的路并不遥远，但要走到终点却不是一件简单的事。

爱是海，博大深沉；而喜欢只是一条透明的小溪，唱着欢快的歌四处游荡。而你可以一眼望穿溪水，可以清楚地看见水底鹅卵石和碧绿的水草；但你却无法望穿大海，无法洞悉大海的内涵。

喜欢说："轻轻地我走了，正如我轻轻地来。"爱说："我从来没有想到过离别的滋味这样凄凉，这一刻忽然间我感觉好像一只迷途羔羊……在不知不觉中，泪已成行。"爱一旦到来，便会时时刻刻陪伴着你；而喜欢却只是在百无聊赖时才来找你，你可以随时喜欢，也可以随时不喜欢，这并非是一件十分重要的事；而爱却往往要用青春和生命作代价。

喜欢可以使人变得富有情趣，而爱却能使人变得深沉。

喜欢可以变成爱，但并不是所有的喜欢都能变成爱。把爱当成喜欢是一种悲剧，把喜欢当成爱同样是悲剧。

郭　艳

心情故事

夜阑人静，天籁无声，卸下沉重的面具，拆去心灵的栅栏，真实地审视自己，在生命的深处，一种无能为力的痛楚，绝美的感觉，荡着那凋零的最后一瓣馨香油然而来。

月影显现，露重风轻，正视自己裸露的良知，走出世俗的樊篱，在灵魂的深处，一种说不清道不明的感觉。一如寂寞的我的心跳。不敢去触摸周围那若有若无的空气，任时间从我的指缝悄然流过，一种暖暖的液体淌过我的脸庞。

为什么一切会变成这样?为什么我会在这里而与医学擦肩而过?为什么别人总有说不完的笑话?而又为什么别人总那么优秀完美?为什么……不明白的事情太多太多，充斥着大脑，胀得脑袋痛痛的，干涸的眼眶为何流泪，梦碎了该怎么弥补。我无奈，学会用冷酷来掩饰。

改变意味着痛。不管你愿不愿意，你都得去竞争。一位老师如是说。我的心在那一刻颤动。

微风吹拂，在天地倾斜的尽头，千年不过一组慢镜头，注定要遭受挫折，忍住匕首抵住咽喉的痛苦，割断时间的卷轴，独剩下自己的决斗，还需要什么理由?别说成功是海市蜃楼，只是虚构，挫折才是最美的伤口。

于是我试着脱掉外套，开始学着融入。明白了只要你不拒绝小草的卑微，希望的田野就不会拒绝你放飞的梦想；只要你不拒绝雪山的巍峨，圣洁的雪莲就不会拒绝你内心的纯洁；只要你不拒绝一步一个脚印的平凡，诱人的光辉就不会拒绝你对他们的拥有；只要不拒绝迈进青春的大门，绚丽的美就不会拒绝你对她们的欣赏。

生命的辉煌，拒绝的不是平凡，而是平庸！用心灵冲洗如尘的虚荣，生命才会获得无限的轻松。

于是我装点行装，越过风沙，划破手掌，穿行在一个又一个洁白日子，朝途曦霞，暮染烟岚，在时光的脉络里注进拼搏的汗水，坚定着信念，去追寻那朵梦里花。因为生命已经打开，我要那种精彩！

郭 恒 (环工 0272 班)

故乡的小河

忆起故乡的小河，心中油然生起一片茫然。小河伴我长大，但由于相隔太久，我们之间已有了不可名状的距离。

在童年那片蓝色的记忆里，无论鲜花烂漫的春天，烈日炎炎的夏日，蓝天白云的秋季，还是白雪皑皑的冬天，故乡的小河，你那清冽甘甜的河水，都在我的心田流淌着，跳跃着，欢呼着……

这么多年来，你走过了多少人生空旷的山谷，流过了多少人生曲折的河床，经历了多少人间的世事沧桑……你变了，变得那样的深沉，那样的漠然，使我望而却步。

多少次，在梦中与你邂逅，坐在你的身旁。明净的月光照在你的脸上，你的光辉，你的月华，在轻洒着，奔泻着，时而溅起几朵晶莹的浪花，似星光在闪烁，流露出无穷的韵味。此时，你的清纯洗涤着我心中的浮躁，你的温情抚慰着我干涸的心田，你的歌声呼唤着我沉沉的睡梦。我完全走进一个异样的世界。

洗去岁月的沉积，有多少黯然的年轮叩响百年的睡梦，有多少苦涩的春秋，故乡的小河，当你穿越纷杂的尘世，悠然走进我的世界，我却悄然不知。既然，前缘已经错过，后会又遥遥无期，那么小河，就让我采一束鲜花在梦里，寄作永恒的思念吧！

郭春艳 (电气 0259 班)

小钠的非典型生活

小乌鸦，想你！想你想在骨头里……

小钠写下这些话，再看看信纸上那只可爱的乌鸦，露出了狡黠的笑容，她可以想象出小乌鸦气得想吃掉她的样子。她们这样通信快有一年了，两个从小一起长大的朋友以前还傻傻地约定谁也不结婚，两个人永远在一起，甚至把房子都设计出来还画了图纸，谁干什么都分好了。谁知，乌鸦那个家伙竟公然撕毁条约，找了男朋友，还劝小钠，为了公平起见，也找个“拍拖”，小钠不需要什么“拍拖”，要是为了维持天平平衡，而硬加砝码，对砝码公平吗？

“你这个家伙，撕毁条约在前，拉我下水在后，该当何罪？”小钠虽然这么写，但她心里再清楚不过了，她多希望小乌鸦能有个好归宿，能过得快乐，两个朋友向来这样，一起哭过，一起笑过，也曾怀疑友情过。现在天各一方了，彼此的挂念，使她这样没心没肺的家伙也难以忍受。

“最后‘非典’横行，你可别被它撞到啊，你有个三长两短不要紧，害得我伤心，我可饶不了你。对了，有时间替我去看看我家人，毕竟你离得近，告诉他们我一切都好……”

提起家，小钠的脑海中浮现一幅幅画面，踏上开往郑州的火车前，朋友们劝小钠可不要哭，小钠想莫名其妙地哭什么啊？又不是去就义。谁知火车缓缓启动时，望着车窗外远去的妈妈的身影，火车中响起《再回首》，泪水决堤了。到了学校一切都还不错，也就很少想家，也就偶尔心烦时对着电话那边的妈妈一顿诉苦，挂了电话后跟没事儿人似的。谁知妈妈却担心几天，不停地打电话过来。现在的小钠想想自己真的太自私了，把家当什么了？她仿佛有点长大了，每次只是报喜不报忧。人就是这样，没有爱自己的人，不愿诉苦，有了爱自己的人呢，又怕对方担心，还是不能诉苦。是啊，人就是应该学会承受一切，学会自己长大。

“……你说让我 Good good study，Day day up，我会的，只可惜我们学校自习教室有点短缺，昨天好不容易逮了个空座，学了没多久，听得周围窃窃私语，抬头一看才知道是情话绵绵，至少有三对情侣，我实在不好意思，只好三十六计走为上，大力发展革命事业。你放心好了，朋友我会给你争气的。”

写着写着，小钠忽然大义凛然起来。上大学之前，家长和老师总是说到大学就解放了，可以好好玩了，想以此为诱饵，“诱导”她杀进大学。玩了一学期后才发现各科纷纷告急，尤其物理，学兄学姐曾打趣说，学习物理分四部走“物理—无理—雾里—勿理”。小钠真的不想最终发展为第四步，现在真的要发愤学习了。

“……好了，江郎才已尽，就此止笔了。

祝：引吭高歌！

小　钠

年　月　日”

写下自己的名字才发现，这个名字已用了五六年了，就是因为她哪儿有事到哪儿，像钠一样活泼，朋友送的，自己心里虽然不承认，却也一直这么用着。“小乌鸦”是小钠取的，就是因为小乌鸦嗓门高，爱唱歌。往昔的幸福一下子浮了出来，小钠再一次笑了，折好信纸，塞进信封，写好地址，跑到楼下去邮信。

春天午后的阳光很好，“不错，不错，味道好极了”，小钠用京大鼓的韵自言自语。的确，阳光是有味道的，快乐像柳絮一样游离于春风中，操场上几个男孩在打篮球，那么充满朝气。小钠深深地吸了口清新的空气，“我的大学生活，味道好极了”。

顽　石

二　狗

二狗，无业游民，光棍一条。爹娘死得早，由哥哥抚养长大。

二狗本不叫二狗，原名毛家旺，就是家业兴旺，光宗耀祖的寄托。“爹让他光宗耀祖，狗屁。”这是本村人的话。二狗整天不务正业，游手好闲，专干一些损人利已的事，点个柴草垛，毁棵树苗，诸如此类之事，都是他的拿手好戏，干得神不知鬼不觉。不过大家心里清楚，准是那个赖得没救的二狗干的，瞧他那副德性就不是个好鸟。他整天满不在乎地嘻嘻哈哈，屁股后面跟着一条光得发亮的大狸狗，不离其踪。见到村里的娃子就扯大嘴巴，睁大眼睛装鬼，吓得他们“哇哇”大叫，因此娃子们远远地望见他，就躲得远远的，看他走了，就在心里骂他。小孩说狗是他的哥们儿，叫他“癞皮狗”，大人却没有那么大的度量，喊他“二狗”，往往嘴里带一丝不易察觉的浅笑，嘟嘟囔囔地说，狗都比他强。

二狗就二狗吧，谁让他连做狗都不如呢？照样小曲不离口，噼里啪啦，撵鸡打狗，弄得鸡犬不宁，走起路来摇头摆尾的，俨然一副“浪人风范”。

“二狗，你就不会做点人事，像你哥那样，安安生生地过日子？”隔壁的王大娘还能对他说几句。听说二狗小时候娘缺奶，那年月，二狗的命就是靠吃王大娘的奶捡的。换了旁人，就是他哥，二狗也跟他急，还说谁惹他就让谁吃枪子儿。反正是破罐子破摔，我是二流子我怕谁？

“狗日的二狗。”

每天睡到日上三竿，二狗吃完哥嫂留给他的饭，用手抹抹嘴，张着嘴伸个懒腰，拍拍屁股，走人，蹲在墙角的黑狗也一溜烟地跟上他走了。

“二狗，干啥去呀？”“撵野鸡打兔子。”一副扯眉露牙的孬样。

街坊邻居自然也不拿他当回事，只要见他那个熊样，就指着他的脊梁没头没尾地议论。“吊儿郎当，将来他连老婆也娶不上。”这还算好话，不好的，就多了，比如，“你看他那熊样，拎着个兔子枪像拎一根哭丧棒。”

二狗出事那天，全村的老少都出来看热闹。二狗他哥牵着他家那头黄牛，牛背上搭着二狗，耷拉着个脑袋，蔫儿吧叽地晃来晃去，像根没根的葱。这里的老百姓都说，人淹死了，搭在牛背上，能活过来。

“淹死他个鳖孙，没出息的东西。”村里的长者有气没气地说着。

“八成活不了，作恶太多，阎王爷折了他的寿辰。”

“二狗的水性恁好，咋会淹死呢？”

“不知道，听说为了救从咱们村头过独木桥的姑娘。抄什么近道，看，出事了不是？”

“唉，女人是祸水。”

“埋了算了，肯定是活不了。埋得远远的，做个孤魂野鬼让他转不了世，托不了生。”

“多亏了那条狗，要不，死都不知死到哪里去。”

村里人谁也不会想到二狗竟在傍晚奇迹般地活了过来。

“命贱，阎王爷不要。”二狗哥却搂着二狗大哭，说不争气的二狗，你给咱爹娘争口气就不行吗？

二狗活了。还差点找了个漂亮得连打个灯笼也找不着的媳妇，就是那天他救的姑娘。姑娘的家人死活不同意，说什么好狗忘不了吃屎，你想改造他，没门。

再后来，听说有人在什么表彰大会上见到了戴着红花的二狗，还说喝醉的二狗嚷着要去寻当初他救的姑娘，就有人给他开玩笑，二狗，你小子还贼心不死呀，姑娘的孩子都该上学了，大伙就哈哈地笑。二狗他憋得脸红脖子粗，半天才吐出一句，“她是俺恩人。”大伙就纳闷了，她怎么成了他恩人了。二狗说：“你想呀，要不是她那时候要嫁给我，我还以为我真的没救了。”

二狗浪子回头的故事就结束了，不过还是有人问，“真的吗？”

“真的。”回答的人一脸认真。

高　峰

武汉龟蛇山

肯定有人狠心，所以才会有人痴心。

守望不是无望，期待却是无期。风霜万年，天涯咫尺。一水芦花在一夜之间愁白了头。谁说地老了，谁说天荒了，谁说伸出手臂也是无法企及的愿望。

只有目光还在作最后的坚持，相看两不厌。

就这样下去吧，化隔水的两座山。倘若相连，还有谁会再次感动。

而哪一座是最初的诺言，哪一座是最后的衷情？

高淑芬 (计算机 9932班)

还记得那个冬天吗

——致远方的好友

缘分使你我奇妙地相遇，相识并相知，然而社会的分工却将你抛向天南，把我丢在了地北。于是，南来北往的邮车便多了几分思念，多了几分忧愁。

还记得那个冬天，那个满地是雪的冬天吗？初迈进高中的我无论如何也不能接受一切将从零开始的现实，带着满心的苦，我找到了你，你什么也没说，只是默默地弯下腰，认真地在雪地上画了一个圆，而后郑重地对我说："看到我怎么画圆了吗？从起点又回到了起点，只有这样才能画成圆。但这并不单纯地意味着一切又要从头开始，因为你在那个起点之后的奋斗，使你留下了足迹，只不过此时你要结束那个过程，选择更新更高的起点，继续创造另一个奇迹。"那一刻，我觉得你真的很伟大，很伟大。

而今，又是一年的冬天，又是一个新环境的适应期。此时此刻，我又一次在惶恐中完全没有了昔日的成就感和优越感。有的只是平庸的一切，在多才多艺的衬托下带给我的无助。是，我又开始一个人悄悄地来，默默地去，静静地看，苦苦地想，于无声无息中回忆过去寻觅未来。可不同的是，今天我已不是在沉默中慢慢地消沉，而是在沉默中一点一滴地积累，积聚能量，挥巨笔，蘸心血，去描绘从又一个起点出发的轨迹。

此时此地，已不再有你，已不再有雪地，也不再有雪地的圆，但我依然坚强，依然勇往直前，因为不知从何时起那个冬天，那片雪地，还有那个雪地上的圆，已深深地烙在了我的心底。

朋友，远在他乡的你还记得那个冬天吗？还记得那个无助的我吗？

人情有价

沿袭旧习，人们依旧用“人情味”去评价一个人，很自然的，“人情”轻而易举地又在人才竞争的今天占了上风。

公平竞争的升学制度，择优录取的工作体系，能者上劣者下的竞争机制，无一逃脱“人情”这个圈。于是，随时随地，只要钱到权到面子到，人情便随之而来。

一位年轻的研究生初到一家医院工作，短短数月，能力之强，工作之出色令众人佩服，甚至眼红。然而一年后的下岗分流中，她却被同仁“联名上书”，弄得被迫下岗。究其原因，一则工资提成制度实施，同科室的人害怕丢了饭碗；二则科长的朋友正以重金为女儿找合适的医院安排工作。于是，同仁们一致为“敌”的人情便以间接的方式，送给了科长的朋友，研究生下岗了，这件事也随之结束。但是“人情”活跃的今天，该有多少诸如此类的事情发生，又有多少悲剧正在上演呢？

但是反过来，生活中我们也确实需要人情，既然金子放在哪儿都会发光，社会需要的又是真才实学，病人需要的是医术高明的人，相信与这位研究生有共同遭遇的人也一定会在社会中找到自己的位置。那么，又何必痛斥人情呢？事实是此情非彼情。我们需要的是危难中设身处地的真情，日常生活中无微不至的亲情。这种真正的人情，是我们用金钱无法衡量，用数字无法估量的，具有举足轻重作用的它，才是现实生活中无法缺少的，也是不能缺少的。

然而，利诱滚滚当中，人们却亵渎了这份可贵的人情，给它染上了一层灰色。你看，因为送人情，我们无形中制造了悲剧，埋没了人才；因为送人情，我们铜墙铁壁般的严格中，出现了漏网之鱼；因为送人情，我们轻易地让受贿人穿上了保护衣；因为送人情，我们加速了社会污垢的堆积。这样的人情，要我们人类，要我们社会，为此付出多大的代价？警钟已经敲响，不要让所谓的人情去玷污我们的真情和亲情，也不要让“一人得道，鸡犬升天”的时代再现。

朋友，面对人情，我们要慎且再慎，切记：人情有价！

崔秀伟　(土木　0106 班)

品味孤独

孤独是宇宙中的太阳和月亮，无论世界如何喧闹，永远沿着自己的轨迹走自己的路。

张爱玲说过：“孤独是这样一杯茶，猛喝一口，很苦，很多人吧哒吧哒嘴，苦着脸皱着眉匆匆走开；只有少数人停下，慢慢地饮，饮着饮着，就在这苦涩中品出许多味道来。”孤独是一只近在咫尺的洋葱，散发着独特而又辛辣的味道，剥开它紧密粘连的鳞片时，我们会泪流满面。我们都认识孤独，每一个人，在一生的某个时刻，都曾和孤独狭路相逢。从游子的枯藤老树昏鸦到弱女子的耿耿秋灯凄凉，孤独如同一只老狗，忠实而疲倦地追着主人的脚后跟，挥之不去。

有的人害怕孤独，有的人厌恶孤独。然而，许多人并未真正认识孤独。孤独当然是折磨人的，但孤独也是人生中不可缺的饮品，尝一口便逃的是庸人，偶尔品尝的是常人，饮尽孤独的是巨人——唯其饮尽孤独，他的眼睛才更敏锐，他的头脑才更清醒，他的手臂才更有力。

人类的心灵总有一种根深蒂固的孤独，每个人在世上都是孤独的，他只能靠一些符号同别人交流思想，而这些符号的意义也是模糊的、不确定的，这给人类之间的沟通带来了局限。

谁都有过闭门思过、孤灯而坐的经历。孤独往往促使青年冷静与自己对话，有助于涵养一个人的沉思气质。古人言："居不幽者忍不广，形不愁者思不远。"青年期的孤独状态，实质上是自我意识觉醒后感觉到人生寂寞，借此寂静反思的时机，以更深刻，更为理智地观察生活。

"古来圣贤皆寂寞"。孤独有利于调动潜能，张其胆识，磨其耐性，发挥其独立思考并处理问题的能力。所以，思想家尼采说："我的兄弟，怀着你的爱和你的创造到你的孤独里去。"

孤独是一种处境，是一种感受，也是一种考验。只要孤独不使自己走向沉没，那么带着孤独感受人生的风风雨雨，自会别有一番滋味。

所以，走在人生前列的人，无论是过去、现在还是将来，必将孤独。

何人心痛

肥水东流无心期，当初不合种相思。梦中丹青未必见，暗里忽鸣啼，春来绿，鬓先衰，人间别久不成悲，谁教岁岁红莲夜，两处沉吟各自知。

八百多年前一个热闹而又寂寞的元宵节傍晚，一个贫困潦倒，颠沛流离的词人——姜夔，在梦中来到自己和恋人分手的地方，向着叹息的肥水独自忧忧地寻找那忧伤的爱情。是什么原因使得词人和自己相爱的人忍痛分离，我不得而知。我多想在他的身旁有一群“相识应不识”的稚角儿童和一支忧伤歌谣陪他——那是几十年前一位少女拴在柳枝上的离辞，上面有许多的血汗。我不知道和词人相伴相随一生的人是怎样的女人，或许是一位美丽温柔又善良的佳人，但我敢断定，词人一刻也没有忘怀那个曾叫他魂牵梦绕的肥水和那位肥水岸边的情人；我也不知道和那肥水岸边佳人相伴一世的人是不是多情又珍视她，但我同样可以断定，那位我们永远无法谋面的人儿一刻也没有忘怀过曾叫她断肠又高傲的词人。越过八百年的时光隧道，我的耳边依然回荡着词人那漫天的刻骨铭心的伤痛和大度理智的无奈——这才是真正的爱怜和思念。如果我们愿意，他们就在你我身边，我现在就已经感觉到他们那沉重的呼吸和无怨无悔的眼神，那被风摇曳的长发拂得你我心尖颤抖得酸痛。那拥抱的身影掩遮了一世的思念，天边绵绵的晚霞环绕着期待的希冀。让我们祈祷有天堂吧，那是前生不能生死相依的人儿，梦中婚礼的殿堂。

“两处沉吟各自知”，它远比“人面不知何处去，桃花依旧笑春风”和“同来远月人何在，风景依稀似去年”大气，远比“执手相看泪眼”和“二十四桥仍在，波心荡，冷月无声”潇洒而理智，更比“不知怜取眼前人”和“天涯何处无芳草”多情而执著。八百年后的这个夜晚，我坐在一个叫做计算机的旁边，敲击键盘，将我脑中的思绪语言通过一个叫集成电路的转换成一个个无生命的文字；又有一个叫做多媒体的家伙放着羽泉的《冷酷到底》：我宁愿你冷酷到底，让我死心塌地忘记；我宁愿你绝情到底，让我彻底放弃。我宁愿你冷酷到底，请别再说我爱你，你走的那场夜雨淋湿我的伤心，抹不去你留下虚伪的唇印，回想你欺骗的话语，你既然已决定离去，为何还留下残情，让我以为你是迫不得已，让我不能彻底忘记……现代人早已忘记；早已远离朦胧的思念，除了歇斯底里的哭号和如同陌路人的嘲讽，似乎再也找不到海风吹过来的丝丝凉意，再也找不到“忆君泪落东流水，岁岁花开知为谁”和“无情不似多情苦，一寸还成千万缕”的痴痴之情，相悦是诚，相伴才是缘。春天每一棵春草的嫩芽都会绽放情丝，而当冬天来临的时候，往往哭泣的是衰草，只有那多愁而善感的词人会在习习的晚风中低吟浅唱。

我们居住的星球已经存在了几十亿年，与此相比，我们和词人就像隔壁的邻居，而说起对爱情的守望，我们却退化得毫无知觉、麻木不仁以至于冷酷无情。有时，我很想和词人一起站在那月光下的肥水岸边，一同分享他的哀伤、忧愁和思念。也许，那忧伤的词人就站在我的身边，和着你我的思念和郁闷蘸着回忆，一同唱着那首千年飘逸的恋歌。你不必叹息缘分和情分的擦肩而过，也不必后悔把青春沉浸于无边的忧伤。因为，只要你在回忆，只要你在想起，只要你在为此而忧伤，你就不虚此行。命运的无常会使我们处于一种悲伤和无助之中，而命运中最不可捉摸的东西——缘分和情分(爱情)不会总与我们同在。当一天的繁华散去，当虚伪的面孔揭去，当灯火阑珊被抛在身后，孤独的词人一个人走在梦中的子夜的街上，看自己的孑孑身影被元宵之夜凄凉的月光无情地拉长，攀援着自己的身影去寻找梦中的触角。你呢，今夜又在何方？可还是当年的模样？你或许正忙于生计，应付岁月中的无休止的琐碎——灯红酒绿，强颜欢笑早已不再。

越过八百年的时空，我来到这无人的街道寻找，你却不见。你是否感到一丝心痛的感觉，带着一身的情债负担，忘掉八百年驿站的长亭则更是一种空白的痛苦，我宁愿和词人一起享受这心痛的酸楚和幸福。

面对理智、执著和坚贞的词人，现代的你我又何言以对？

读书与人生

巴金这样说，在我还是一个孩子的时候，我就从文学作品中汲取了大量的养料。文学作品用具体的形象打动了我的心，把我的思想引到了较高的境界。艺术的魅力使我的精神振奋，作家们的爱情使我受到感染。一篇连一篇，一本接一本，纯真的感情，高尚的情操，激发了我的爱和我的情操。不知不觉中我逐渐改变了我对人对事的看法。优秀的作品给了我生活的勇气，使我看到了理想的光辉。前辈作家把热爱生活的火种传给我，我也把火传给别人。我更加热爱生活，热爱光明。

从巴金的话语中我们应该明白，提高自己的文学素养，必须多读文学作品，作品中的人物、思想品格都潜移默化地影响一个人的气质，陶冶人的情操和修养。同时，作家是用感情用火去写作的，他们对世界对人生的洞悉是那么的深刻。

作为当代大学生，一定要掌握中国的文字，提高自己的语感能力和写作能力。其捷径之一就是巴金指出的——多读书。

书，是四季常青的智慧之书，读它就是为了少交掌握命运的昂贵“学费”，读好它，便为自己植下一片生命的寄托，一片炎夏的绿荫，一抹夜行的曙光，一个人生的憧憬……

感人至深的抒情散文，是感情酿造的醇醪。它那流云般的感情波涛，它那沁人心脾的芳香，纵横捭阖，纵情挥洒，使情感之水，顺着事物之风，浩浩荡荡涌进生活的海洋。

巍巍五千年，漫漫长河奔流不息；浩浩数千载，悠悠文明生生不灭。先秦诸家论著，如四书五经，《墨子》、《老子》、《庄子》、《离骚》等，可谓民族文化之源。汉唐以后诸家，莫不从中汲取营养，成其气候。北大一位教授说：“一边读书，一边思考，让自己的大脑活跃起来……”

朋友，当你面对生活，痛苦无奈时，请你读一读那些闪烁着人生哲理的篇章，她会使你鼓起“大风起兮云飞扬”的雄心；当你面对考试，特别是决定人生命运的考试时，请你读一读那些浓缩着生命况味的佳作，她会给你插上天马行空的翅膀；当你彷徨、寂寞、孤独、偷闲时，请你读一读那些充溢着作者血与火的杰作，她会马上给你注进激荡着青春的热血。

用读书把空虚填满，你就比别人站得高，看得开，走得远，比别人更能承受苦难，经历伤痛，比别人成功的把握更大，比别人的奠基石夯砌得更坚固，更深厚，更阔大，比别人幸福百倍，快乐无限，活出一种独特的绚丽和精彩！

曹瑞丽

审 视

审视自己，就像浩瀚的大漠审视变幻的苍穹，就像残败的古堡审视沉重的背影，就像垂暮的老者审视多舛的命运，就像壮美的江山审视变迁的历史。

没有审视，就难有发现，在痛苦中审视，你会发现孤独的自己；在闲适中审视，你会发现空虚的自己；在奋进中审视，你会发现无知的自己；在安逸中审视，你会发现沦落的自己。

审视自己，就要全方位展开，做一次灵魂上的检阅，然后痛快淋漓地向浅薄的自我、虚伪的自我乃至卑劣的自我告别，审视的过程是人性中的痼疾，而审视的结果，则是要割去这些灵魂上的肿瘤。

审视是一种积极的自我超越，正如每天照镜子一样，没有审视地活着，实际上是对自我极不负责任的纵容。

在低沉的时候，不要用太过悲伤的眼光审视自己，这样容易使自己流于自卑；在昂扬的时候，也不要用太过乐观的眼光审视自己，这样容易使自己走向骄狂。审视自己，要有合适的尺度；否则，就会走向极端，要么是处于目空一切的狂态，要么是陷入消极无能的冰点。

审视，合理的眼光应该是挑剔的，甚至是怀疑的，因为只有在这种接近否定的氛围里，事物才会是发展的前进的，但这种挑剔不应是严酷的，更不应是残忍的。不然，即使审视了，其结果也只会是一种打击，一种伤害，这样做，无疑与审视的初衷严重背离。

“横看成岭侧成峰，远近高低各不同”，由于审视的角度和方式的改变，就会以不同侧面展示给你，因此你没有理由因清贫而责备世道沧桑，也没有理由在受到生活的重创后，埋怨命运的多舛，到头来能够拯救你的唯有你自己。

学会了审视自己，也就懂得了审视周围，于是，作为个体的自我不至于盲目地崇拜他人，盲目地追赶潮流，盲目地迷恋世俗，盲目地改变现状。审视是人生的方向盘，它使你把握自己，始终清醒地站在世事的浪尖上，不被生活的暗流淹没。

审视天地岁月，可收获一点哲思；审视世事生活，可增添一份睿智；审视文化历史，可厚实一些底蕴。

不想昏庸地活着，就审视一切。

梁彦梅

成 长

夜在氤氲的水雾里格外清晰。洁白的小径，阑珊的人影，弥散的酝酿的清香，清风流淌。这样一个众人散去的下完雨的暑日的夜晚，自有说不尽的好处。

敞开门，打开窗户，拧亮台灯，橘黄色的光晕在顷刻间弥散在小屋的每一个角落。许多年以前，不就一直渴望着，渴望着，有这么一天，有一方书桌，一盏台灯，一杯氤氲缭绕的清茶，一个容我静静思想的空间。想到那个小小的愿望在不觉察间已经实现了，一丝淡淡的喜悦，爬上了我的心头。往事如潮。

一年前，中秋时节。新生报到的日子。送走父亲，走在平坦开阔的北环道上。我的天空无比晴朗。从此，我可以一个人自由自在地生活了。

可是我是怎样走进这看不清自己面容的迷雾，我又是怎样长成这样忧郁的少年，在短短的一个星期，一个月，或是更久。面对迎着头的打击，心里充满了苦涩的味道。总是觉得眼前晃动着嘲笑的眼睛，总是被一种无望的情绪笼罩着，也总是做着一件一件的蠢事，总是在给家里写信的时候无言以对，日子炼狱般地艰难。

当我的生命处于悲哀之中，苦难逼着我重新审视自己。我看见了自己的懦弱、自己的虚荣和自己的愚昧，也看到了自己潜质里无与伦比的金子。在这场触及灵魂的反思中，我的心坚强起来了。

那些已随风远去的苦闷悲哀，我现在想起，又算得了什么。这些都是我为成长付出的代价。我已经赢回了自尊与自信，炼就了坚忍不拔的性格，我想，这才是最重要的。

蛹是丑陋的，为了夏季化为翩翩蝴蝶，它宁愿受蜕皮之苦。那么我呢，我愿为成长付出艰辛的代价，我愿担负起成长的责任。

夜深了，我酣然入梦，梦里有骨头抽节的声音。醒来，青草蓬勃，门外又一个鸟声如洗的黎明。

黄　鑫 (水工　0013 班)

秋的沉思

一

绿色的生命在缓坡上行走着，极脆弱的生命力无畏的表现，令我惊疑不止，黄昏落日的余辉也很难将其掩盖，极尽渲染潜藏于内在生命的绿，可战栗中的悸动，终在一夜间残酷创伤中长大，把生命化成归根的故魂。

二

秋之落叶在恋恋飘坠、腐烂为泥土的漫长岁月里，不止一次冀想那渐落的帷幕再次升起，在生命沉沔的底谷找到生还的通路，用真实的绿坚强地傲视悲凉的秋。

三

秋总是将成熟的宣言摆放在扉页。因为原野上殷实的收获在搁浅入篮，不再显露荒凉中的举动，陶醉在幻想展现了秋天的画面，不再重映万古的焦愁，而在此之后，成熟的万物也便开始了沉静的冷漠。

彭　艳 (会计学　0075 班)

岁月穿行

光明之海把我推向黑夜之洋，黑夜之洋又把我涌上光明之岸，东方渐泛起新世纪的曙光，仰望高山流云，不由思绪翩翩。

宇宙无限，思想同样无限。虽然时间能把人的躯体埋没，但优秀的思想和智慧，却能穿越时空。

潮落潮涨，雨雪风霜，江河总不断流淌，万物总不断吟唱。所以时光之琴企望时代的琴手们在它分秒的琴键上演奏，不管你那曲调舒缓还是激昂，优美还是悲壮。因为时空的舞台上没有观众，人人都是琴手。

路还是昨天的路，但里程碑已是新的；歌还是昨天的歌，但今天唱出韵味更足；太阳还是昨天的太阳，但它放射出全新的光芒。每天都是一种全新的延续，如孩子虽然不是你，但他是生命的延续一样。

在众多人走过之后，道路上还复空寂，但道路自身更坚定了，这道路便犹如躺在地上的先父们；在历史走过之后，时间隧道于冥冥之中留存着历代的印痕与洪钟，要不我们怎么会时常听见那激越的惊雷闪电。今天用轰轰烈烈铸下历史，历史用沉毅祈祷未来。我们已经迈人新世纪，我们就是今天。

很多东西在追求之前是个梦，在追求过程中是首诗，在追求达到后则成了论文，唯追求过程是最美的浪漫时节。只要在追求，收获总会有；只要在奔走，路就不会荒芜；只要在爱着，心中永远充满温馨。你爱大自然时，你也就爱了自己，爱了生命，因为你是自然中的一叶。今天是张弓，你就是矢，抓紧便是把弓引满，你就直奔明天的靶牌。当你得到美梦的那刻，便是你失去现实之时，而当梦想成真时，你也许刚摸到生活的边缘。

宇宙虽然无限，但对生命却有局限与约束。所有久束都显得抽象无力，除非有了自己；所有的自己不过瞬息，除非有了时间；所有的时间也都是空虚，除非有了珍惜和创造；所有的创造也并非都是益，除非有了共享。因此，除了那付出的一秒是真实，岁月还能是什么？悠闲时，岁月载着你；娱乐时，你与岁月同行；学习工作时，你就载着岁月；仁爱时，你便与岁月合二为一，你也是岁月。

昨天的一粒种子和一滴汗水，是今天的一朵花和一个硕果，明天的你，也许是未来彩虹中的一抹色素。展现你自己吧，如果夜空中的繁星们都羞于自己的微光，那夜里有谁伸手能见五指呢？

当我登上高山，在山上自鸣得意并高歌时，不想一张口歌声就随风消散，还不如在山下时的回音多，这便是我下山的缘由；当我登上高山之巅，在峰顶俯视山下芸芸众生时，一只鹰在高空俯视我，让我明了在天空中俯视一切又如何，这便是我下山的缘由。在峰顶是引人注目的，然而顶峰的东西并不比山谷里多。当阳光照亮我时，也给了我一道阴影，也正是这阴影使我更立体。

风在宁静时是无言的，当它跑动时就有歌了；水在静止时是无声的，当它奔流时就有歌了；山是沉默的，当有攀缘者时，那拓荒的脚步与回声便是希望之歌了，那是永恒之歌。

我每日奔驰在时间的轨迹上，风总在我身边细语，雨总在我耳畔低吟，而阳光什么也没说，却使世界五彩斑斓。我奔驰，道路对于车来说是一种约束，但正是这种约束，使车得以到达目的地。道德与法律对于生活亦犹如道路对于车，正是这样，我们的生活才日臻完美。

彭廷光 (土木 07030 班)

感 动

——献给哺育我的上一辈

洪水又一次淹没了“豆渣院”！这个易闹洪的地方，每年都有一两次洪水“光临”，因此别称“豆渣院”。

一大村子人回到退洪的家园，禁不住都唉声叹气，有的甚至哭了起来。然而，桂花没有过多时间哀愁，她一如往常清理屋子里洪水的“足迹”。幺儿子毛头才满5岁，也似乎感觉到了大人们的哀伤，紧紧跟着桂花，为她打下手。

20世纪60年代初，在农村饿死人不是什么稀罕事，而像今年这样，谷子收了不到三成，已经明示了今年是个饥荒年。

生活使得毛头十分懂事，这小家伙从不挑食。农忙时，跟着桂花在田里拾穗或者给大人们送茶送饭；农闲时，打着小赤脚，跟着他爹爹三奎一起去河里打鱼。他喜欢鱼，但吃不上鱼，鱼都是他家的“油盐酱醋”。因此，他从不给桂花、三奎作难。鱼只要看看、摸摸就够了，他常这样想。他喜欢背着那个大竹鱼篓，一摇一晃地跟随三奎，当三奎撒下一网，他便瞪大眼睛看着网里的动静。当他嚷嚷“有大鱼耶，有大鱼耶”，那么网里必定有大鱼；而他不出声，那便说明这一网可能是空网，或者只有几条小鱼。三奎惊讶于他的幺儿子竟有这本事，因此每次打鱼都会带着他。

毛头的懂事，使得桂花在苦难的日子里得到一丝慰藉，也使得桂花离不开她可爱的毛头。在她干活累得不行时，毛头用小手为她揩揩汗，她便似乎又有了劲儿!桂花是个普通的农村妇女，然而平凡中处处显露出她的坚毅与执著。她没有过多的要求，她只要家人们好好活着，为此，她甘愿如牛马一般劳作。

饥荒在年关开始了。尽管桂花和三奎在地里出尽了力，可终于还是没能……

天未亮，桂花便带着毛头去“外婆”家，一路上，毛头幸福极了，他知道外婆一定会给他好吃的东西。而桂花却是另一番心境，这次可能就是永别了。

当他们到“外婆”家，桂花哄着让毛头认这两个陌生人为“妈、爹爹”时，毛头这才明白了事实的真相。毛头哭着抱住桂花的腿，像躲避坏人似的躲着他的新妈、新爹爹。可是，桂花还是走了，她留下了毛头，带走了毛头的新妈送的一袋米。毛头哭成了泪人，当彻响的哭嚎变成轻声的抽噎时，天已经黑了。

毛头的离去，虽然暂缓了家里的灾情，然而，这并没有给家人带来一丝欢乐。最为失落的，还是桂花了：晚上睡觉再没有这个小东西在被子里乱动了，再不用半夜起床叫毛头撒尿了，再不用帮这小东西穿鞋、洗脸了……桂花感到整个世界都变了，变得那么陌生。

几天就如几个世纪，桂花无时无刻不在牵挂着毛头。屋子里处处飘散着毛头的身影，桂花不得不用繁重的农活来抑制内心的思念，然而再也没有那双小手为她擦汗了，桂花不由得哭了。冬日的小河已经干涸，光秃秃的树枝上，只停留着几只灰色的麻雀，不知几时，那灰暗的天空竟落下了几片雪花。

桂花终于踏上了寻子的路，她带上了那半袋米。桂花不知道此次能否寻回她那日夜挂念的孩子，因为孩子都是健忘的。

出乎她意料的是，她的毛头竟像知道她要来似的，已经跑着过来了，母子俩喜极而泣。好心的两口子同意归还毛头，因为他们知道毛头是留不住的：他至今未跟他们讲一句话，而且每天都在门口张望。临别时，毛头对他们说：“欠你们的米，我将来一定还给你们。”两口子都笑了，直夸：“这孩子还真懂事!”然而内心里却备感辛酸，他们都在想着：我们要是有这样一个懂事的伢儿，多好啊!

不久后，在这贫瘠的大地上，时常可以看见一对乞讨的母子。小乞丐尽管经常冻得瑟瑟的，且时常不饱肚，可依旧挂着满足的微笑。

温 博 (经济学 0072班)

不敢怠慢

自知良辰的短暂，如长夜一现的昙花，如转瞬即逝的灵感，如千年一遇的萍聚，所以不敢怠慢。尽善尽美地抓住每一分每一秒，为机遇完成一份完美的答卷。

自知成功的吝啬，美好往往是一刹，失去常常是一生，所以不敢怠慢。仔仔细细审视每一段路程，深恐错过了便再也寻不见。

自知生命的不凡，千百年轮回之后才有了人生这区区几十年，所以不敢怠慢。踏踏实实做好每一件事，不让青春留下空白的遗憾。

自知希望的沉重，多少人多少个梦想负在肩，他们无法做的都需要你来干完，所以不敢怠慢。兢兢业业地填上每张期望的表格，直至完满。

自知人间的冷暖，海般浩渺的社会中，多的是冷眼，所以不敢怠慢。坦诚地对任何人，热情地做所有事，因为相信头顶总会有春天。

不敢怠慢，亦不愿怠慢。因为有太多太多的梦想要实现，因为有太多太多的风雨要体验，因为有太多太多的美好要拥有，有太多太多的辉煌要握在手，披上肩。

温隆叶 (英语 0294班)

我骄傲 因为我是农民子弟

曾经，我悲哀过，因为我是农民子弟，初临菁菁校园，看校外灯红酒绿，校内附庸风雅，困乏的物质生活曾让我自卑万分，城市人高傲的眼神让我不敢面对。或许只是一句不经意的言语，就激起那根敏感的神经，所谓的“土老帽”、“村姑”、“泥腿子”在我听来是那样的刺耳。我无力反驳铁定的事实，因为我就是土，土生土长的庄稼人，土生土长的农民。我不知道，为什么会有这样的想法、这样的心理，难道只单单因为人性之不足吗？

现在，我庆幸，因为我是农民子弟。苦海里出来的孩子知道怎样学习，怎样为人处世。我无心攀比那些城里来的同学的吃喝潇洒，但我们拥有一份随和，具有一种谦虚或许叫做谦卑更合适的品质。我们对待任何人都会以礼相待，我们看人始终是站在一个水平线上，于是也就收获了一种平淡的心理。因为我是农民子弟，我不会为日常生活的杂事而烦恼；因为我是农民子弟，我不会为外界的花花世界所诱惑。我们，这些让某些人冷眼看待的农家子女，会将一颗求知的心用在学习上，我们会用成绩证明：农民子弟并非低人一等。我们一定能够用我们的努力为我们的贫穷找来一份抹煞阴暗的阳光。我庆幸，因为我深深体味人间苦和甜，和那些蜜罐里长大的人相比，我们有世代相传的自制力和吃苦精神。我深深地懂得，自己的路要靠自己去铺就，自己的未来要靠自己来打造。

永远，我都会骄傲，只因为我是农家子弟。虽然曾经悲哀过，失意过，但是我却要说，作为农民子弟，我会自豪一生。曾经，那些泥腿泥脚的农民在无产阶级领导下夺得天下，抛头颅，洒热血，在人、财、物各方面全力支持抗战，而革命胜利后无产阶级夺得了江山，而我们广大的农民却默然隐退，隐退到那片曾经流过血和汗的黄土地，这份胸襟，又有几人能解？况且，那些在战斗中奋战在第一战线上的有几个不是农民出身？是的，农民最脏，但那些在体面人眼里蓬头垢面的农民却是他们日常食物的生产者。没有农民，就没有面包和奶酪；没有农民，就没有蔬菜和水果；没有农民，没有那些辛勤的民工，又哪来城市内的高楼大厦？

是的，最不起眼的地方是农民的生存空间，最苦最累最脏的地方是农民的工作之处，最简最陋的地方是农民的生存之地，最可亲最可敬的人也应该是那些面朝黄土背朝天默默奉献的农民。

我骄傲，我自豪，就因为我是农民子弟，我是农村人。

董玉飞 (经贸 9724 班)

我就是那个想家的男孩

黄昏，落日，汽车，男孩。长长的路上的落叶和尽头的立交桥，都是参不透的陌生。只有夕阳兀自坐在桥头沉思，余辉荡漾开来淡淡的乡愁又荡漾开去，映出烛光里慈祥的母亲，扛起背包一声不吭的父亲，老牛和黄土。

课本，饭盒，教室，食堂，谁也找不着谁。没有人能够解释些什么，就似一把利剑横在脖颈，一种沉重的压抑。泪水一次又一次地湿透黑夜。妈妈、老师、朋友和经常受欺负的我的妹妹，都是汽笛的一声长鸣拉开的长长的距离。

十九岁的年龄，一张床板，一个背包和一份想家的心情，陌生的都市中融入陌生的身影。我想啊，想念十九岁以前的季节和十九岁以后的岁月。唯独那份第一次远离家乡的陌生吹着竹笛，敲动灵魂，奏响无声的歌。

又一次梦见妈妈，无语，无声的泪……

艺 术

我小时候很少画画，也从来没有特意地去练习过。等到后来渐渐长大了，看到别人总能妙笔生花，自己才真正渴望能有一副好手笔。但这时候似乎已经没有了耐力，所以我至今仍然还不会画画。于是，每当看到别人手中的笔总能描绘出绚丽多彩的世界，而自己画上纸面的又总是一堆乱糟糟的连基本模样都辨不出的杂乱的时候，心中总不免有些伤。

记得前不久，在 windows 98 结课考试中，老师就曾让我们每个人当堂用 windows 98 中的写字板自提一段文字，并以此做一幅画来解释。结果在最后的评阅中，我的那幅解释《题西都城南庄》的一片桃林和一张掩映于桃花中的笑脸，着实被班上的同学大笑了一番。我知道，他们终究没有恶意，只是看了那怎么看也看不明白的只用一种细线条勾画出的桃林和人面桃花，他们就不得不惊叹于我的手笔了。也难怪，我看了别人描画出的红日余辉，小桥流水，给人的都是一种悦人的舒心，也不得不折服而自愧不如了。我始终不太明白，固定的几种色彩，由什么人描绘，竟真能给人以一种什么样的感觉！

这时候，我也不禁想到其他，譬如音乐，譬如文学，便总有一种比平时更强烈的感慨。

原来它们都是艺术，绘画也只不过是艺术的一种，那么以窥一斑而知全豹，整个艺术体系的美，给人的该是一种怎样的博大和深邃啊！

我想这大概也正是我热爱绘画，热爱文学，从而热爱于整个艺术的缘故吧！

然而，艺术终究是一个庞大的体系，但凡热爱的人，又都有着一种特别的严谨和执著，甚至至死不渝。大画家莫奈，在去世前还画着自己未完的睡莲；而徐悲鸿一生为马，还有张大千、梵高……至于音乐家们，至于文学家们，他们都是在自己最爱的艺术上耗尽了一生。这其中的辛酸和幸福，又是在一种怎样的付出下得来的，世人只有通过他们的作品来细细品味了。但终究能够品味得出，而且会品味得很高。我想，这也正是他们的执著透出的灵气感召于后人的缘由吧！热爱应缘于态度上的认知，我深信！

也记得席慕蓉曾经说过："我原本只是个平凡与单纯的女子，却因为他们的引导，竟然来到一片繁花细草的河岸上，便满怀欣喜地采摘着遍地的野花，想把它们扎成一束温柔的花束，还报给爱我的人。”每每读到这儿，我总会感动，一个从没见过蒙古草原，毕业于艺术系，留学于欧洲的蒙古族才女竟能说出如此质朴而旷达的话，其中包含的该是一种怎样的对艺术的感恩和尊崇！她本就是从画室里走出来的，我渴望她的画，也渴望她丰富的情感育出的优美文章，更渴望那一种缘于对艺术的热爱而重于艺术的慎重态度！

我想人的一生都该有一种或几种志趣，而我独爱于艺术，爱那一种融通的美感。我仍将不懈地努力，像席慕蓉说的那样以一种感之而重之的严谨和严肃去追求，就算以此还报所有爱我，爱艺术的人吧。

韩　娟　(地质　0001 班)

人生无愧

既然有幸降生在这个美丽的世界，我们就应该珍惜生命，使自己的生命充满光彩，写满成功，永远无愧自己所处的时代。

小时候，盼着长大，长大后，站在成人之列却又更多地追怀孩提时代。事实上，我们无法拒绝成长，就像水手不能拒绝出海。于是我们义无反顾地走向风浪，年轻的旗帜上写着奋进与挚爱。青春难再，不能再以稚嫩作为掩饰怯懦的盾牌。生命是一个过程，纯真之外，成熟、稳重与深沉是岁月的底彩。四季轮回，人生沧桑，唯一不能更改的是我们执著的情怀。

人生的戏剧已把我们从幼年的幕后推向了成年的前台，既然帷幕已经拉开，我们就不能惧怕失败；我们不能辜负善良人们的殷勤期待，要让台下的观众为我们喝彩，喝彩我们许下的诺言不再更改。

当我们亲手筑起一座舞台，演完一场又一场奋斗与磨难交错的戏剧，我们的眼泪一定会流出来。不管后来我们是怎样下的台，都不后悔当初携手登台的至真情怀。当我们进入白发苍苍的暮年，回顾走过的路时，会永远记得青春时代，记得我们流过多少眼泪，越过多少障碍。

那时，鲜花不再只是一种期待。

韩　涛 (工程管理　0319 班)

秋日的际遇

是谁
把枫叶谱出相思的诗行？
是谁
将蓝天镶成青春的霓裳？
是谁
让一缕阳光在我的心田流淌？
……

幻想自己是在大海在泡沫中永生的精灵，倾吐着海蔚蓝色的呼吸，编织自己想飞的心情。

梦想自己是林中揽过的风，拨动画眉的心弦，聆听温柔的歌声。

思想着，夏夜清凉的笛音悠然地飘过我的背影。

思想着，我拒绝走入秋季。

秋天烟雨蒙蒙。

秋天风雨潇潇。

害怕秋天的萧索，秋思的悲凉，当我驻足，染着霜意的枫叶踏着秋天的节拍，在空中翻飞，幻化无数个美丽的影子，翩然地回归。那一刻，我怎么也捕捉不到如潮的诗情。蓦地，我问自己：“我的根在哪儿？为何象牙之塔总在梦中向我开启？夜空下，哪一颗星又是我的定格？”

感伤是夜神花冠中美艳的罂粟，当你沉湎，便走入了荫翳。

我静静等待着属于自己一生的际遇。

秋高气爽，你沐浴着晨曦，带着满脸的阳光轻轻地对我说：“请让我帮助你，陪你在海滩上捡拾紫色的贝壳。”

我静静地守候着这一美丽的预约。

今夜宁寂，你带着一脸的真诚，轻轻地对我说：“请让我帮助你，让我在你的天空绘出明媚与瑰丽。”

温柔的阳光流淌在我的心田，失意与孤寂随着夜风飘得好远好远，此刻双眸晶莹如星，我轻轻地对你说：“有你陪我走过秋季。

‘不论什么时候
我的失望
也不会无边无际
令心事滂沱任泪水漫卷
海水可以漫过沙滩
却漫不过生命的堤岸’”

韩卫娜　(土木　0027 班)

春耕秋实

四季的轮回，带来春耕秋实。春季，播下希冀的种子，秋季，收获金黄的果实。

春季，我们有明媚的阳光，秋季，我们有红透的枫叶。

春季，带一把犁铧上路，我们用目光远大的眼睛丈量土地，用信心百倍的魄力挑起犁铧的重心，用犁铧翻动希望的土地；秋季，携一颗心灵归程，我们用金色给它镶上金边，用果实充实它的角角落落，用甘甜抚平它曾经的沧桑。

春季，我们与青春角逐，不愿有苦涩的回忆，只愿无悔青春，我们行色匆匆，如过客、如流星，用行动诠释我们的耕种。秋季，我们向夕阳挥手，不想心愿未偿，只愿夕阳无限好，我们如园丁，用微笑表白我们的充实。

然而，人生短暂。人生的春季，我们不能翘首以待，我们不能依赖他人，我们更不能悲伤着曾经的悲伤，因为如果我们为错过月亮而流泪，那么我们亦会错过星星。人生的秋季，我们应该得到收获的果，充实的心，恬淡的笑。

要知道，荒芜的土地，即使你再添肥加料，也不会硕果累累，只会杂草丛生。因此，不要错过了播种的季节，否则，你将会一无所获。

播下希望的种子，浇灌它，呵护它，守望它，成长、成长……也许我们会跌倒，然而走过泥泞之后，我们会发现，眼前风景独好。

千言万语归于一句话：春播千粒种，秋收万担粮。

詹　晓　(水利　05016 班)

感悟黄河

一个偶然的机会，我来到了黄河母亲身边，回到了母亲的怀抱，母亲那博大的胸怀接受了我这个不速之客，沿着母亲走过的足迹，我平生第一次感受到了母亲的艰辛和沧桑。

母亲穿过群山，沿着峡谷向东走去，我便沿着山道寻母亲的脚印，俯视着母亲走过的蜿蜒曲折的足迹，我的内心深深地震撼了。母亲的伟大让我自豪。母亲的无私养育了我们中华儿女，传承了华夏文明，我真真切切地感受到了母亲的血脉就在自己脚下流淌。

刚走到山边，就发现了一朵紫色的花，甚是好看！于是我伫立着看了好大一会儿，接着我就沿着山向岸边靠近，只见山坡下遍地是向日葵，在阳光下昂首挺胸，向着我这个客人友好地招手，野草拉住了我的裤腿，石头绊住了我的脚步，但我依然前进。

由于河水变少，水位下降，有些河床已经清晰可见了。岸边被河水冲刷得支离破碎，幸好有护河堤保护着黄河母亲，河中心的水势很湍急，可两岸的水势很缓，有些地方还出现回水。

水上不时有船向两岸接送客人，隔河相望的人真不容易，串门还要坐船。于是我想起海峡两岸的人们，他们相聚需要搭飞机，转乘香港，然后到达目的地，异常艰辛。但我知道，一道浅浅的海峡，是挡不住中华民族统一的心的，早晚我们会搭起一座通向统一的心灵之桥。看着滚滚的河水和远处的群山，我又思绪万千，河水带来了生机，群山养育了这里世代的儿女，练就了他们的韧性。

跳下河堤，沿着岸边走，两米高的堤把我观看群山的视线遮住了，突然之间我觉得自己被封闭了，有一种被隔绝的感觉，我不禁想：在这个小地方呆久了，视野就窄了，心胸就小了，逐渐斗志也就没了。可当我看着自己另一侧滚滚东流的河水，心中又充满了生机和动力。“问渠哪得清如许，惟有源头活水来。”当我爬上大堤，俯视河水，又觉得东流之水势不可挡，只有顺应水流，才能一泻千里。

从上游往下游走，从下游往上游走，完全是两个境界。从上往下走有一种“水往低处流”的自然规律融入其中，使人感觉到只有顺应潮流，才能有所作为。从下往上，有一种逆流而上，挑战极限，超越自我的感觉。

看着远处的群山，又觉得自己是多么的渺小。远处的山头，既近又远，一眼就能看到，可真要上去，真不容易，一个小山头(七八十米高)，就要爬十多分钟。当沿着近乎垂直的山道爬上去时，有一种登高望远的感觉，看着脚下的黄河，似乎又是另一种感觉，黄河是那么的绵延不绝，源远流长。远望群山时，又会发现，另一个山头，更高，更崎，更险。

看着远处的群山，我才知道，攀登目标的道路是多么的艰巨，目标越难实现，就越有挑战性，越有动力。

我的每一个脚印都深深地印在了黄河岸边，时间犹如眼前的流水，转瞬即逝，不等你眨一下眼睛，他就溜走了。

母亲，走好，祝愿您长寿安康！

窦计龙

由“姜”引起的

题记：中午吃饭时，发现碗中有一块很大的姜，放入口中嚼了一下，一股刺激的辣味，伴随着这股味道，往事历历在目……

一九八二年五月二十一日是一个特殊的日子。在那个炎热的日子里，我降临在一个多子而又贫穷的家庭中。特别当我以男身现于父母面前时，他们本已紧缩的眉头又紧了一下(以后母亲总是提我为什么不是女孩)。

我记事之前的事是无从谈起的。在我思想之中，我一直记得我身体特别弱，伤风感冒是家常便饭，每当我感冒时一大碗姜汤也就对付了。最后一次生病的情形我还清晰地记着……

我发着烧，躺在土坑上，身上扛着已露出焦黄棉絮的厚被子。透过床边那扇小窗，我看见了那个紧靠南墙根的露天似的厨房，一簇簇白烟透过那窟窿顶窜出来。在漆黑的锅灶旁，是手提油壶的母亲和梳着牛角小辫的姐姐，她们在为我制药。母亲还将一小撮面条放入锅中，这样一碗鲜美的姜汤便做成了(这样的待遇在那时是很好的)。

这“药”对我特有效。当我用完药，只要盖住被子，出一身汗，不久这病就有起色。

当这一切“工作”完毕后，母亲不得不去那块几代人耕种的贫瘠土地拨弄庄稼了。母亲离开后，姐姐会照顾我。姐姐两手捧着那只装满“丰盛食品”的黑瓷碗爬上土坑，扶起我并对我说：“弟弟来，姐喂你吃面条。”她学着妈妈的样子，用竹筷夹起面条，吹几下后送入我口中。以后的工作不得不由我完成，我有声有韵地完成一系列熟练工作，我感到它的细腻，甘甜，麻辣。姐姐很羡慕我，她口中含满口水，咬住自己的下唇，抿起小嘴，“咕咚”她会将它咽下去，有时还问我好吃吗？

我六岁那年，是我们最困难的一年，本来父亲外出打工挣回几百块钱，可以缓解一下困境，然而各方面事太多，爷爷病重不得不住院，姐也大了，不得不上学。母亲说：“苦熬吧！”姐终于实现自己的上学梦，她可以同其他同龄人一样背起书包。

这小学离家相当远，还要经过一个不景气的菜市场，姐姐每次回来都会捡些烂菜叶。有一天，姐特高兴，她像雀儿似的一跳一跳地跑到母亲面前，从那由碎布缝成的书包里摸出一块淡黄色的类似珊瑚的东西，而母亲并没有因她的高兴而高兴。相反，母亲很生气，怒目瞪着姐，一切不言而喻了。

再后来，同姐一道上学的小姑，告诉母亲那是姐同她在路上捡的，后来因为我需要这东西，小姑让给了姐，归根到底是因我而使姐蒙受不白之冤。母亲向姐道歉，姐说：“妈放心，咱再穷，我也不会偷的。”我当时很欣赏我姐，后来我发现我姐在那老槐树下低泣，她太委屈了，她也太懂事了。

当时，我发誓将来如果我姐病了，我也会无微不至地去照顾她。

然而我并没做到，说来也巧，没几天姐得了内寒，病倒了，母亲用她的老办法，而且这次还特意擀了面条。母亲下地干活后，我便担负起照顾姐的任务。当姐吃药时，她看出我的内心所想，将那一顿丰盛的食物给了我。她说：“弟，你吃吧我不饿，我只喝汤就可以了。”然后当我吃完后，她却让我给她半个馍，我知道我姐不是不饿，一切怨我太不懂事了。我失信于我的誓言，现在我还感到很羞愧，我感受到了姐那纯真的亲情。

很快我们都长大了。到现在，大哥二哥都已娶妻生子了。姐也在前年出嫁，他们过得很好，我也很高兴升入了大学。家中只余下父母二人，看起来整个家好像“四分五裂”了，其实不然。如果我们其中一个有事，其他会从四面八方再聚回来，因为我们是一奶同胞，在现实生活中永远是心连心的。

打开录音机，正播放着歌曲：姐妹亲，才叫亲，你来我往串家门，虽说有点私房钱，花钱都是自家人。兄弟亲，才叫亲，一奶同胞心连心，别看平时来往少，我们哥们呀患难之处见亲人呢……

雷中华　(岩土　9903 班)

灵　魂

炊烟袅袅，落日的余辉把刚子的影子扯得很长很长。河岸两边的杨树刚刚伐完，剩下的两道伸向远方白白的树桩，几只野鸭飞来飞去不肯停落。此外，四周一片苍茫的荒凉和沉寂。刚子沿着河道，把头埋得很低很低，若有所思。

刚子大又醉酒了，神志不清地数落，陈芝麻烂谷子地絮絮叨叨。娘不声不响地做着手中的活。她向来都是这样，不理不睬的。可越是这样，刚子大就越是窝火，于是便闹得沸沸扬扬。刚子知道他们缺少沟通，心里痛苦，可每每至此，刚子心里更不是滋味。人醉了，劝了也白劝，安慰也白安慰，酒醒了，还是一个寡言少语、东奔西跑的父亲。只不过，醉了醒，醒了醉，醉后语无伦次，说东道西。刚子忍受不了，只有出来寻求解脱。

很静。光光的柳枝竖竖地垂着，偶尔，一两只白鹭“扑棱棱”地从河边的草丛里飞起。刚子深呼一口气，总感觉有丝丝缕缕的愁绪缠绕着自己，甩也甩不掉。

“大，喝酒多了会伤身的。”刚子知道大有时是身不由己。“你懂个屁，酒是个好东西，你老子我不喝酒，咋能混到这份儿上？”大不分青红皂白，完全失去理智，“我不喝酒，谁还喝酒？村里人说我是酒鬼，谁是酒中豪杰？”“难道只有靠酒才能解决问题吗？”刚子不得其解。大是个好强的人，人际关系搞得挺不错，但大说，村里总有那么几个小青年与他作对。刚子说，作对就作对呗，何必那么认真。大说，不行，一个搞不定也不行。于是，晚上总爱拎一瓶白酒与一些人闲聊，菜也简单，削成条状的凉拌萝卜或者是一碟满满的花生米，抿一口小酒，自得其乐的。白天的活重，家里也都对他格外体谅。整天风吹日晒的，肩上压着让人骨头散架的担子，谁都能理解。喝就喝吧，可谁让你喝得一堆烂泥似的，满嘴的胡言乱语。

刚子说：“大，你已经够出色的了，别再喝醉去寻找解脱，别再刻意追求心理上的满足了。”大不信，一脸的不屑，“我不喝酒，那些人肯围着我转？我岂不成了你姑父那样的人了？”一个自以为过的桥比他走的路还多的前辈岂能容许一个乳臭未干的黄毛小子的指指点点？姑父不喝酒，就是实在，人缘也好，整天乐呵呵的，帮东家，助西家。姑父就是姑父，大方、乐观，也极易满足。大却看不起姑父，说姑父活得太窝囊，一副奴才相。对此，姑父一笑了之，还说，人都有自己的活法。

刚子问自己，父亲错了吗？在家里，一个有着铮铮铁骨、顽强生命的人，一个为生存把屈辱咬碎的人，一个只求付出、不求回报的人，在村里，为什么也会走进思想的死角？刚子深感惋惜和无奈。深陷世俗而不能自拔，只会刻意追求而不会享受平淡，这不正是一个悲哀吗！

夜幕笼罩着四周，星星探头探脑，月亮轻轻飘洒芬芳。其实，生活很美，可，大，你能体会得到吗？刚子在想，人是否真有灵魂？如果有，它可以既为自己的不足而不懈攀登，又能珍惜自己的拥有吗？天空的月亮和星星也仅仅是因为发光才存在吗？

心灵不是永远的月台

题记：告别是一种总结。谨以此文献给我曾经的岁月。

坚定方向的航船，不会永远迷失在浩淼的大海里。

永恒追求的舵手，不会永远沉浸在狭窄的视野中。

我一直固执地认为，唯有更多的哄笑和不屑，才会让人更深地读懂尊严；唯有更多的苦难和孤独，才能让人更透彻地品味幸福。哲人却说，痛苦和苦难都是对生命的考验和磨砺，唯有百折不挠，自强不息的精神，才能到达生命的桃花源。记忆如一汪清泉，总能沉淀出最美好的往事，总能"叮叮咚咚"地流淌出最真挚的憧憬。

在溢满欢笑和歌声的童年，我可以心不在焉地教他们做作业；可以上课的时候偷偷地在他们背后贴张纸条作尾巴，下课再装模作样地把他们叫了去，引得全班同学大笑；可以趁他们光着身子跑上河岸，从河底捞一把泥巴不慌不忙地掷到他们身上，拖延他们洗澡的时间。那时，只因为，我的成绩很棒，是个受人欢迎而且快乐的孩子。

在楼群林立、马路坚硬的县城，当我骑着那辆除铃不响哪儿都响的自行车，却明显看到众多异样的目光；当我穿着母亲纳的千层底走在众人面前，却感觉如芒在背。也许是心灵的脆弱抵挡不了年少的虚荣，我变得沉默，我相信沉默有一种力量在无言中证明。然而，我却错了，我的成绩呈直线下滑。"难道我真的不可救药了吗？"空旷的田野里除了我声嘶力竭的呼喊，夜静得出奇，冷月无声。

回家的那个下午我自告奋勇地对父亲说："我去给牲畜打料。"走到路上，我才感觉自己犯了一个很大的错误，因为回来的路上要翻一个很陡的坡，我不禁暗暗担心。我怕我纤细的胳膊承受不起陡坡的较量。归来时，我咬紧牙关，使出全身的力量，来一段上坡前的助跑，不错，车竟拉上去了。当我一边急促地喘气，一边向刚才推车的小朋友们致谢时，他们全都"咯咯"地笑着，逗得我莫名其妙，他们才说："我们并没有帮你，我们只是做做样子摆摆架子。不过，你可真行！""瞎闹。"我故作深沉，闹得他们全都又开心地笑了。其实，我真的，不敢相信我能把车拉上去。然而，这却是真的。或许，我真的超越了自我，第一次！

接下来的日子，这个信念一直支撑着我，只有义无反顾地踏浪而行，才能心无旁骛地奋桨击橹。"除了心灵的伤害和肉体的疼痛，其他一切的痛苦都是想象的。"是的，在青春的驿站上，我痛苦过、徘徊过，可这早已是过往的烟云。而让我自豪或者自卑的理由也不应该是那些琐碎的牵制呀！也许，是那些令我敏感的讥笑和不屑教会了我沉默和深沉；轻盈和洒脱，让我懂得了人与人之间的真情；也许，是那些孤独和徘徊的日子教会了我坚韧；刻苦和奋起，让我懂得了生命的内涵。或许，那里的冷嘲热讽对于现在的我已算不了什么，因为我已学会了勇敢地甩甩头发再快步前行。然而在那个感情脆弱的岁月里，我却锥心泣血。或者说正是那里的无奈和彷徨，才使我踩出一条并不曲折的小路。

柳絮漂泊不定的时候，灵魂会矢志不渝地飞扬，因为，方向坚定的航船，不会永远迷失在浩淼的大海里；落花随波逐流的时候，信念会痴痴地求索，因为永恒追求的舵手，不会永远沉浸在狭窄的视野里。不移的热情，不懈的青春，飘逸的生命，灵动的生活，勃勃的生机，跌宕的苦旅，必将组合成一个不折不扣、铸就激越的青春。

有个声音总在耳边萦绕：心底有一种激情总会让青春心潮澎湃，岁月有一种力量总能让生命无束无碍。是坚定的小溪，会潺潺不息地流向生命的大海；是铿锵的石块，能碰撞出生命永恒的精彩；是不屈的脊梁，可锻造生命风华正茂的风采。心灵不是永远的月台，心灵是生命的主宰，上面时时会卸下太多的徘徊与无奈，印证着淡泊明志、宁静致远的情怀。

穿越时空

大刚爹出院那天，全村人都站在道边一眼不眨地盯着，仿佛审视一位素昧平生怪异的人。有人细细地说："不偏不斜怎么就砸着他呢？"一脸的怀疑和不解。

"为啥修桥修路呢？咱们小路小桥走着不是挺舒坦吗？""说不定他有油水可捞呢？"人群中一阵哄笑。

夕阳早一头沉下去了，晚霞烧红了半边天，像给白云涂了一层厚厚的血。大刚爹一屁股坐在石头上，伸着那条砸伤的腿，也不争辩，"吧嗒、吧嗒"地狠抽着烟袋。大伙更闹了，叽叽喳喳嚷个不停。"准是做了什么亏心事，看，不出声了吧？"更有甚者，仿佛在发泄多天的积怨，走到他的眼前，狠狠地吐了口唾沫，这样还不解恨，临走扔下一句，"修了桥，又修路，跑断腿，落回折，富了你，刘瘸子。"

大刚妈声带哭腔，"他爹，回去吧，图个啥呀！""不图啥！"大刚爹慢腾腾地站起来，声音有些颤抖，却铿锵有力，"乡亲们，都说山里的东西不值钱，苹果满山都是，喂猪猪都不吃，核桃、大枣、柿子、山橘烂的烂、扔的扔。可你们知道吗？在城里它们能卖多少钱？是咱们不能想象的数目呀！桥要修，公路也要修，你们对我咋样我不在乎，等你们日子好过了，别这样说就是了。"

讲完多年前的生活片段，大刚爹"咳咳"地咳嗽个不停。"后来呢，后来呢？"新任村长急急问。

大刚爹点上一袋烟，眯着眼，笑了。"这不，你都看到了。修桥开山石，修路请专家，全村青壮小伙子全部上工，不上不行。那个小石桥哟，早该像我这样，退休了。"说完，脸上洋溢着春风般的笑容。

"刘村长，后来，后来顺利吗？""咋会呢！不过，你要认定了，再有困难也要干下去，因为你是咱百姓的头，你不带头谁带头？！"大刚爹斩钉截铁。

"刘村长，照你说咱们村的果品包装厂还是要办的？"新任村长故意发问。

"办，当然要办。咱们的优质果种、优质水果卖不上好价钱，还不是广告不行，包装不行？咱们这个包装厂不仅要为水果包装，还要为咱们的水果作宣传，创出咱们山里特有的品牌。等两年，咱们建一个种苗培育基地，还要靠包装厂作宣传呢。”

“群众的思想工作……”“还用我去做？他们的水平，提高了。”说完就“哈哈”地笑了。

一阵风吹过，果树的叶子哗哗作响。那是它们欢笑的声音吗？桥上车来车往，车上的人还不时地向大刚爹他们招手、微笑。

大刚爹深情地遥望那片郁郁葱葱的树林，眼睛里闪现夺人的光亮。

“其实呀，只要你做对了，就应该做下去。造福百姓的事业是经得住时间的考验的。你为百姓做了事，你心里是舒服的，他们终究也会明白，因为，群众的眼光最亮。一个个憨厚的微笑，一句句朴实的话语，这就是他们的回报——来自内心的感谢。”

夕阳撒满了整个河面，粼粼的波光闪动着，像熔化的玛瑙晶晶亮亮。缕缕的山风飘过来，夹杂着泥土和果实的馨香。是的，大山的灵性赋予了大山人智慧和顽强，大山的盛情滋润着大山人不断地挑战和成长。

大刚爹一颠一颠地走了，留下橘红的晚霞弥漫在天与地交接的地方。

暮 耕

夜色朦胧，袅袅的炊烟徐徐而升，远处的水雾悄悄笼起，四周，耕过的、没耕过的土地延伸到雾霭苍茫处。清脆的鞭子声，响亮而又刺耳，陪衬着吆喝声、呵斥声，回响在空荡的田间。

牛低着头，迈着沉重的步子，腿上青筋暴露，身后一道深翻的土浪掩埋了深深的脚印。“啪”又是一鞭，狠狠的一鞭，如同抽在刚子的心头，刚子分明看见鞭子过后，牛背凸起一道道长长的伤痕。牛躬着身，粗粗地喘着气，毛一缕缕的，全湿透了。刚子不忍再看，不忍再看牛拼命地拉着套头，吭也不吭一声，后面扶犁的父亲已脱了上衣，光着膀子，扔掉了手中的烟头，也不肯放下手中那支长长的鞭子。

到了地头，任凭父亲一阵暴风雨般的狠打乱抽，牛一动不动，静静地呆着，死一般的寂静。刚子的心如同被揪着一般，很痛，忍不住说了一句，“大，别打行吗？牛累了。”父亲站在一边，瞟了他一眼，也不说话，只顾“呼呼”地喘气。

牛的骨头里蕴藏着多少力气，刚子不知道，他只知道地竟犁完了。父亲解下牛套，始终绷着的脸终于挤出了一丝微笑。牛却站在那里，尾巴也不摇一下，任父亲用自己的上衣亲昵地给它擦汗，给它赶蝇子。

“大，你说牛疼不？”刚子忽闪着大眼睛。

“傻瓜，咋不呢？”父亲“呵呵”地笑了。

“那你咋还打它？”

“它想偷懒，不听话，不打不行。我养了它这些年，还不能教训教训它？”

“大，那我将来不听你的话，你会不会用鞭子抽我？”刚子仰着头，望着父亲手中一闪一闪的烟头，期待父亲回答。

“你小子敢不听老子的话，老子打断你的狗腿。”父亲突然火了。

刚子吓得大气也不敢出了，很久，才站起来，走到牛的旁边，轻轻地抚摸着牛背上那一道一道的伤痕。月亮升起来了，柔柔的光泼撒下来，覆盖在大地上。父亲还在擦拭牛后腿被套绳蹭破的皮，轻轻地撒上一层细细的土。

回家的路上，刚子小心翼翼地问：“大，等牛老得不能再干活的时候，是不是也要把它卖掉？”

好大一会儿，才听见父亲低低地说：“是我把它养大的，天天给它喂上足足的草料，把它养的比咱们村哪一家的都肥。趟趟干活我都用鞭子抽它，它还是死心地给我犁地、拉套。我知道它对我有感情，其实我也一样，它这样对我我咋也不会亏待它。”

听了许久，刚子也没听出到底是卖还是不卖，就不耐烦地问：“大，你到底卖不卖呀？”

“去、去、去，这些事你们小孩子不懂。”父亲的脸晴转多云。

“这娃子，你咋会懂得俺与牛的交情呢？”

刚子喃喃地说：“我咋就不懂，只是，隔着夜幕我看不清。”

潇　寒

独行心

从何时起呢？

也许是第一滴春雨打开通向那块神秘的天空的大门之时，也许是第一颗樱桃开始染上那诱人的颜色之时，也许是第一声蝉鸣之时，也许是第一片枫叶被点燃之时，也许……

太多的也许了，连自己都不敢相信为何会有这么多的假设或是事实的开始，但这似乎都不重要，就像一个人失败并不可怕，可怕的是从此倒下去再也站不起来的道理一样。一颗心开始了它的旅程，终点？确切地说，这是一次没有目标的旅行，什么样的事都可能会发生，唯独这颗心的成分这颗心所包容的东西不会改变。看起来很困难的事，在这儿是小事一件了；而那些看起来似乎很简单的事，此时又变得那么不可捉摸，如一个没有吃过荔枝的人一样，对此永远抱着一种神秘的向往。而只有独行者才能懂他的心。

永远也忘不了第一次吃雪糕的那份喜悦，也忘不了有一个身影走进这颗或许还将继续下去的独行心的那份激动。情绪不应该是那么容易波动的，今天的这种年龄，当遇到一个或许真的会对自己的生活起到很大影响的人的时候，还是抑制不住，唯一值得庆幸的是，这种波动还没有把理智这道大堤冲垮。心里？是还有一点点担心，在心中还是很担心某一个不太好的日子的到来。醒来？还是照样过自己该过或不想过的生活。曾经对自己说过：不管你走到哪里，你都是而且必须是一个人，独自去完成自己该完成的事，独自去承担你的责任。

是的，甚至到现在还是这样想，不同的是，现在的心在多了一份成熟的同时也多了一个时而熟悉时而陌生的身影。熟悉也好，陌生也罢，都不应该引起我太多的关注，但是，就是这个身影扣响我的心底最深处的那根弦。发出什么样的声音？我不太注意，因为什么样的声音都不重要，重要的是这根弦已经响了，应该说这根弦是被那个既熟悉又陌生的身影扣响的，那声音让我颤抖，让我热血澎湃。从来没有过的豪情壮志、从来没有过的欣喜若狂一下子全出现、全涌上来了。

你要记住，你是一个独行者，你的心应该是独行的！

就在我似乎要因此而疯狂的时候,这个或适时或不适时的声音闯进我的心房了。犹如三九天从火炉旁一下子掉进冰窟窿里，凉？不！是冷，那种彻心透骨的冷，心一下子被冻僵而不能跳动了。挣扎，继续挣扎。究竟是为何而挣为何而扎或者是什么东西支持它挣扎呢？我没有答案。和考试差不多,我不知道答案,但是试题早就已经出来了,而且等的时间也不短了。不同的是，这道题目比任何一道试题都难,或许穷尽自己一生的智慧还无法得到一个令自己满意的答案。因为这个答案不仅仅需要智慧,还要有一点点运气。是什么让我继续那种或许是无谓的挣扎呢？还是那个身影。神思恍惚、精力散漫，这些学生的天敌出现在我的身上。罪魁祸首？没有，绝对没有，只因为总以为自己是一个独行者，才会出现这样或许不能算是错误的错误。

曾经想做一个大山的守望者，守望着那片等待我为它换上浓密绿装的大山。是的，到现在都还有这种想法。只是现在我不能回去，我的旅程还没有完成，我还得一个人继续上路。说实话，独行不是每个人都遇到的，更不是每个人都喜欢的，但是当我遇到的时候，我不想逃避它，不想逃避我该承担的责任。在这片尘世中，独行并不是很好过的日子，甚至可以说很难过。但是，心灵的守望始终等待另一个伴侣的出现。做很多事是不需要理由的。而做一个独行者却希望找一些理由，说明为什么才会走这一步，或许这根本是于事无补，但是如一个在沙漠中跋涉的人希望看到一片绿洲一样，只要有这个希望,他是不会放弃的,而且很可能因此而走出这一片沙漠,就算是到死的时候他的心里仍然想着。而我则像这样一个独行者一样，在努力地寻找那片或近或远的绿洲，期待着走出这片沙漠的日子的到来，并为之努力着。

再大的雨也冲刷不掉这个社会的尘埃，不过，总能带来一点凉意，给许久没有舒畅过的人们带来一点舒畅。而作为一个独行者，总是期待独行的日子快点结束，在终结之前，他也许会动摇或怀疑，但是不要怪他，因为他和我们都一样，只是个凡人而已，看到旁人幸福生活时，说不羡慕那是假话那是虚伪。我不要让自已的独行去伤害另一个人，尤其是那个已经走入我这颗独行已久或将继续的心，失望会有一点，但不会太长的。如果一个人连自己选择的路都走不完的话，那他做人也太失败了吧？我会失败，但我不会做一个失败的人，独行也好伴行也罢，都只是一种生活方式而已。一块快要干涸的稻田能有一股哪怕只有筷子那么大的细流，就已是莫大的安慰了。而我，这股细流已经找到了，至于是否能变大一点，顺其自然吧，能大则好，如此也不能算是坏啊，有时候随遇而安也不全是坏事啊，借口也好，理由也罢，都没有关系了。衷心地祝福扣响我心弦的那个人：祝你幸福！

其实，有时候独行并不是真的独行。自我安慰也好，面对现实也罢，不可能的事，我没有理由更没有必要去强求它。

独行者并不悲哀，独行心也不可怕！

翟小洁　(地质　0101 班)

让往事沉淀

当走过了多少平淡多少坎坷，当经历了多少热情多少冷漠，当看过了多少真诚多少虚伪，无意中细数往日的沙粒，才发现有些人，有些事，不经意中已注入心底，有一种叫做记忆的东西已将那时那刻的一幕幕偷偷藏起。

多少欢笑，多少泪水，几分激情，几分无奈，往事涌上心头，你不得不感慨万千，思绪难平，那是岁月留给你的纪念。然而，这个看不见摸不着，丢不掉赶不走的东西专属于每一个人，你知道它的珍贵，却未必懂得珍惜，就像一份感情，你的毫无保留有时也许会透支。那么，让我们学会把属于自己的财富藏起，让它沉淀，化作一颗最贵重的卵石永存心底。

把往日的欢笑沉淀，所有的快乐都是因为昨日的幸福，而今日的你需要用一颗平静的心，面对每一份真实，用一份真诚与谦逊来铸造今日的幸福。

把往日的泪水沉淀，它已洗净了你的双眼，冲开了你的心胸，今天不应再流泪，因为你已学会坚强，你要迎接更新的挑战，用你坚强的意志和不屈的精神。

把往日的激情沉淀，太多的激情容易使人冲动，曾爱冲动的你才做了那么多的错事、傻事。今天，你需要的是一个冷静的头脑，面对纷扰的生活，你不能再让激情冲晕了头脑，冷静的思索才是成熟的表现。

把无奈沉淀，所有的不如意都属于过去。不要用无奈来解释你的无能与懦弱，这样的解释太苍白太无力。今天的你，应该豪情满怀，壮志凌云，带着满腔自信去搏一番，挣得属于自己的一片领地。

看，前方又是一片风景，让我们把往事沉淀，沉淀不是忘记，而是更好的记忆。

翟庆化　(经济学　0278 班)

我的大学心海

心情像只放飞的小鸟，自由自在地翱翔于蓝天白云之间；汗水化为音符，洒向大地，快乐伴着清风白云四处传播。俯冲小溪，约水流赛跑，迎风而舞，邀树叶对歌，所有的情思与心潮的涌动都缘于一个信息：我终于收到了大学录取通知书。

转眼进入大学已有一段时间，当初刚收到通知书的那份狂喜已渐渐平息下来，平静与宁静开始引我进行一点理性的思考！大学，不是赋予我们一份天之骄子的优越感，不是空加我们身上一件美如彩虹的五色衣。大学生，除预示了学习和技能上更上一层外，更是心理上的一种成熟……低首沉思，我比以前有所进步吗？

拿起放下又拿起

“拿起电话，呜哩哇啦，发泄完后，安慰有爸妈。”这是我在高中时惯用的方法。它好像是我的一个法宝，在受到委屈或遇到什么烦心事，心理难以平衡时，拨通电话，向父母倾诉一通，电话那头便会传来一番安慰，而后心中的不快便会烟消云散，我也就重新找回生活的支点。

入大学不久，我便陷入一次精神的“劫难”。那是军训期间，我们寝室六姐妹准备一起出一个舞蹈节目，而从未接受过舞蹈训练的我在短时间内难以跟上节拍，只得退出。当时心中的那份无耐与失望只有自己明白。习惯性地拨通熟悉的号码，准备一诉苦肠。而在电话铃响起的霎那，好像突然间明白了什么，于是飞快地放下手中的电话。怎么总把自己的烦恼分给父母来增加他们的担心呢？难道自己就没有分担他们肩头重担的责任吗？虽然我还不能给他们带去物质财富，但我要尽可能多的给他们送去精神食粮。于是，连忙拿起纸和笔，带上一个目的——多多挣得父母的宽心和笑声，开始写我的家书……

通过我的努力带给他们的安慰，不论是多么微小，我相信那都是独一无二的。也许那些早已习惯了报喜不报忧的游子们对此不屑一提，但是我，则是一个里程碑式的开始。

平淡的执著

曾经，只求轰烈不平淡；曾经，吃不到仙桃宁饿死。走进大学，我才恍悟：那种偏激，那种过分的执著，让我多走了许多弯路，浪费了许多时间。

而今昔同学相见，当有人报怨理想与现实的差别时，我更愿选择沉默。当他们问我对大学的看法时，我会说："我很感谢学校选择了我，我喜欢身处的学院，因为这才是我的大学。"蓦然发现自己现在与原来的心态已有很大不同时,我曾疑问自己是认识提高了，还是思想倒退了？崇尚完美与卓越是每个人心中都有的理想，谁都想要最好的。可想一想，人生价值的实现有许多条路，为什么非要把自己逼入一条死胡同呢！只要不懈怠，量力而行，就是最明智的人生选择。就像大学这片丛林，名牌重点有其优势，一般院校也不乏一批批脱颖而出的精英，每一个地点，都是自身价值实现的方土，只要你愿意。所以，我愿在平淡中执著，无论成功还是失败，都是我愿意接受的结果。

臧晓珏 (会计学 0175 班)

杨乐的阴天

今晚没有星星，因为今天是阴天，杨乐最爱这种天气。不下雨，风打着口哨把冷意一丝丝地送进杨乐的脖子里，极像他的心情。晴朗的夜晚也没有星星，只因为这里污染严重。只要有假期，杨乐就会去旅行，心情会随着那里的天空变得湛蓝。回家的车上，一路盯着天空，直到太阳变得很大，病态的明亮，阴阴的天空就在背后阴险地笑着。

在杨乐的阴天里，太阳暧昧到几乎没有。

杨乐是个高三边缘人，胡闹的、神经的人。在别人一如既往地或痛改前非地努力着，为了自己的理想或多半是别人的愿望向前踏步、奔跑、苦行时，杨乐胡闹、搞笑，而后大家笑，于是满足感和失落感接踵而至。于是他继续被高三的气氛需要着，被自己和他人轻视着、讨厌着。

杨乐说，有时突然会觉得自己很讨厌，想起“顽主儿”们，又觉得悲哀，觉得自己像哪个胡闹公司。

杨乐一直觉得做个边缘人很辛苦，也很孤单，但天性使然，改变不了。直到学了《柳敬亭传》后，这种情况才有所改观。他喜欢柳敬亭，羡慕那个自由而又封闭的时代，为那种在市井中发泄着的生活状态而着迷，更觉得那时那种声音的稍纵即逝和不可复得让人心醉死。而且更重要的是，杨乐从中发现原来边缘人也能心醉死，原来边缘人也能融入主流，被人重视和需要，这一点恰恰是杨乐不辞蹈死都求不到的，虽然这种待遇只能享受一段时间。其实这也很重要，如果一辈子都被人像个人物一样的对待着，就失去了做边缘人的美感了，变成了另一个人。后来语文老师让围绕该古文写一篇议论文，杨乐逃掉了，因为他不能说自己嫉妒柳敬亭，爱死了那个投机者如鱼得水的时代。

今晚没有星星……但有太阳，那个在当时杨乐眼里就是个远距离投影的瘦瘦的女生回头大声笑骂着冲过来，把杨乐撞倒。女生脸很红，杨乐脸更红。女生说对不起，杨乐说没关系。女生走得一路小跑，杨乐看见她梳了两个辫子。

星期三的下午，年级里给政治不及格的人“加餐”。杨乐去得挺早，捡个僻静地儿坐下，准备政治老师一来就进入休眠状态。

政治老师说上课，全班进入状态。这样的时候只有杨乐身边留着空位。平时下了课，杨乐身边高朋满座，而现在没人傻到主动来受这张大破嘴的影响。那个女生肩着两个辫子走进来，举目四顾，艰难地进行思想斗争，然后凳子向外拉了四寸坐在杨乐旁边。政治老师用大的变态的声音苍白地叫喊着，好像这样就会使他说的话更像真理一些。十分钟以后，杨乐准得不得了的直觉告诉他，身边的这个人并没有在听课。

“哎！上回撞疼了没有？”杨乐这回政治课破例没睡觉。

“什么？我都忘了！”女生好像很惊讶地看了杨乐一眼。

别跟我装，我知道这叫矜持。杨乐想着并且在心里很阴险地笑了一下。

女生的脑袋开始像向日葵一样紧跟着政治老师。杨乐真不明白，这么羸羸弱弱的一个女生怎么受得了这种刺激，再说自己也算仪表堂堂，还不配和你说句话？心里来气，但坚持不懈："你知道学政治的两条基本素质是什么？"

"是什么？"

"背书和说假话！"杨乐心里长出一口气，总算苍天不负有心人。

"我看你不就挺会说假话的嘛。"女生笑得花枝乱颤，"你还来这儿干嘛？"

"不会，背书呗！"

"呵呵！我看出来了！"女生继续笑，"我叫张楠。"

杨乐顿觉如雷贯耳，上回文科外语头名状元，这个打入无产阶级内部的奸细！

杨乐拿起女生的水杯说："张楠同志，弱水三千，借饮一瓢。"

"你还有多少良知就给我剩多少。"女生笑的满脸不怀好意。

杨乐一饮而尽只留杯底做大惊状："原来我还有这么多良知？"

女生笑不止，张楠笑不止。

两个月以后杨乐和张楠之间迎来了第N次吵架之后的冷战，想想都堵心，全是鸡毛蒜皮不值一提的小事。每天上学，路上听见张楠放肆的笑声，杨乐就想起夏天的太阳病态的明亮，从心里往外冒火，真想回头上手当然只是想。一个多月以前，杨乐和张楠聊到自己经常上网，虽然杨乐知道自己连"菜鸟"都算不上。但在这个学习信息相对超前、生活信息绝对落后的高三，上网本身就是一种自由和时尚的资本。而张楠居然约杨乐OICQ上一叙，于是杨乐"菜鸟"面目大暴露：打字速度奇慢，网络知识贫乏。相反，张楠比他想象的要不简单得多。张楠起初由于对杨乐不了解而产生的崇拜和信赖一路狂跌。杨乐失去了那种对张楠感情"恶毒"的操纵感，很不顺气。

这个冬天的阳光少有的明媚，杨乐走过张楠的教室。前一阵子，新班主任上来就让女生“削发静心”。虽然该班主任一看就是新手，抓不住主要矛盾，虽然“护发运动”发动了一茬又一茬，但像张楠这种大顺民还是第一个响应了号召。

张楠剪了一头新潮的短发，坐在窗前，少有的沉静，凝着眉，被阳光抖落了一身的金黄。杨乐一下子觉得惆怅了，其实都是寂寞的，何必苛求自己呢？这种惆怅张楠是无缘看到的，也只认识那个满嘴鬼话、喜怒无常的杨乐。阴天的小冷风，让人觉得清爽，自己却并不快乐。杨乐朝里面打着手势，张楠不无矛盾地走出来。杨乐却又一时语塞了，只说，借英语卷子。

晚自习安静得让杨乐总觉得自己跟这个世界很隔膜。在这种安静中，他坐在桌前打开英语卷子，才恍然知道，杨乐的阴天其实不需要太阳，而自己也只在边缘，并没有出局。

无花果和无果花

一

舒奕日记：

“一个人的生命中会出现很多人，有的人就像是写在沙滩上的字，不管你和他们交往多久，当时间的潮水冲上来一次，只一次就够了，那些人就会被轻轻地从记忆中抹去。而有一个人即使以后永远不能相见，彼此也不会相互忘怀，这个人被深深地刻在了时光的脸上。”

吴忆宁对舒奕来说就是那个刻在时光脸上的人。从八岁(也许更早)到十八岁，吴忆宁一直是舒奕心中云淡风轻的影子。舒奕甚至记不得自己是怎样认识这个高她一届、喜怒不形于色的男生的。吴忆宁虽然是单亲家庭的孩子，母亲却是个小有名气的记者，名字频频出现在报纸和电视上。吴阿姨要求儿子虽严格，待人却很亲切，没有架子，这是舒奕唯一一次去他们家做客得出的结论。至于父亲，吴忆宁从没有提过，他的沉默在很小的时候就是出了名的。不该问的最好别问。吴忆宁和舒奕从小就在同一所学校读书，两人都很出名。吴忆宁出名是因为他的自信内敛，超凡的领导才能和看了即让人眩晕的年级名次。而舒奕则刚好相反，她“语不惊人死不休”的冷幽默和热情开朗男孩子一样的个性使她周围充满了阳光和朋友，当然也有许多不同一般热切的眼神，托人转达的有之，写条子的有之，送礼物的有之。但舒奕总是报以阳光灿烂的笑容，然后说：“大家都是朋友，这么尴尬，以后怎么做哥们儿？”吴忆宁和那些整天和舒奕称兄道弟的男生不同，在学校他们几乎不怎么说话——当然这很大部分是由吴忆宁性格决定的，但十几年他们一直保持着一种默契，一种好像雪蚕丝般密韧，却没有纹理可循透明的默契。对舒奕来说这种朋友的存在简直是个奇迹，舒奕的朋友太多了，一旦不在一个班，或稍远一些，很快就会失去交流，但和吴忆宁却一直保持着打电话聊天的习惯。虽然舒奕只有在和吴忆宁说话的时候才像一个满腹经纶的才女，其实她确实也是这样。这让人和她平时的形象联系不起来。吴忆宁也只有和舒奕在一起时才会放下所有的沉默和戒备，用比较轻松的心态和声音来表达。他们是彼此生活中一片别样的天空。

咣!咣!!咣!!!“看这儿!”数学老师用如雷贯耳的声音呐喊着，并用八棱锤一样的拳头使黑板发出洪亮的呻吟。舒奕一拨拉脑袋从桌子上爬起来，正对上老师“哀其不幸，怒气不争”的目光。“有的同学不是不聪明，就是不用心，唉!”舒奕急忙抖擞精神。但五分钟以后，看着老师一张一合的嘴，听着频率单一的声音，舒奕不得不伸手撑住摇摇欲坠的头。

铃……那个被舒奕骂为“变态”的铃终于电力不足地响了，舒奕像被人泼了一盆冷水，一个激灵精神起来，抓起书包就往外跑，忽然停住看了一眼慢条斯理的同桌。

“哎，打听一事，吴忆宁走的哪儿？”

“你是真迟钝还是假白痴啊,那种非人类除了北大哪儿敢要？”

“真行啊，暑假补课还消息这么灵通。”

“那当然，我偶像!”

哼!这些小女生，舒奕一边想着走了。

舒奕是真不知道吴忆宁被哪儿录走了，虽然吴忆宁许诺一接到通知书就打电话给她，但她还是有点等不及。想想也两个多月了吧，那天傍晚，他们也是走在这条槐荫蔽日的路上。相识这么多年，自行车来去匆匆，很少有在这样舒心的环境下这样舒心的交谈。所以舒奕很感激拖拖拉拉的珠珠那天比往常更加拖拉，使她能和上课的吴忆宁碰个正着，也让她扔下珠珠走得快快乐乐+心安理得。那是六月初，槐花铺了一地，踏上去是软的。吴忆宁在校门口买了两支冰淇淋，他知道舒奕从小就有拿零食当正餐的喜好。

“那，现在吃了回家就别吃了，小心发胖。”

“算了吧你，本小姐不忌讳这个，不劳你操心。你要是咒我长不高还能让我发发脾气。”舒奕一张你能奈我何的嚣张。

“就知道你这么说，对了，舒奕，会考怎么样？我听老师说这次生物很偏呢！”

“我是谁呀！那都是小菜儿。”

“这么自信？！你慢点吃。我又不跟你抢……少来，你也别想染指我的。”

舒奕火了：“你这什么话，我看你是一文弱书生，从小没人疼没人爱的，才为你找个借口买点零食，让你沾沾光。你非但不知恩图报，还每次吃得那么勉强，我替你解决问题倒成了染指了!!去去去，保护你的良家妇女去，少来惹我这恶霸——啊呀，我的天啊。”

回想起那天吴忆宁习惯了冷静的脸上糊着一层Ice Cream的情景，舒奕忍不住笑出了声。那感觉就像是关云长的怀里抱着一只兔子，她想了想，也没自己什么过错。只是不小心顶着了他，再不小心碰到了他的手，然后他就不小心把冰淇淋打到了鼻子上，就成了那样一幕。舒奕想也不能怪我吧。

“我……我不是故意的，你怎么不闪哪？快擦擦，给你面纸。”舒奕觉得自己当时特有尊老爱幼的精神。

“不让你吃就这么报复我，你也太黑了。”吴忆宁一脸不以为然。

“我都道歉了，你还这么小心眼，你要是敢在我背后骂我试试。”

“咦？你怎么知道！”

“好啊你。找打。”舒奕好像又听到吴忆宁那么爽朗的笑声了，如果让熟悉他的人看到，一定不敢相信自己的眼睛，就连舒奕也很少见他那么轻松的时候。

“好了，不闹了。”吴忆宁又恢复了长者的尊严。

“想好了去哪儿深造了吗？吴大才子？”

“还有一个月呢。现在问我不是太早了吗？”

“这证明我对你有信心啊，对了，阿姨不是很希望你去北京吗？”

“很可能吧——你呢？舒奕，一年说长不长，你想过吗？”

“当然，你去北京，我当然要去南京了。”舒奕作深藏不露状。

“南京，喂，是个好地方。”吴忆宁一本正经地赞美，“我对你也有信心，你一定考不上。”

“去你的，也不说鼓励我。算了，知道你厉害。”

吴忆宁只是一脸看破她小把戏的宽容。

到了路口，舒奕下意识地回头望了望身后长长的路，有他的片段，事情总是那么简单，每次走到这里都是他们分道扬镳的时候。吴忆宁说再见，舒奕说 Bye-Bye，吴忆宁往西，舒奕往东，没有恋恋不舍，没有十八相送。

二

舒奕回到家爸妈还没有回来，吴忆宁的电话打进来。

“舒奕，我考上了。”声音听不出波澜。

“哪儿？”舒奕故意问。

“北大啊！”吴忆宁这才现出惊讶，“我就快走了。”

“那么，不送了。”舒奕在这边吐着舌头。

“好啊你，不过，想送也送不着，你得上课。那你给我写信吧。”

“好，落款就写托着腮帮子想你？”舒奕笑出声来。

放下电话，舒奕想要去取一个邮包，所以动手找身份证，打开写字台最中间一个抽屉，那里面有家里最重要的证件和文件。舒奕看到一张父亲年轻时的履历，照片上英俊的父亲笑得很好看，用现在的说法就是“阳光大男孩”，只可惜现在父亲不常笑了。唉，现代人的生存压力太大了，舒奕不由得叹气。看到结婚时间，舒奕小吃一惊，因为上面写的比自己熟知的早四年。往上看赫然写着父亲的名字：舒浩宁。是写错了？还是？舒奕做了种种推测，终于没有结果。但是年轻人的好奇使这件事一直在心里翻腾。

这天晚饭爸爸又没有回来吃。

“妈！你们什么时候结的婚啊？”舒奕有一搭没一搭地问。

“你不是知道吗？问这干吗？”母亲不解。

“我爸……履历表上写的怎么早四年？”舒奕说的极不自然，“我爸他原来是不是？”“小孩子别管大人的事，吃你的饭！”母亲明显的不悦加重了舒奕的好奇和不满。

“我今年 18 岁，已经成人了，家里的事我真的没有权利过问吗？算了，你不愿意说，回头我问我爸去。”舒奕抬腿就走。

“哎，回来！”妈妈一副着急的样子，然后沉吟了一下，“好吧，既然你这么大了，没错，你爸爸原来是结过一次婚。他的前妻就是那个出名的吴大记者。他们本来好像挺相爱，离婚是出于被迫的，这些年来我一直都活在那个女人的阴影里。要不是你，小奕，我们的婚姻可能早就完了……”妈妈越说越激动。

母亲又说了什么，舒奕没有听见。舒奕只觉得 18 年来自己笃信的那个世界一下子坍塌崩溃了。舒浩宁，吴忆宁，舒奕终于知道了“忆宁”这名字的用意。父亲原来根本就不是不爱笑，而是十九年来他的心已经冷了。母亲……吴阿姨……为什么会这样？有谁来告诉我这一切都是他们编出来逗我玩的，有谁来帮我？

以后舒奕还是按部就班地过日子，除了有时做事会心不在焉。高三的生活不允许她有一丁点的不专注。舒奕不是从小一帆风顺的孩子，各种各样的打击让她有非凡的心理承受能力。这不是什么严重的打击，但却和以往不同，它不会被岁月磨合却会越来越锋利。对于吴忆宁是自己的异母哥哥这件事，舒奕从心里觉得抵触。从母亲告诉舒奕的那一天开始，舒奕一次次在梦醒时分陷入自己深深的厌恶之中。她知道自己背上了一个沉重的十字架，而绝望就像泛滥的洪水，源源不断地从舒奕心里溢出来。

舒奕开始很努力地学习，虽然她不是一个刻苦努力的孩子。她把吴忆宁从北大寄来鼓励她文采飞扬的信静静地搁在一边。她知道吴忆宁是个自尊心极强的人，只要她说很忙，吴忆宁就会知道怎么做。舒奕什么都不愿意想，只想这些能早点结束。舒奕果然聪明，吴忆宁的信从稀到无，舒奕渐渐溺在高三的题海里，成绩也突飞猛进。

一年后的暑假，舒奕百无聊赖地陷在沙发里不停地按着遥控器以扼杀寂寞。突然电话发出召唤的声音，舒奕从沙发里弹起来去抓电话筒。“喂，舒奕吗？”听到这个声音舒奕脑子一片空白，不知该喜还是悲：“是我。”

“这会儿才给你打电话，你不介意吧？”

“啊，怎么会呢？”舒奕还是有点木讷。

“考得怎样啊你？”

“那还用问，本大小姐考得重点大学挑一挑。”舒奕基本恢复状态了。

“那北京的大学也得挑一挑了？”吴忆宁吃了一惊，也高兴。“是啊。”舒奕说的有点心虚。

“恭喜恭喜，来北大吧！”

“同喜同喜！不过，我哪有你那大本事？”说完两人大笑。

“那你报的哪儿？”

“我没报北京的院校。”舒奕答非所问。

“为什么，不是说来北京读书的吗？”

“我报了中山大学，北京的空气不好。”舒奕说着低下了头，其实她想说：“因为你在那。”

“广州……是个好地方……”电话那头是长久的沉默。

三

中文系大学生做得久了，舒奕又恢复了像猫一样疏懒的本性，过着白天睡觉、晚上看书的日子。和吴忆宁的联系原本就少，这样吴忆宁就缩成了一团小小的影子，在舒奕心里越来越淡。但好日子好像注定不长久，舒奕的生活中闯进一个叫陆成的男孩子。

在大学里如果还要像中学时以“我们还小，要好好学习”之类来做借口，似乎行不通。舒奕努力地施展闲置已久的冷嘲热讽的功夫，只是这些对这个单纯而又过度自信的大男孩收效甚微。俩人做哥们儿到大二，那自以为从朋友到恋人可以顺理成章的陆成才终于参悟了什么。

“哎，我说舒大小姐，你跟我划清界限是不是有什么特殊原因？”

“是啊，我是同性恋，不是跟你说过了吗？”舒奕一副看小孩子打架不耐烦的样子。

“得了吧！你啊，原来一定是深深地爱过一个人。”陆成的架势夸张得要死，“可无奈不能在一起，所以就封闭自己……”

“住口！！”陆成话未讲完就被舒奕一声厉喝打断，自习室里所有的眼睛像探照灯一样打过来，其实陆成也不过信口胡诌，没想到舒奕的反应像个重磅炸弹。舒奕恶狠狠地拿起东西走出自习室。陆成知道自己犯错误了，赶紧夹着尾巴一路小跑跟着道歉。舒奕走到操场上回过头来“目露凶光”。

“跟着我干嘛？”

“对不起，我刚刚开玩笑啦，别生气。”陆成心里已明白了好几分。

“好啊，既然你那么想知道，我就告诉你，你猜对了，我这人就是个变态，我喜欢我同父异母的亲哥哥……”舒奕把有关吴忆宁的事和盘托出，最后用讽刺的口气，“怎么样，你觉得我这人很恶心是吗？那就走啊！”

陆成显然一时没能消化舒奕的话，只是呆呆地站着。

舒奕觉得烦烦烦极了，她很想静一静。直到舒奕走出好几步，陆成才清醒过来，急忙拉住她：“舒奕，你别——”

“够了，陆成，离我远点儿。”舒奕只想离开。

“你听我说！！！”陆成从未这么大声过，舒奕吓了一跳。陆成也觉出自己的失态，不由松开了她：“我，我真的很抱歉，我——不知道，你心里有这么多痛苦。可是，舒奕，这不是你的错，只能说是天意弄人，你难道就这样过一辈子吗？”陆成的声音突然坚定起来，“舒奕，放过你自己，忘了他吧。”

舒奕知道有一种叫感动的东西正在心里萌发，她知道陆成下面要说什么，但她不知道自己该不该听。

“舒奕，”陆成第二次拉住想逃的她，“你愿意相信我吗？我也许无法取代他，但我会给你幸福。”

舒奕愣愣地看着对面无法忽略的诚恳，泪已满眶。她明白，这一次，陆成是无论如何不会再松手了。

四

舒奕日记：

“有一个人对你来说有一种气质，永恒的气质，就是当你第一眼从人群中看到他时，你就会注意到他，脸不红，心不跳，自然而然地注意到他，了解他，不需要多么多么多么深的接触。当多年以后，这个人老了，驼了背，白了发，没了牙，你依然能一眼从人群中认出他，依然为他所吸引，那这就是你生命中注定要错过的人了。在许多许多年以后，两个晒太阳的老人同时在想：原来年轻时，我们是彼此错过了。”

“舒奕呀！你是不是有了小BB就准备一辈子做贤妻良母了？”朋友Alice的口气一点都不客气。

“不会吧。小囡都一岁了，我也想出去工作，那你帮帮忙啦！”

“那好，我们公司的企宣刚好走了，你有经验来试试吧。今天我在家里开Party，我们公司的头儿都来，你也来见个面吧！好，说定了。”

“舒奕，大家都到齐了。好了，你先坐，我等一下再给你介绍。陆成你也来了，真是妇唱夫随啊！”Alice笑着飘然离去。

舒奕皱着眉头举目四望，意识到这种与她阔别了太久的气氛有多陌生。在灯火凌乱中，她竟发现一个与她同样不适合这片灯红酒绿的影子，朝她微微颔首。舒奕发现过了这么多年自己仍旧躲不开想逃的冲动。

“过去和你哥哥说说话吧，我在这儿等你。”陆成在舒奕耳边轻轻说。

舒奕只好硬着头皮走过去，她多希望站在那里的不是吴忆宁，那她过几天就可以坦坦然然地去上班了。

“舒奕，好久不见了。”吴忆宁的仪态里多了一份成熟甚至苍老。

“对，我们一直都很少联系。”舒奕觉得自己也好不到哪里去，“喂，你太太呢？”舒奕张望了一下。

“我结婚会不通知你吗？哪有你那么绝情，我现在还记得得知你结婚时那种天旋地转的感觉，所以得了结婚恐惧症。”吴忆宁故作轻松的表情和语气都闪过一丝苦味。

舒奕的眼泪几乎就奔涌而出了，她突然想起年少时读过的一段话：“情之为物，似乎随着时间的流逝渐渐淡了，但到了紧要关头，心猛地一缩，才发现那道情痕依然是那么深，历久弥新，似淡犹浓。”她自嘲：“我们好像已经过了那个纯情的年纪了吧？”

“我现在还是不明白当时你为什么不肯面对我。”舒奕看吴忆宁已有些微醉了。

“你难道是真的不知道吗？你是我的亲哥哥，我没有别的选择！”舒奕的声音痛苦得有点扭曲了。当她看到吴忆宁惊讶的样子确认他是真的不知道。

“原来你一直都在误会！”吴忆宁的表情像吃了三斤黄莲，“我……养母之所以和你父亲离婚是因为，是因为你的祖母大人，她嫌我妈不能为你们家传宗接代呀！”

舒奕张着嘴却无法讲话，眼前的景物不停地旋转。

“舒奕！舒奕？你怎么了？”吴忆宁也觉得自己太唐突了。

“我……没事。”舒奕好不容易定了定神。

“再给我写信吧，落款就写托着腮帮子想我？”吴忆宁拿起酒杯轻轻碰了碰舒奕的杯沿。

“不可能了，不可……能了！”舒奕喃喃道。

“为什么？”吴忆宁面无表情的明知故问。

“你，知道的。”舒奕觉得自己的力气已被抽尽。

沉默。

“我明白——舒奕好好照顾自己。”吴忆宁起身走了两步，却像挣扎般的再次回过头，“你真的希望我明白吗？”声音已不再是他的了。

舒奕不能点头，也不愿摇头，她只能低下眼睛。

吴忆宁终于走了，舒奕一阵眩晕，一双温暖的大手从后面扶住她的肩膀。

“对不起，”舒奕定定神，“你都听到了？”

“我了解你心里压着怎样的苦。”

“其实，我……”舒奕转身想解释。

“你不用说，上一辈的罪孽不应该由你来承担。”陆成的声音温柔而坚决。

“上一辈的罪孽已经成为我生命的一部分，我不想这个悲剧再延续下去。陆成，谢谢你能理解我。”舒奕的声音很真诚。

“别这么说，我们都是一样的，我的爱是无花果，你的爱是无果花。”

冀丹丹 (经济学 0275 班)

蓝色是海，灰色是岸

蓝色是海，灰色是岸。你选择哪种颜色为你的生活涂色？

十年前我对父亲提出的问题所给的答案是灰色，而且态度是坚定得义无反顾，而原因仅仅是灰色是岸。记得父亲很是失望地摇了摇头。我试图找出父亲失望的原因，就开始在家里搜索，结果发现父亲的确是很喜欢蓝色。他让母亲买蓝色的床单，蓝色的窗帘，蓝色的外套，就连他每天写东西用的笔记本也是蓝色的封皮。当时我就草率地下了结论：因为你喜欢蓝色而不是灰色。可为什么父亲要添加上“海”呢？为什么不直接问我喜欢哪种颜色呢？当时的我很是困惑。

直到进入中学才渐渐解除了困惑，父亲喜欢蓝色不在于蓝色本身，而是因为它是海的颜色。无论是课堂上还是课外，关于海的文章、赞美海的诗词都纷至沓来，我下定决心要慢慢品出海的内质。父亲爱海，最重要的源于海的广阔浩荡。父亲说那是海的胸怀，海纳百川，它不仅拥抱湍急的河流，也不忘记抚摸柔弱的小溪。这也是父亲的原则，父亲高大的身躯里涌动的是海浪般沸腾的热血，父亲的内心包容了无数的错误、误解和伤害。父亲的面庞就像一个广阔的海面，而他脸上的皱纹正是经受痛苦时翻腾起来的海浪。父亲从不乞求别人的理解，因为他坚信理解是必然的，只是一个时间问题而已。父亲并不爱笑，但他笑起来的时候像是海上的浪朵，美丽而又耐人寻味。

曾有一段时间，天空在我的眼中很灰暗，我看不清父亲的面容，我会无端地发脾气，还会赌气呆在学校不回家。父亲浪花般的笑没有了，多了几股翻腾的海浪。我对此不予理睬。父亲很伤心，怕见到我又时常想起我，就常悄悄地到学校来远远地看看我。后来母亲告诉我时我热泪盈眶，而父亲只是送给我比平时更多慈爱的浪花，这耐人寻味的笑也许那一刻我才真正地读懂。

父亲爱海，更爱海的胸怀，父亲的书桌下压着一张大幅的月光蓝海图。父亲说有月光的晚上，海的壮阔更让人向往。父亲时刻关心着身边的每一个人，他付出的除了真心还是真心。也许有人会问我父亲有那么伟大？那我只会说父亲的信念比大树更坚定，父亲的志向比蓝天更高远，父亲的思想比大海更深邃，父亲的热情比火焰还炽热。父亲给人的印象就是：沉稳、坚毅、激情满怀，干劲十足，热情宽厚。

尽管如此，我仍不了解父亲为什么唯独爱海，而前年偶然的一次机会，我走近了大海，才真正体会到了父亲对海情有独钟的原因。

走近大海，便被它无边的蓝色包容了，真正理解赞海的词句也是在这一刻才显得那么清晰而透彻，湛蓝的海水融汇了义无反顾奔流而来的溪流，跟偶尔飞向海面的海鸥凝固成一幅永久的图画。“黄河之水天上来，奔流到海不复还。”大海才是它们最安全最理想的归宿，一旦投入海的怀抱，它们便扎根于此，永不离开了。

走近大海，便被它的广阔而浩荡吸引了，一切的一切此刻都显得那么渺小，只有海永远是吞吐百川，吸纳万流。在海面前，我会不由自主感到羞愧难当，想起自己因小事而斤斤计较，因误会而不苟言笑，因委屈而悲痛欲绝。我在海面前面红耳赤，不是气愤，只是羞愧。也就是在此时，我才深切体会到父亲钟爱的蓝色是海的颜色。

走近大海如同走进了父亲高大身躯投下的影区，被他拥入怀里，只想停留，不想离去。也许我根本就不会走出父亲用爱建造的港湾，父亲的目光永远都那么坚定，坚定成一种信念，而父亲的笑却永远定格为浪花般美丽。

走近大海，我第一次意识到了那诱人的蓝色在我心目中的分量远远超出了其他的一切。在繁杂的思绪都理清之后，我的内心便化为一片蓝，这也许才是我生命中最原始的颜色。父亲爱海，我突然之间感受到了父亲海一般的气息，甚至觉得我应该涌动着海浪般的血液，钟情海的蓝色，如同鱼儿钟情于水，足球健儿钟情于绿茵地，恋人钟情于玫瑰。

这是走近大海的感受，而进入大学后和父亲的交流就更让我意识到，父亲钟爱的海的颜色其实就是父亲生命的颜色。

盼望已久的大学生活开始了，没有什么新奇，更多的却是失望和无助。而此刻父亲的信却及时地飞到了我手中，父亲对我的生活一直都很关注，这次出门远行更让他牵挂不已。清楚地记得父亲第一封信中这样几句话：吾儿开始新的生活必有不适应之事不适应之时，儿已长大成人，就该学会面对。进入校园，现实与理想的差距可谓大矣。儿且谨记，事在人为，没有不好的环境，只有成才的个人。既来则安，既始则终，儿务必善始善终，方可有收获矣！

父亲的来信着实给了我勇气，也给了我信心，我开始为自己制订计划，团结同学，努力学习。然而，问题不因我的激情满怀而忘而却步，我开始对大学的学习方式深感不适，进而情绪低落，少了笑声，没了情趣，一个人躲在安静的角落里独自舔伤口。而父亲的信竟像奇迹般再次降临：想必你们已开始上课，切记改变固定思维，改变学习方式，尽快适应大学学习。合理计划，统筹安排，学会自我调节，放松心情，调整情绪，搞好团结，营造良好的学习环境，培养浓厚的学习乐趣，则儿之成功也不远矣！

父亲的目光如同一条无形的线，一端始终系在儿女的身上，有父亲的关心，我前行的路上不寂寞。真正的拼搏始于父亲的第三封信：儿今已长大成人，有自己判断是非处理主次的能力，但愿儿早日明确目标，远离大学生盲目彷徨的通病，步步坚定，节节成功，顺利靠岸，则别无所求矣！这就是父亲，他不计较儿女如何去回报，只想我们过得比他好。父亲的每一句话都掷地有声、落地留印，我只能用行动去回报父亲海一般的温厚。

父亲对人是海一样的宽容。每每我们被气得两手发抖，牙齿打架时，父亲会用他宽大的手掌抚摸我们的头，教我们理解，让我们宽容。父亲从不向生活抱怨什么，只是默默地工作，默默无闻地奉献。父亲把自己的生活定义为付出，就不再乞求回报，他只做埋头耕地的黄牛，不做装饰华丽的骏马，只做吐丝成茧的春蚕，不做舌噪不停的鸣蝉。这就是父亲海一般的品质：沉稳厚重、宽容仁爱。

时光流逝，时移事易，分久必合合久必分。生活在一块时间长了必有矛盾产生，在琐事困扰的时候，这一次我主动请教父亲。父亲的信如期而至：大学是成就一个人的天堂，也是毁灭一个人的地狱，儿要成功，不仅要有优异的成绩，更要培养自己的生活能力、交际能力。真诚是我们的做人原则，宽容会给你带来意想不到的收获，儿要主动拓宽视野、开阔心胸，方可正确处理凡此琐事矣！

看完父亲的信，我顿时豁然开朗，如释重负，从未有过的轻松感觉在瞬间出现。此时，眼前最清晰最明朗的色彩便是大海的湛蓝。父亲就这样一步一步把自己的思想、信仰传授给我们，又一步一步教我们如何在生活中运用，发挥它的作用。我把自己的感受写给父亲：我终于明白您让我选择的生活的色彩便是大海的蓝色，您钟爱的是大海广阔的胸怀，无尽的宽容和深邃的内涵。父亲第一次欣慰地笑了，是发自内心深处的满意的笑。为此父亲特地寄来一张带着他浪花般笑容的照片。我第一次感受到了父亲永不磨灭的热情始终是有增无减。钟爱大海的父亲从来不对生活有半点怀疑，他用信心填满自己生活的全部！

蓝色是海，灰色是岸。岸虽诱人，却奠定你的生活基调阴沉而没有生机和活力。海虽有汹涌的波涛，勇猛的海浪，却奠定你的生活自始至终的亮色，注定了你的宽阔的胸怀和宽容的特质。

父亲喜欢蓝色——海的蓝色。我也选择蓝色，为我的生活涂上蓝色，不为别的，只因为蓝色是海。

魏　珂 (经济学　9928 班)

爱

小时候，对父母是一种依赖。父亲是撑腰的大山，母亲是遮挡风雨的伞。那时的我们都是乖乖仔，毫无顾忌地表达对父母的爱：端茶递水，捶背揉肩，冷不防还要送他们一个调皮的吻。那时的父母笑得都很开心，他们的脸年轻得如带着露水的花瓣。

长大了，对父母是一种逃避。父亲只是歇息的山丘，母亲的伞也似乎已多年失修。我们渴望长大的愿望终于实现了，于是在人生的道路上总想独自行走。房间的颜色要涂成自己深爱的粉蓝，房门要配上只有一把钥匙的锁。看到父母眼中隐藏不住的震惊与关切，只有甩甩长发耸耸肩，告诉他们：长大是不可逃避的现实。

长大了，真的长大了吗？长大了下雨天便不喜欢打伞，自以为淋着雨在风中跑才叫勇敢。真的下雨了，我瑟瑟地走在雨中，刚走到学校门口便看见父亲，看见了父亲四处张望的急切眼神，看见了父亲湿了半边衣服而浑然不觉的坚定。“等你半个小时了”，父亲轻描淡写的一句话，却让我的眼睛又热又湿了老半天。心里满是感激，可嘴上还要冒出一句：“雨下得不算大！”父亲只是轻轻一笑，递给我一把伞，满脸的释然，眼睛里全是宽容。

长大了，真的长大了吗？长大了便想故作深沉，总想显出点儿成熟。我的第一篇文章发表了，尽管自己兴奋得脸红心跳，可回到家还是按捺住自己的狂喜，满脸平静地说：“不好意思，鄙人的一篇小文见报了。”父母吃惊的样子让我想笑，可随即见到他们一本正经地合捧一份报纸，凑在一起读那篇文章时的欣喜，我的脸庞又一次被泪水打湿了。那一刻，我真想跑过去像小时候那样给他们一个甜蜜的吻，可我的双脚被成长的绳索束缚得不能前移。

长大了，或许真的长大了。长大了便羞于向父母表达他们的爱。总害怕一句坦言的流露会显出自己的幼稚，总害怕一句真心的表白会透出自己未逝的天真。于是在父母面前，我们成了会说话的哑巴。

长大了，真的长大了。长大了便成了一只高飞的风筝，自以为自由自在，无遮无碍，可自己却忘了：父母的爱才是那根永远不断的线。

感念亲情

亲情是一种深度，是一种没有条件、不求回报的阳光沐浴。在我的生命里，母亲便是那个播撒阳光的人。

小时候，家里穷，母亲却用她的辛劳为我撑起了一方爱的天空。

那时的我还不怎么懂事，可嘴巴却馋得很。一天，看见别的小朋友手里捧着青里透红的大苹果津津有味地嚼着，我已不知不觉地在咽口水。“妈，我也要吃苹果。”冷不丁地我居然喊了出来。妈的脸上顿时露出猝不及防的不安来，而我也在别的小朋友那近乎讥笑的眼神里感到了委屈。妈默不作声地把我拉回了家。

在接下来的几天里，在那架借来的缝纫机旁坐着瘦瘦的母亲，她在那炎热的三伏天里给旁边的缝纫铺帮工。经过缝纫机几天不知疲倦地转动，我终于吃到了那青里透红、酸里带甜的大苹果，而且是满满的一筐苹果。那年夏天，母亲用苹果为我解了馋；那年夏天，母亲用汗水为我营造了一片阴凉；那年夏天，母亲用爱为我撑起了一方天。

多年后，每年夏季，每当看到苹果，我都会想到缝纫机旁母亲那爬满汗水的脸。

亲情如酒，越浓越醇。母亲似茶，只有细细地品，慢慢地回味，才能懂得她的香烈。

长大了，我上学了，于是每天傍晚胡同中便多了一道不变的风景：母亲在静静地等我回来。开始我总是笑妈妈，“干吗站在这儿呀，我长大了，没事儿的。”妈总是不说话，没有理由，没有借口，只是微微一笑，拉着我的手一起回家。

渐渐地，我真的长大了，可母亲那消瘦的身影依然在等待着。直到有一天，我看到母亲那黑发中多了几缕银丝，原本光洁的额头有了几道岁月的小溪，我才发现母亲已渐渐地老了。只是，母亲那种安祥的等待依旧如宁静的湖泊，不改初衷。

噢，母亲！在你的平静中，我已感到了亲情的深度与浓重。噢，母亲！在你的等待中，我已体味到了亲情的至真与永恒。噢，母亲！在你的博爱里，我已有了一颗如你般爱人的心。

感念亲情，感悟母亲！

附录　文学社历届主要领导成员名单

文学社沿革	届别	社长	副社长	主编
劲草诗社	第一届	王扬平	王德君　连学文	李悦东
	第二届	王扬平	李凌勇	连学文
长澜文学社	第一届	姚明哲	韩庆丰	高　峰　姚明哲
	第二届	袁　靖	黄志兰	程卫帅
	第三届	李施文		张生跃
	第四届	董玉飞	闫　露	孙淑红
	第五届	董玉飞	邢子涛	孙淑红　李永鑫 张文刚
	第六届	邓小江	张印平	雷中华
	第七届	张印平	崔润库　张豪磊 彭　静	陈本锋　郑张利
	第八届	王灵伟	高　坤　王　卿 李　娜	崔秀伟　陈艳
	第九届	崔秀伟	武　威　张宏磊 柯吉盈	吕　卓　李　芳
	第十届	邹　勇	肖　坦　吴庆良 温雅静	杜　峥　扬雪岗
	第十一届	肖　坦	徐　静　郑建民	宋宛净
	第十二届	郑建民	徐　静　王　婧 禹　亮	宋宛净
	第十三届	禹　亮	王　婧　叶中俊	
	第十四届	余　勇	刘雨青　隗存照	张经纬
	第十五届	丁建斌	秦绪敏　邢菲菲 杨　磊	赵东宁
	第十六届	乔智迪	余　静　邱　冰 梅　林	邱　源

后 记

经过些许曲折之后，《长澜文集》终于和广大读者见面了，这是多方面努力的结果。在文集出版准备的过程中，校学生处给予了多方面的支持和帮助，校招生就业处就业办公室帮助做了很多具体工作；在文集编辑过程中，以肖坦为首的长澜第十一届10位骨干成员及冯志君付出了大量辛劳，特别是袁靖、邓小江、雷中华、于春山、张豪磊等20多位历届毕业生中的长澜人，在得知出版经费遇到一些困难后，慷慨解囊，有一位刚跨出校门、工作尚无着落的长澜成员，也汇来了数十元，数目不多，心意真切，这些举动充分显示了长澜文学社的凝聚力。对于上述从各方面提供支持、帮助的单位和个人，谨致深切谢忱。

这本文集所跨年代较长，可供选择的诗文面广，作者众多，文风多样，水平不一，尽管事先拟定一些原则，但选编起来仍然难度不小，加之我们水平有限，错漏和缺点在所难免。我们热切欢迎读者，特别是广大校友及在校大学生，在读过本书之后，把你们的见解和批评意见告诉我们。反馈意见可发往以下三处电子邮箱：

yansq@ncwu.edu.cn

cragyxiaotan@126.com

womenzaichanglan@163.com

编 者

2009年9月